老子的岁月

LAOZI DE SUIYUE

李工有 著

GUANGXI NORMAL UNIVERSITY PRESS
广西师范大学出版社
·桂林·

图书在版编目（CIP）数据

老子的岁月 / 李工有著．—桂林：广西师范大学出版社，2012.5（2013.5 重印）
ISBN 978-7-5495-1437-3

Ⅰ．老… Ⅱ．李… Ⅲ．①道家②老子—研究
Ⅳ．B223.15

中国版本图书馆 CIP 数据核字（2012）第 058036 号

广西师范大学出版社出版发行
（广西桂林市中华路 22 号　邮政编码：541001
网址：http://www.bbtpress.com）
出版人：何林夏
全国新华书店经销
桂林日报印刷厂印刷
（广西桂林市八桂路 2 号　邮政编码：541001）
开本：880 mm × 1 240 mm　1/32
印张：12　　字数：260 千字
2012 年 5 月第 1 版　　2013 年 5 月第 2 次印刷
印数：2 001~4 000 册　　定价：30. 00 元

前　言

本书不拘泥纯文本的解释。解读大约有三层思路：尽量尊重老子当时的本意；不回避当今视角；就现代人与生物圈的紧张关系，领悟老子的先知先觉。

在老子看来，最简单的，其实就是最玄妙的。大千世界以及人类的生存之“道”，很可能就在日落日出、一年四季这样简单的常识中。在没有“科学地”认识太阳系轨道的情况下，先人是如何理解时间单位的？为什么太阳总要在一天的时间里升落？为什么春夏秋冬总要在一年的时间里循环？

在老子的岁月里，人类的生产方式刚刚从每“日”狩猎采集过渡到每“年”播种收割，数十万年熟悉的生活方式从此改变，文明所依赖的时间单位骤然膨胀，引起人们的焦虑和思索：文明与时间单位有着怎样的关系？

本书试图揣摩，在老子的岁月里，他老人家是怎样认识时光岁月的，尤其对岁月日子这样的自然时间单位，老子是怎样理解它们与文明之间的关系的。因此，书名含有三层意思：老子的岁月，老子的时间，老子的时间单位。

万物之禀赋无一不是经过岁月酿成的。若以道为岁月，德为禀赋，岁月酿成禀赋可揭示道与德的内在逻辑关系，可以作为解读《道德经》的一把钥匙。

在本书的81个议论中，与“岁月”密切相关的有：第一章、第四章、第六章、第十四章、第二十一章、第二十五章、第三十二章、第三十四章、第三十五章、第三十七章、第三十八章、第三十九章、第四十章、第四十二章、第四十三章、第五十二章。这16章可以形成一个道与时间以及时间单位的阅读系列。

检讨现代人与自然的关系，原罪意识是一个重要的思想资源。

第十八、七十三、七十七、八十章所议论的四个主题：获得智慧、突破禀赋、达到极限、成为负担，构成了人类原罪从信仰演变为现实的完整逻辑。

一个字，可以与其他字组成几十、甚至上百个意思不同的词。在《老子》中，很多地方是用字而不是用词来表达语义的。这就要求读者从这个字的本义出发，再参考上下文，方能接近老子使用该字的语境。老子距离中国字的原生态要比我们近得多，所以，本书尽量利用甲骨文以及金文来认识各章节中的关键字，进而作为一种解读格式。

书中的甲骨文、金文、篆文字体来源于：汉典网 http://www.zdic.net/；Chinese Etymology 网 http://www.internationalscientific.org/；王本兴：《甲骨文小字典》，北京文物出版社，2006 年。

字源解释所依据的字典有：徐中舒：《甲骨文字典》，成都：四川出版集团：四川辞书出版社，2006 年；赵诚：《甲骨文简明词典》，北京：中华书局，2009 年第 2 版；李乐毅：《汉字演变五百例》，北京语言大学出版社，2005 年第 2 版；李乐毅：《汉字演变五百例续编》，北京语言大学出版社，2000 年第 1 版；《古代汉语字典》，北京：商务印书馆国际有限公司，2005 年；《辞海》(1989 年版)，上海辞书出版社，1989 年第 1 版；汉典网。

一部分图片来自互联网上的新闻资料，感谢图片的制作者和上传者。一部分图片来自我和家人以及朋友外出旅行时，随手拍的照片。为了使图片与文字的意思配合恰当，请禤真明(mypaint@126.com)先生手绘了一部分插图。这些朴素平常的图片表明，遥远的甲骨文，看上去玄乎深奥的老子话语，其实与我们身边天天发生的平常事、天天看到听到的新闻，密切相关。通过这些熟悉的场景和画面，也许可以引导我们跨越时空，接近老子的内心世界。

在本书的写作过程中，得到同事吕元礼教授的热情鼓励和支持。与他切磋，是一种享受。每当手稿的新一章刚出炉，我太太顾颖往往是第一个读者，她的直觉和意见，给了我不少启发。本人(lgy@szu.edu.cn)期待与您交流。

目　录

第一章　名:时间单位

道可道,非常道。名可名,非常名。

无名,天地之始。有名,万物之母。故常无,欲以观其妙。常有,欲以观其徼①。此两者,同出而异名,同谓之玄。玄之又玄,众妙之门。

［版本］

魏王弼本。

［注释］

①徼 jiào:边界。

［解读］

那些分门别类、头头是道的道理,其实并不能清楚地解释万物的存在之道。那些根据人的意愿所命名的时间单位名称,对于整个宇宙的时空存在而言,并非都是名正言顺的。

在时间名称尚不存在的遥远,宇宙天地爆发了起始。一旦有了岁、月、日这些时间单位名称,万物才孕育而生。没有岁月的宇宙，状态是怎样的玄妙？有了岁月的生物圈，又将能承受怎样的极限呢？无名的时间与可称的时间说到底都出自时间，只是名称不同而已。虽然它们名称相异，其玄机却是相同的。时间的玄机可以统领世界上各种各样的玄妙，它是万物存在之奥妙的幽门。

［议论］

究竟什么是道？狭义地说，道可能是指人的生存之道。人科动物已有三百多万岁了。在原始时代，他白天打猎采集，晚上睡觉休息。“日”、月是他的第一个钟。待到他渐渐学会耕作畜养时，春播秋收使他对“年”有了深刻的认识。年的重要性超过了日，成为与他生存休戚相关的第二个时间单位。文艺复兴以后，人生的世俗价值得到重视。工业社会资本投入产出过程的利润实现往往要耗费投资者十几年、几十年甚至是一生的精力。人生的跨度成为工业文明的核心时间单位。人科动物经过三百多万年的努力，终于达到了与上帝所赐寿命相一致的第三个时间单位：“世”。第二次世界大战末，原子弹首次爆炸轰开了人类进入生态时代的大门。人类在生态时代里对自然的破坏，是千年也难以恢复的。在临近公元第二个千年末，第一只克隆羊的诞生标志着人类仅用了短短半个世纪的过渡期，就完成了从工业时代到生态时代的转变，莽撞地闯进了第四个时间单位：“千年”。

海德格尔说，“存在者并非因为‘处在历史中’而是‘时间性的’，相反，只因为它在其存在的根据处是时间性的，所以它才历史性地生存着并能够历史性地生存”①。当我们说，北京猿人在60万

① ［德］海德格尔(Martin Heidegger，1889—1976)：《存在与时间》(*Being and Time*)，陈嘉映，王庆节合译。北京：生活·读书·新知三联书店，1987，443页。

年前举起石斧，秦始皇在公元前221年统一中国，瓦特于1776年制造出第一台有实用价值的蒸汽机，阿姆斯特朗在1969年踏上月球，通常认为：这些处在历史中的存在者和事件是有时间性的。然而，按照海德格尔的逻辑，我们也许可以从一个相反的视角来看待存在与时间：正因为原始人的存在根据处是时间单位"日"；汉人的存在根据处是时间单位"年"；近代资本家和工人的存在根据处是时间单位"世"；现代人的存在根据处是时间单位"千年"，他们才造就了人类文明的历史，才能存在于人类文明的历史之中。文明的时间单位涵义跃升膨胀，很可能贯穿了人类历史发展的整个过程。[①] 如同《阿闼婆吠陀》的经文所说，"时间征服了整个世界，它上升着……"[②]

广义地说，道可以指整个宇宙的存在之道。宇宙膨胀，斗转星移，日出日落，春夏秋冬，花开花落，暴雨台风，候鸟迁徙……所有存在无不以时间为道而展开。

所以，"道"很可能就意味着时间；"名"则是指时间单位名称。在老子的岁月里，生产方式从每"日"狩猎采集过渡到每"年"播种收割，数十万年熟悉的生活方式从此改变，文明所依赖的时间单位骤然膨胀，困惑着人们。文明与时间关系的巨大变革，引发先人追寻时间的意义。在没有"科学地"认识太阳系轨道的情况下，先人对时间之所以这样存在和流逝，感到十分迷惑，而时间又无所不在，故勉强称之为"道"。

---

① 参见李工有《第四个时间单位》，香港中文大学：《二十一世纪》，1999年10月号。夏中义主编：《大学人文读本——人与世界》，桂林：广西师范大学出版社，2002，159－162页。

② 转引自雷蒙多·帕尼卡(Raimundo Panikkar)《印度传统中的时间和历史：时间和羯磨》。[法]路易·加迪等(Louis Gardet and others)：《文化与时间》(*Cultures and Time*)，郑乐平，胡建平译。杭州：浙江人民出版社，1988，71页。

［字源］

名:《古代汉语字典》539 页。名是会意字,由口和夕两部分组成。古人在走夜路时,用口自己呼自己的名字,使别人知道,防止男女相撞,用以避嫌。

《甲骨文简明词典》78 页。表示在黑夜里以口自名,当为会意字。

甲骨文　　金文　　小篆　　楷体

人称呼自己的名字,原来是防止夜里与他人相撞。那么,人称呼万物的名字,就是防止概念相撞了。按此逻辑,人称呼时间的名字,应该是防止时间单位的混淆。其实,时间单位是客观存在的,并不一定要被人主观命名。从公元前 46 亿年到公元前 3 百万年,日、月、年等时间单位逐渐形成,名分已经客观存在,并不需要人的命名啊。

有名,不仅指那些根据人的意愿所命名的时间单位名称,还应当包括那些人还没有认识到的时间单位名称。

无名,时间单位在客观上也不存在。137 亿年前,时间不存在。公元前 137 亿年到公元前 46 亿年,虽然已经有时间,但是岁月日子并不存在。日、月、年等时间单位,是依据地球的存在而存在的。

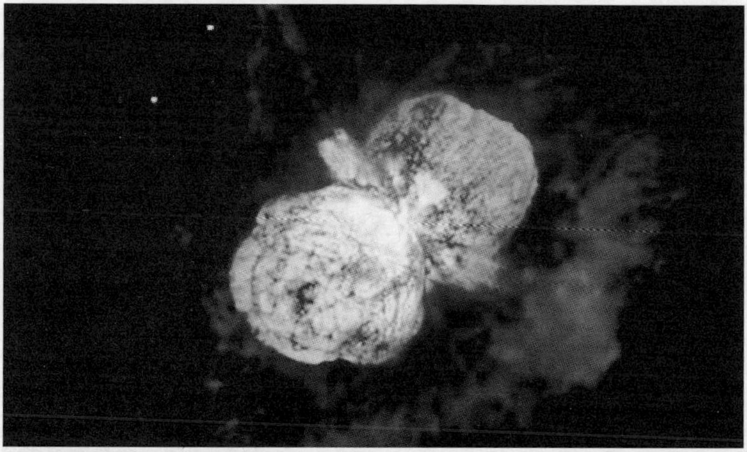

图1　2009年，美国加利福尼亚州立大学 Jeff Cooke 研究小组发现了107亿年前的超新星爆炸，这是人类迄今为止所发现的最早、最遥远的超新星爆炸，距宇宙大爆炸仅30亿年，处在已经有时间，但岁月还不存在的“无名”阶段①

名，时间，岁月

名	阶段	时间	岁月
无名	？—BC137亿年	不存在	不存在
	BC137亿年—BC46亿年	存在	不存在
有名	BC46亿年—BC300万年	存在	名分客观存在
	BC300万年—至今	存在	名称逐渐产生

① http://sci.ce.cn/yzdq/yz/yzxw/200907/10/t20090710_19502251.shtml

图 2　2011 年 3 月 28 日，天文学家通过美国宇航局雨燕卫星上安装的 X 射线首次抓拍到黑洞吞噬恒星的全过程。[①] 这些 X 射线可能是一颗恒星在靠近一个黑洞时被其引力撕碎后留下的痕迹，距离地球约 45 亿光年。也就是说，该吞噬过程发生在地球刚刚诞生后不久，处在“无名”与“有名”的临界状态

夕：参考《甲骨文字典》750 页。像半月之形，夜晚之时。

《甲骨文简明词典》262 页。甲骨文是后期的写法，前期写作，指整个夜间，包括从头一天的昏时之后到第二天的旦湄（天将明）以前，近似于现在的夜。

① http://v.ifeng.com/news/tech/201108/8755e971-774c-4ec7-a065-5d1d8d3425d0.shtml

甲骨文　　金文　　小篆　　楷体

夕为一个整日的一半。日乃最基本的时间单位。可见“名”这个字本身,与时间单位有着密切的关系。

口:《汉典网》。象形。甲骨文字形,像人的口形。本义:口腔器官,嘴。

甲骨文　　金文　　小篆　　楷体

命名需要说出来,难怪“名”字中有口。

第二章　万物：美乎丑恶乎？

天下皆知美之为美，斯恶已；皆知善之为善，斯不善已。故有无相生，难易相成，长短相形，高下相倾，音声相和，前后相随。是以圣人处无为之事，行不言之教。

万物作焉而不辞，生而不有，为而不恃，功成而弗居。夫唯弗居，是以不去。

［版本］

以魏王弼本为基础。

将魏王弼本中的“相较”，改为楚竹简甲本，西汉帛书甲、乙本中的“相形”。

［解读］

天下人都欣赏鲜花的美丽，却厌恶滋养鲜花的腐叶；都感激大自然的恩惠，却憎恨自然灾害的肆虐。其实，正是大自然的有恩与无情共同生养了人类，艰难处境与适宜条件一起成就了人类的演化。无论是手指的长还是脚趾的短，只要是自然演化形成的，都是人类形体的合适部分。人们择善地而居，高山不畏险，低谷不惧深。流水潺潺与鸡鸣狗吠交相呼应，一唱一和。所谓进步与落后，其实是一回事。因此，圣明的人从不干预大千世界的有无、难易、长短、高下、音声、前后，更不会去教授进步的伎俩。

任万物兴衰而不横加干涉，随万物生长而不据为己有，识万物机理而不自恃高明，成就了文明而不居功自傲。人类只有不居万物之首，才不会被万物所唾弃。

［**字源**］

美：《甲骨文简明词典》185 页。像人头顶上有装饰物之形，似为会意字。

甲骨文　　金文　　小篆　　楷体

的下半部为，像人的正面形，有手有脚。也像一个“大”字。“大”是汉字部首之一，从“大”的字往往与人类或人事有关。参见第二十五章的字源：大。

甲骨文以人顶装饰物为美。可见，美与人是密切相关的，是人的一种主观意识，是人根据自己的好恶杜撰出来的。因为，除了人以外的万物，是没有美丽与丑恶之分别的。

“美”像头顶上有装饰物之形

[议论]

偌大一个自然里，有没有美丽与丑恶的分别？花儿香美，叶儿怎么就不香美了呢？落叶腐烂，味道就不香了吗？没有落叶的腐烂，鲜花从哪里得到养分？腐烂、降解过程，在整个生态系统的养分循环中，也是艳丽无比的呀。所谓美丽与丑恶，香与臭，都是人类根据自己的好恶杜撰出来的。在没有人的46亿年里，地球上哪有美丽与丑恶、香与臭的分别呢？偌大一个生物圈，除了人以外，哪里可以寻觅到丑恶呢？小至一只蚂蚁，大至一条鲸鱼，薄至一片树叶，厚至一座泰山，为什么人人都觉得美丽呢？欣赏自然的美丽，其实不需要美学修养。因为，美的本质在于：人与自然界的所有表象共生共长，共存共在。人、蚂蚁、鲸鱼、树叶、泰山、冰川、星空……都是自然演化的产物，岁月流逝的杰作，彼此息息相关，本质上是互相依存的。所以，对自然美的欣赏，首先来自人科动物骨子里的感觉。

同理，日月星斗，电闪雷鸣，动物植物，又如何鉴定善与不善呢？从小就听狼吃羊的故事，一直以为狼是不善的。可是，如果狼不吃羊，羊群就会无限制地膨胀。草原的空间是有限的，草儿生长的速度也是一定的，增长无止境的羊群，会吃尽最后一根草。于是，陷于饥饿的羊群就灭亡了。狼吃羊，使得羊群的规模始终限制在草原可承受的范围内，羊群才得以生生不息。如此看来，狼吃羊，并非不善，反而延续了羊群物种，成就了最大的善。《中庸》说，万物并育而不相害。生物圈原本就是善的。这个原本的善，即为原善。原善之原、原善之善的根据在于：生物圈的生生不息。

地球上本是没有价值判断的。就像我们今天看月球火星金星木星的照片，甚至是几百几千几万几亿光年远的星体，只能感叹它们的存在，又怎么能妄加美与丑恶、善与不善、有无、难易、长短、高下、音声、前后之评判呢？

已经闯入太空的人类，成就的文明看上去灿烂辉煌。但是，这个文明如何走下去，如何与非精神的万物相处，颇有点茫然。如果人类文明也能成为原善的一个元素，那就善哉善哉了。

第三章　虚其心，实其腹

不尚贤，使民不争。不贵难得之货，使民不为盗。不见①可欲，使民心不乱。是以圣人之治，虚其心，实其腹，弱其志，强其骨。常使民无知无欲，使夫智者不敢为也。为无为，则无不治。

［版本］

魏王弼本。

［注释］

①见 xiàn："现"的古字。

［解读］

不崇尚贤达，民众就不会去争当成功人士。不把金钱财富名牌作为价值标准，民众就不会唯利是图。不去宣扬刺激人的欲望，民众的心智就不会迷乱。因此，圣明的治理原则是：

消解百姓的内心欲望，

充实百姓的小康生活，

弱化百姓的暴富冲动，

保障全民的身体健康。

让民众经常处在不知功名、无欲利禄的氛围中，那些贤达精英们就无法忽悠百姓去争名夺利。如果统治者奉行无为原则，老百姓崇尚知足常乐，天下就一定会太平。

［**字源**］

實：简体字为“实”。《古代汉语字典》719 页。實在金文中是会意字，由宀、田、貝三部分上下组合而成。宀表家之义，貝指钱财，合起来表示家里有土地和钱财。實的本义是富裕。

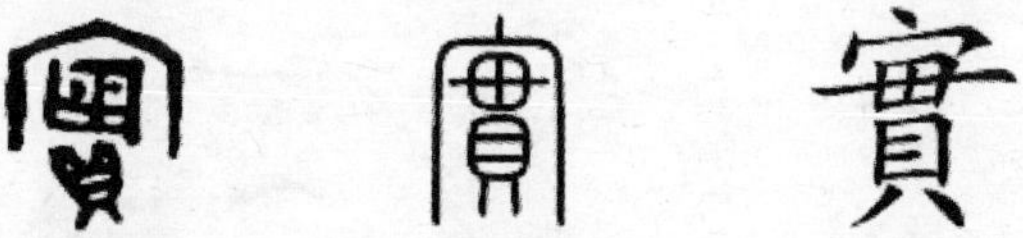

金文　　小篆　　楷体

家居为房产，田地为地产，貝币为金钱。这不正是小康社会目标的具体表现吗？共同富裕、人人實惠的目标可真够的。

田：《甲骨文简明词典》337 页。像田地有田埂之形。甲骨文用作名词，其中的一个意义是田地之田。

甲骨文　　金文　　小篆　　楷体

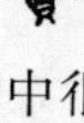字中的，那两个点像是生长着的庄稼。虽然在甲骨文“田”中很少见到类似表达，但在一些包含田的字体中，也时有出

现，如甲骨文“畜”字，参见第十章甲骨文“畜”。

貝：简体字为“贝”。汉典网。象形。甲骨文、金文字形，像海貝形。汉字部首之一。古时以貝壳为货币，又用作装饰，故从“貝”的字多与钱财宝物、装饰品或贸易商品有关。本义：海貝。

甲骨文　金文　小篆　楷体

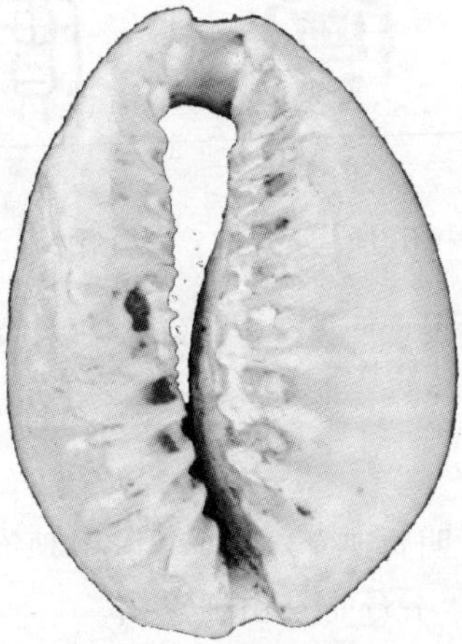

貝币。注意图中貝币上、下部的两个凹槽，以及两条竖齿间的镂空缝隙，与甲骨文所强调的特征十分贴切

［议论］

不崇尚贤达的日子见过，那就是“文化大革命”。“文革”中，一

位社会贤达的贤达程度，往往与被鄙视的程度成正比。不过，那时民众虽不争当反动学术权威，互相争斗还是蛮厉害的，甚至有时还要动刀动枪。崇尚贤达的日子正在经历：大师的帽子满天飞；艺术家、教育家、哲学家之类的头衔多如牛毛；导演、经理、会计前面不加个“总”不罢休；大学扩招，文凭泛滥，教授买凶——据说是为了争当社会贤达之最：院士。对于不崇尚贤达，民众又较少争斗的景象，记忆已经模糊不清了。好像在那时候，国家主席、淘粪工人、教授、医生、市民……基本上是相安的。

如今争当社会贤达，已经不一定需要真刀真枪了。成功的代价可以明码标价嘛。学位、官职、社会头衔、国家免检产品、成功企业家……这些社会贤达所必备的元素，都是需要付出金钱的。

百姓生活，也是到处要用钱的。经济愈发达，消费欲望愈膨胀，老百姓觉得钱愈不够用。房子盖得愈多，百姓愈买不起；汽车产得愈多，路上愈走不动；GDP 增长愈快，垃圾污染愈凶。

更吊诡的是，老百姓花钱也常常买不到称心的东西。毒奶粉、工业盐、地沟油、一滴香……各种各样的添加剂、各行各业的潜规则层出不穷。几乎每一个人，都要遵守他（她）所在的那个行业的潜规则，否则就会被各种借口淘汰出局。每一个人也知道，你潜规则别人，别人也会潜规则你。你在自己行业里“潜”到的钱，不是又被其他行业“潜”走了吗？施害者和受害者都是我们自己。恶性循环何时了？看来，老子的话并非耸人听闻。把挣钱作为唯一目标，真的会使民为盗。

期望这样一个社会：在那里，百姓住无忧，农民种有保障，民众收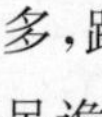稳定，官员廉洁，社会医疗养老保障体系比较完善，民众满足于小康生活，不追求暴富，企业老板、奶站业主和平民大众都不懂三聚氰胺之类的化学知识。这样的愿景能实现吗？

第四章 时间:万物先祖

道冲①,而用之或不盈。渊兮,似万物之宗。
挫其锐,解其纷,和其光,同其尘。
湛②兮,似或存。吾不知谁之子,象帝之先。

[版本]

魏王弼本。

[注释]

①冲:从水。本义:向上涌流。

②湛:从水。本义:清澈透明。

[解读]

时间像涌出的泉水,取之不尽,用之不竭。它是那样的源远流长呵,好似万物的宗祖。

时间的流逝,抑挫着强势物种的锐气,消解着生存竞争的纷扰,融和着绚丽多彩的风光,走向那殊途同归的尘埃。

流淌着的时间,清澈透明,若无若存。时间是如何诞生的?我不知道。只是觉得,它好像比上帝还要先出场。

［字源］

先：汉典网。会意。据甲骨文，上面是“止”（脚），下面是“人”。意思是脚已走在人的前面。本义：前进，走在前面。

甲骨文　金文　小篆　楷体

甲骨文上的三个脚趾头，在金文那里，已经成了“止”的前三个笔画。“先”字演化到今天，表现的还是三个脚趾头。其实，“先”的上半部与“止”相比，几乎只相差了半横。若将这个半横去掉，与“止”就很相像了。

甲骨文的“人”字为，详见第十二章。

止：汉典网。“趾”的本字。象形。甲骨文字形：上像脚趾头，下像脚面和脚掌。本义：脚。

甲骨文　金文　小篆　楷体

这只有着三个脚趾头的，将在以后的各章中多次出现。

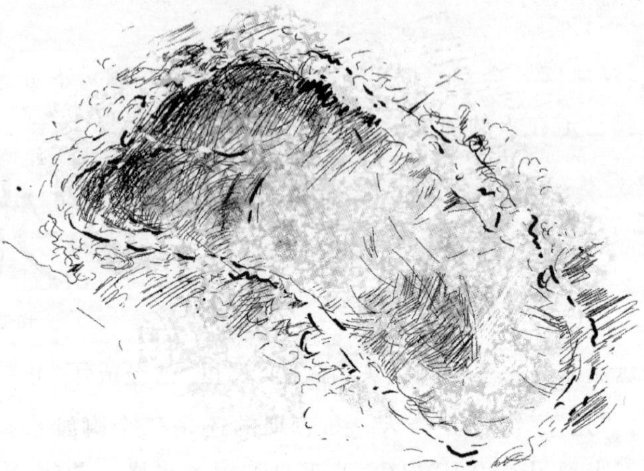

图1　360万年前的猿人留在火山灰上的脚印(A humanlike footprint left in volcanic ash 3.6 million years ago)。① 这是一个右脚的脚印,大拇趾在左边。这个脚印比起我们这些人,可真够"先"的

［议论］

1. 挫其锐

在生物圈中,随着时间的推移,任何物种的强势锐气都会被生态系统自动抑挫,而且不会过分。山猫与野兔的互动关系,生动地说明了捕食动物和被捕食动物之间的平衡。其负反馈原理,可以推广到其他物种,从而汇合成一个原善的自然。

---

① 1978年秋天,一个国际考古调查团在坦桑尼亚勒埃德地区发现了几个猿人的脚印。科学家们认为,这3个猿人脚印属于两足直立猿人,是350—380万年前生活在这里的猿人留下来的。由于这里曾发生过多次火山爆发,形成了一层又一层火山灰,火山灰一遇水分,就会像水泥一样凝固起来。

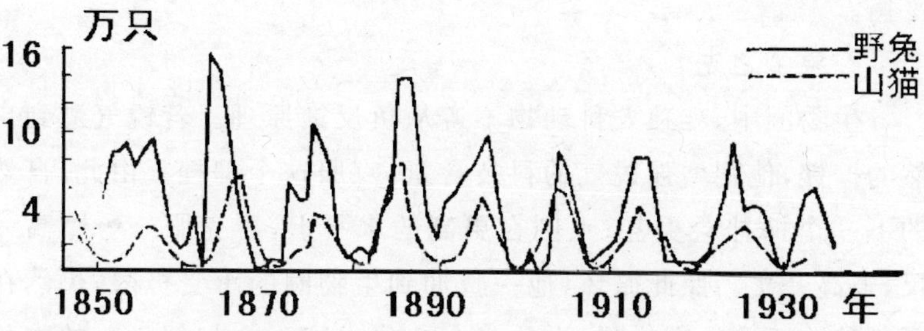

图 2 捕食动物和被捕食动物种群之间的平衡。①“万物并育而不相害”的一个案例

(1)在野兔数量减少的时候,山猫捕获猎物更困难,因此有许多山猫饿死了,山猫的数量开始减少。

(2)同类和天敌的减少,使得每只野兔都能找到丰富的食物以及许多躲藏和生儿育女的场所。这时野兔的环境阻力较小,野兔的数量逐渐增加。

(3)随着野兔数量的增加,每只野兔所能获得的食物和掩蔽场所也就相对地减少了。并且,野兔越多就越容易被山猫捕获。山猫可以用捕获的更多野兔去喂养它们的幼仔,所以,山猫的数量逐渐增加。

(4)食物和掩蔽场所减少,捕食动物数量增加,意味着野兔的环境阻力加大,导致野兔的数量又下降了。

这又回到了过程的初始状态。如此循环往复,保证了山猫和野兔既不会灭亡,也不会无止境增长。不断重复的循环过程表明,野兔和山猫群体之间存在着起伏不定的波动,但又是连续不断的

① 内贝尔(Bernard J. Nebel)著:《环境科学——世界存在与发展的途径(*Environment Science: the Way the World Works*)》,范淑琴等译,北京:科学出版社,1987,36 页。

平衡。

2.象帝之先

生物圈中,唯独人科动物不遵从负反馈原理。若锐气遭到自然的抑挫,他则增强锐气的科技含量,克服这个抑挫。由此,自然的下一个抑挫会更甚;人则在更高的水平上,再克服……魔高一尺,道高一丈。照此循环,他一直冲到生物圈的承受极限,仍然在所不辞。原善的生物圈,为什么会演化出这么个与邻不善的物种呢?

《圣经》说,上帝是按照自己的样子来造人的。也就是说,在顺序上,先有上帝,后有人。如果把甲骨文中的这个看成是整个人类的话,那么,这个脚印就应该是上帝的了。

虽然在顺序上,上帝为先,人在后。但是在形象上,上帝与人却是没有多少差别的。也就是说,上帝与人类的形象是相似的。所以,倘若再进一步,把中下面的这个看成是上帝的形象,那么,按照老子的逻辑,上面的印记就应该是时间留下的。

3.万物之宗

在老子列出的排序猜想中,万物也参加了进来。按照圣经的说法,万物比人先出现几天。且不论是先了几天,还是先了几万万天,就“万物比人先出现”的断言,科学家也是同意的,并且愿意提供证明。所以,古今中外的圣人们看来都能同意这样的出场顺序:时间,上帝,万物,人类。

第五章　橐籥:循环的边界

天地不仁,以万物为刍狗。圣人不仁,以百姓为刍狗。

天地之间,其犹橐籥乎?虚而不屈,动而愈出。

多言数穷,不如守中。

[版本]

魏王弼本。

[解读]

生物圈不分善恶,任凭万物枯荣。圣明者不分贫富,任凭百姓兴衰。

天地之间的生物圈,不就像个风箱吗?看上去封闭空虚,其实从不憋屈。循环运动愈是起劲,生气愈是层出不穷。

执意追究天地的善恶、圣人的功过,思绪就会穷竭。不如保守中庸,任凭岁月流逝。

［字源］

芻 chú：简体字为“刍”。汉典网。象形兼会意。甲骨文字形，从手从草，表示以手取草。本义：割草。

甲骨文　　金文　　小篆　　楷体

“芻”字的甲骨文、金文、小篆、楷体繁体字中，均有两棵可爱的小草。由此可见，将刍狗解释成草扎的狗，是比较恰当的。简体字“刍”中的彐，则继承了甲骨文字中的手和金文字中的手。与脚类似，甲骨文、金文的手，通常也只有三个指头。

橐 tuó：《甲骨文简明词典》270 页。像无底之囊中盛以实物，而囊之两端紧束之形，当为古“橐”字。

《古代汉语字典》806 页。1. 本义：口袋。2. 古代鼓风的装置，像今天的风箱。

甲骨文　　金文　　小篆　　楷体

口袋与风箱，字典上这两个不怎么相干的解释，在皮风囊上得到了圆满的统一。图示的皮风囊直观地表现了皮囊的鼓风功能。图中皮囊被扎起的那一端，在甲骨文、金文中有着夸张的表达。

注意，囊与橐的字形有着相似性。甚至让人觉得，从象形和字意两个方面来说，甲骨文、金文、小篆后面的那个楷体字，

就应该是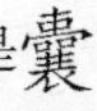。并且，囊的小篆与橐的小篆也是那么的相像。这两个字可能是在哪个朝代被弄岔了？

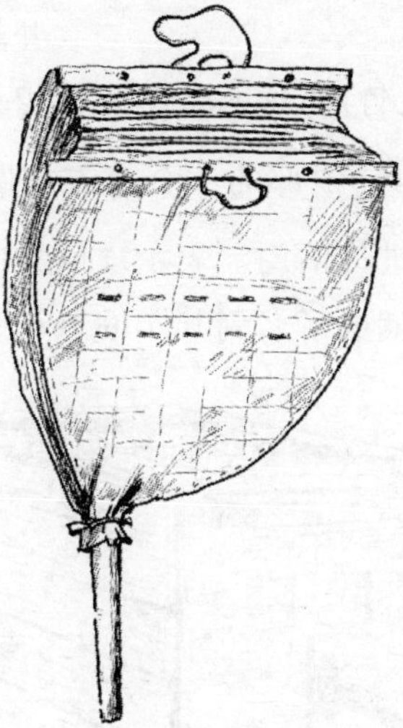

图1　皮风囊

龠（籥）yuè：《汉字演变五百例续编》453 页。一种用竹管制成的古乐器，似排笛的前身，有三孔、六孔、七孔之别，也写作“籥”。

甲骨文

金文

小篆

因为“龠”是竹子做的，所以也可以写成“籥”。

籥（龠）yuè：《古代汉语字典》1010 页。1. 古代的一种乐器，状似笛，短管，有三孔、六孔或七孔。2. 用来吹火的竹筒。

小篆　　楷体

竹管乐器和吹火竹筒，这两个不怎么相干的解释，在三个孔那里可以找到共同点。中部的三个亦方亦圆的口，既像古笛上的音孔，又像风箱上的进气活门。表示皮风囊的“橐”，加上有着方口活门的“籥”，“橐籥”就成了名副其实的风箱了。

图 2　风箱。它与物流、人流、信息流、生物圈、岁月的一个共同特征是：循环往复

［**议论**］

阅读这章，橐籥两个字很扎眼。查了各种注解，才知道橐籥是古代的风箱。看着这个笔画繁多、字体陌生、读音难记的词汇，觉得古人有点蛮横，怎么用这么古怪的文字来表示风箱呢？通过了

解橐与籥的字体演化，方才明白了古人的“蛮横”有理。

接受了橐籥为风箱，紧接的问题就是：老子为何将天地之间比喻成风箱呢？想弄清楚这个问题，首先要知道，何谓“天地之间”。在第七章中，对甲骨文“天”的解析，也许可以给出一个答案。天的甲骨文有多种写法，其中之一为。《甲骨文字典》的解释说，像人形，即上字，人之上即所戴之天。这个解释与我们的常识相符，天地之间就是人类顶天立地所处的空间。但是，人类所处的地球，天地之间如此广阔，老子为何说它像一个封闭的风箱呢？

今天的人也许不难想象，我们的生存空间，正是一个有着边界的生物圈。在自然状态下，海拔高度超过 9 千米，海平面以下 10 千米，生物都难以生存。这个厚度只有 19 千米的薄薄球面，的确像个封闭的风箱，只能承载有限的气息。虽然，老子不能看到万米深的海底，但是，这不影响他对生物圈特征的准确感悟：橐籥般的封闭系统。

在一个封闭容器中，局部的气压变化，几乎瞬间就可以传递到整个容器。风箱进气时，活塞附近的气压下降。瞬间，箱内各处气压马上低于箱外，空气纷纷吸入，充满箱体。风箱送风时，活塞附近的气压上升。瞬间，箱内各处气压立刻高于箱外，风被压出。这个特点也很像生物圈。南极冰山融化，整个地球的海平面都会上升。一个地方发生地震，海啸可以传递数千千米。在现代社会中，飞机轮船的来回航班，火车汽车的来回行程，就像风箱中来回抽动的拉杆一样，将各地的微小变化传递到生物圈的各个角落。惊心动魄的场景，近有“非典”在世界各地的传播，远有世界大战对各国的波及。看上去不轰轰烈烈，实际上影响深远的例子更是数不胜数，如香料、马铃薯、番茄、资本、电影、电视、汽车、高速公路、高铁、电脑、手机、药品、摇滚乐、可口可乐，麦当劳、英文……这些元素如同风箱中的气体，总是从密度压强高的一部分压向密度压强低的另一部分。

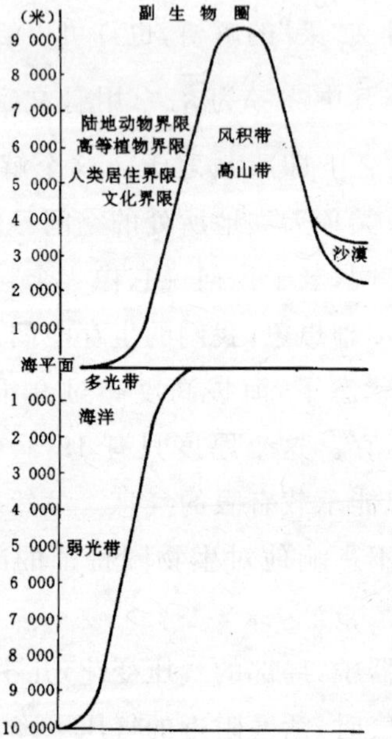

图 3　生物圈是有边界的。生物圈是地球上最大的生态系统，它包括海平面以上 9 千米到海平面以下 10 千米的范围。除了从外界接收太阳辐射以外，地球生物圈是一个不从外界接受任何东西的封闭系统。① 虽然，风箱与生物圈的大小、性质相差悬殊，却有着两个鲜明的共同特征：一是要循环，二是有边界

它们当中，哪些是善的，哪些是恶的？例如，汽车改善了我们

① 在这个范围内有正常的生命存在，有构成生态系统的生产者、消费者、分解者和无生命物质的四个组成部分，有能量的流动和有养分的循环。黄润华、贾振邦编著：《环境学基础教程》，北京：高等教育出版社，1997，50—51 页。

的交通，还是堵住了道路？手机改善了信息交流，还是疏远了人与人的沟通？纵然是千言万语，恐怕也无法说清楚这样的问题。所以，不如适可而止，安安分分地过日子。

第六章　谷神：一年四季

谷神不死，是谓玄牝。玄牝之门，是谓天地根。绵绵若存，用之不勤。

［版本］

魏王弼本。

［解读］

谷物生长之神总是灵验的，如同十月怀胎那样，年的时间单位数量级，常常与收成、生育息息相关。一年四季的孕育，是生物圈存在之根本。时间缓缓流逝，无从把握，又无处不在，孕育着整个世界，自己却泰然自若，永不耗竭。

［字源］

牝 pìn：汉典网。依甲骨文，“匕”为雌性动物的标志。本义：雌性的禽兽。

《甲骨文简明词典》196 页。牝在商代为母牛之专名。

甲骨文

牝

楷体

相比之下，牡在商代为公牛之专名。

牜："牛"字偏旁。汉典网。牛，象形。中间一竖表示牛面，上面两竖加弯表牛角，下面两小撇表示牛耳。

甲骨文

金文

小篆

牛

楷体

牛是农业社会里最重要的生产工具，是人们最了解的动物之一。

(唐)韩滉《五牛图》之一。中间一竖表示牛面，上面两竖加弯表牛角，下面两小撇表示牛耳

匕:《甲骨文词典》81 页。用以表示雌性家畜或兽类,结合不同兽畜之形符,表示雌性之牛、羊、豕(shǐ)、犬、马、虎、鹿等之专名,后世乃以牝为雌兽之通称。

《甲骨文简明词典》280 页。匕。与人形相近,可能为女人侧面之形。甲骨文大多数用作祖妣(bǐ)之妣,在偏旁中作为形符时,基本上表示"雌的"、"母的"这一类意思。

《甲骨文简明词典》44 页。匕。甲骨文用作祖妣字,则为借音字。匕与后世之妣为古今字,但词义有别。后代的妣,指已去世的母亲,如成语"如丧考妣"的意思是"好像死了父母一样"。甲骨文的匕(即妣)则是对各代祖母辈的通称,即对自己的、父辈的、祖辈的,乃至再上几辈的祖母皆称妣。

甲骨文

匕

楷体

匕(即妣)不仅表示生育繁殖这个事实,还强调了生育繁殖的追溯。

[议论]

谷物的生长之神是谁?很可能是时间,确切地说,是以年为单位的时间。在第三十章的字源中,甲骨文"年"字所呈现的,就是农民身背成熟的谷物,寓意着春播秋收,一年四季。春夏秋冬的确很神奇。想一想,如果地球赤道面与地球公转轨道面的夹角为零,那么地球绕太阳转一圈,也就只有 365 日,而不会有南北半球的春夏秋冬。将地球赤道面与地球公转轨道面的夹角撑至 23.5 度的那位神仙，幸亏一直在奋力支撑，永远不会死亡，我们才能心安理得地享受着四季循环。这个 23.5 度夹角，也许就是老子所说的天地之根吧。

这位神仙，算是地球上最老的祖妣了。她老人家在 35 亿年前创造了地球上的生命，4.5 亿年前怂恿生物登上陆地，从而形成了我们今天所在的生物圈。匕（即妣）不仅表示生育繁殖这个事实，还强调了生育繁殖的永续性。以亿年为时间单位，够永续的了。

相比之下，人科动物才在生物圈中存在了三百万年，农业也就万把年。中国作为北半球上的农业文明古国，很多思维元素都来自农业生产方式。牛是农业社会里最重要的生产工具，是人们最了解的动物之一。将牛字偏旁“牜”与雌性符号“匕”合成“牝”，用以代表所有雌性禽兽，是比较容易被人理解和接受的。

第七章　人类:置后为先

天长地久。天地所以能长且久者,以其不自生,故能长生。

是以圣人后其身而身先,外其身而身存。非以其无私邪?故能成其私。

［版本］

魏王弼本。

［解读］

天地之间的生物圈,存在长久。生物圈之所以能长且久,在于大自然本身并不追求长生不老。与每一个具有强烈生存欲望的生物相比,所有生物的总集成——生物圈反而没有寿命的限制。

人类如果把自身利益放在其他物种后面,反而可以在生物圈中保持领先。抛弃自身的过度贪欲,人类反而可以长久地存在于世。人类如果敬畏大自然,不盲目追求自身私利,反而可以更好地享受生物圈的恩泽。

［字源］

天:《甲骨文字典》3 页。谓 像人形， 即上字，人之上即所戴之天。

甲骨文　　　　楷体

天地之间是 19 千米厚的生物圈，人与万物居其中。这个风箱似的封闭系统，显然是有边界的。参见第五章。

上:《甲骨文字典》5 页。上与下本为相对而成之概念，《易·上经》释文:“上对下立名”，故用一符置于一条较长横画之上下，以标识上下之意。后因契刻不便而改弧形作横线。

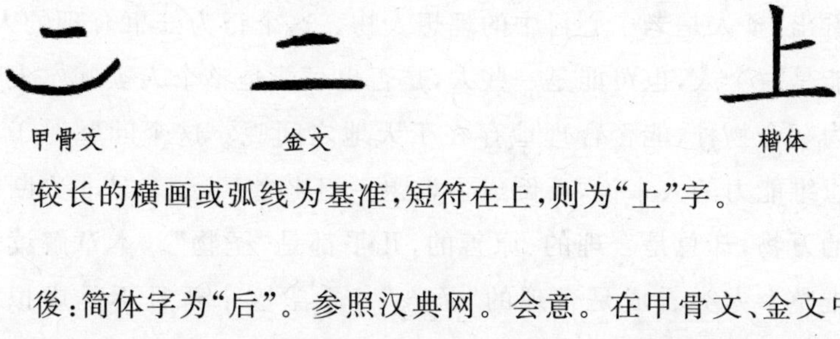

甲骨文　　　　金文　　　　楷体

较长的横画或弧线为基准，短符在上，则为“上”字。

後:简体字为“后”。参照汉典网。会意。在甲骨文、金文中，从“彳”(chì)，表示与走路有关；从“幺”(yāo)，表示幼小；从“夂”(suī)，是 (足)的反写， 有行路迟缓的意思。段玉裁[①]《说文解字注》:“幺者小也，小而行迟，後可知矣。”本义:迟到，走在后。

① 段玉裁(1735—1815)，积 30 余年的功力写成《说文解字注》30 卷。

甲骨文　　金文　　楷体

可能表示脚跟向着前进的方向，脚趾背对着前进方向。据说反走可以锻炼身体，不过行路速度会慢许多，脚步就落在他人后面了。参见第四章，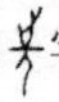字中的足迹在上方，故为“先”。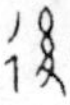字中的足迹在下方，故为“後”。

人是天地的儿子。在天地面前，人类永远是幼小的。所以，应当置身于天地之后。

［**议论**］

在《道德经》中，“圣人”被老子多次提到。从各处的上下文可以看出，圣人是老子心目中的理想人物。这个行为处事合理的人，可能是一个人，也可能是一些人，是否也可能是整个人类呢？人类作为一个物种，能否合理地存在于天地之间呢？这个问题对于具有思维能力的人来说，反倒成了难题。相比之下，没有是非判断能力的万物，却总是合理的、原善的，几乎都是“圣物”。本章解读暂且把整个人类看成是合理的“圣人”。希望这个暂且不是虚拟语气，而是一个将来式。

要杜绝虚拟语气的可能，出路恐怕只有一条：领先万物的智慧人类，当脚步踏上万物生存领地的红线时，要懂得靠后、退后、置后。

与老子的告诫相反，当现代人的脚步踏上万物生存领地的红线时，是很不愿意将自身利益置后的。与古人留给我们的脚印（参见第四章图 1）相比，这很可能就是我们留给后人的足迹①

---

① Frank Stella “The Town-Ho’s Story: With Postscript & the GAM”, 1993，位于美国芝加哥 Energy Star Building。

第八章　水：利万物而不争

上善若水。水善利万物而不争，处众人之所恶①，故几②于道。

居善地，心善渊，与善仁，言善信，政善治，事善能，动善时。夫唯不争，故无尤③。

［版本］

魏王弼本。

［注释］

①恶 wù：讨厌，憎恨。

②几 jī：几乎。

③尤：过失，罪过。

［解读］

生物圈的原善很像水的禀性。水善于滋润万物生长，却不与万物相争。水往低处流的本能，导引天下水流如血管般布满大地，其高尚的心胸几乎与天道相当。

善待生物圈的人，居住符合地利，思想深邃，与人交往和善仁爱，言而有信，为政善于治理，处事能干，行动合乎天时。他明白，只有像水那样与万物无争，才不会有原罪。

［**字源**］

水：汉典网。象形。甲骨文字形。中间像水脉，两旁似流水。水是汉字的一个部首。从水的字，或表示江河或水利名称，或表示水的流动，或水的性质状态。本义：以雨的形式从云端降下的液体，无色无味且透明，形成河流、湖泊和海洋，是一切生物体的主要成分。

甲骨文　金文　小篆　楷体

水是一切生物体的主要成分，这也是水为上善的一个重要原因吧。

［**议论**］

俗话说，人往高处走，水往低处流。人总是崇尚高度，而不喜欢低度。但是，正是水往低处流的本能，造就了水的高尚。重力推动着小溪江河流淌不息，把水输送到生物圈的各个部位，就像血液流满全身。血液靠体内的脉搏而流动，水流则是靠生物圈的脉搏而流淌。人体内的脉搏大约每秒一次，生物圈的脉搏则是每天一次。因为，正是日出日落，日照日息，造就了地球上的风水流转，推动着整个生物圈生机勃勃。

(明)沈周《庐山高图》。飞流直下三千尺,处众人之所恶

生物圈中水为善,人世间何为善?孙膑兵法曰:“天时、地利、人和,三者不得,虽胜有殃。”本章的人间七善,似乎可以用“天时、地利、人和”概括之:一个将理论(心善渊)与实践(事善能)相结合的君子,理想的人生轨迹应该能够符合天时(动善时),地利(居善地),人和(与善仁,言善信,政善治)。

第九章　原罪：自遗其咎

持而盈之，不如其已。揣①而锐之，不可长保。金玉满堂，莫之能守。富贵而骄，自遗其咎。功遂身退，天之道。

［版本］

以魏王弼本为基础。

将魏王弼本中的“揣而棁之”，改为“揣而锐之”。

［注释］

①揣 zhuī：捶击。

［解读］

产能持续高增长，产品多到无人问津的时候，不如适可而止，减少财富的创造。不遗余力地推动经济增长的锐利势头，生物圈就会不堪重负，无法长久地保持其生态承载力。真的到了财富极大丰富的时候，生物圈是否还能支撑和守护人类文明的辉煌呢？如果当代人为追求富贵而骄奢淫逸，就会给子孙后代遗留下无穷的祸害。

一旦社会能够成功地让其成员过上体面、有尊严的生活，就应当摈弃对增长的追求，从人之道退回天之道。

［字源］

咎：《汉字演变五百例续编》183页。甲骨文的字形是一只大脚踩向一个小人，这只脚或许代表天神，或许代表掌握生杀大权的统治者，总之是“降祸”。

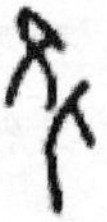

甲骨文

咎

楷体

继第四章、第七章之后，足迹又一次出现，并且主题不变。字表现的是：当代成人的大脚，正踏在子孙细嫩的背脊上。当代人在生物圈里遗留的深深烙印，将由他的子孙世代背负。一个降祸于后代的物种，可谓罪孽深重，自遗其咎。

现代人的原罪，也表现在“咎”字的演化上。甲骨文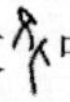中的，在楷体咎中成了更大的夂；子孙变成了更小的卜。小小的子孙多么希望用口说出自己的遭遇，也投上一票。只可惜，他们还未来到这个世界上。

［议论］

代际公平，是可持续发展的核心理念。后代的不在场，挑战着诸如民主、市场效率等所谓普世价值的合理性。一些简单明了的经济学原理，在代际鸿沟面前，常常会面目全非。

在墨西哥瓦哈卡(Oaxaca)圣多明哥教堂(Templo de Santo Domingo)里,一位年长牧师正在为母亲怀抱中的女孩施行洗礼。每个人都爱每个人的后代。所有人都爱所有人的后代吗?

边际效益递减规律告诉我们,第一杯水可以挽救沙漠中断水行人的生命,第二杯水可以让他解渴,第三杯水可以洗把脸……到了第一百杯、一千杯水的时候,恐怕连洗澡也用不完了。

如果世界上每个人的用水量,都从十杯百杯增加到千杯万杯,那么,水资源短缺造成的生态衰竭,对于后代人来说,将是灾难性的。当代人每增加一杯水的边际效益递减,都是后代人的边际成本递增。用后代人递增的、趋于无穷大的生态成本,来满足当代人递减的、趋于无穷小的经济效益，这说明边际效益递减规律，在时间鸿沟面前无效。

上个世纪70年代，罗马俱乐部提出警告，世界经济正面临“增长的极限”。尽管一直有人质疑极限的存在，世界经济增长超过了生物圈的承受极限，已经成为无可争辩的事实。这个极限，是不是老子所说的“功遂”呢？功成名就的人类，有没有可能从“世”道和超世道的“千年”，退回天道的“日”和“年”呢？

第十章　畜:男耕女织

载营魄抱一,能无离乎?专气致柔,能婴儿乎?涤除玄览①,能无疵乎?爱民治国,能无为乎?天门开阖,能为雌乎?明白四达,能无知乎?

生之畜之,生而不有,为而不恃,长而不宰,是谓玄德。

[版本]

以魏王弼本为基础。

1. 将魏王弼本中的"爱民治国,能无知乎",改为"爱民治国,能无为乎"。

2. 将魏王弼本中的"能无雌乎",改为西汉帛书乙本中的"能为雌乎"。

3. 参考西汉帛甲、乙本,将魏王弼本中的"明白四达,能无为乎",改为"明白四达,能无知乎"。

[注释]

①玄览:玄,玄冥;览,观察。指人的内心。

[解读]

物质家园与精神家园的统一,能够不分离吗?心平气和的生活,努力与自然达到柔顺的状态,能像婴儿那样没有过度的奢求吗?涤荡心灵,能够不在世界上留下污点吗?爱民治国,能够对生物圈无所作为吗?随着日出日落、春夏秋冬的时空变换,能够正常地孕育繁殖后代、维持人类社会的可承受发展(sustainable development)吗?明白了人与自然的相处之道,还会做出那些无知的行为吗?

生育万物,养育万物,生物圈生育万物而不据为己有,养育万物而不自恃有功,任万物生长而不去主宰它们,这正是我们应当秉承的品德。

[字源]

畜 xù:《甲骨文字典》1469 页。从从,即糸,像束丝形,亦篆文"玄"字所本;当像田形,其中小点乃像艸(cǎo,草)木形。

甲骨文　　金文　　小篆　　楷体

中的小点,为何不直接解释成庄稼?在第三章的字中,我们已经尝试这样理解了。

中的,似乎还可以帮助我们理解,畜牧的畜(xù)与牲畜的畜(chù)之间的关联。耕田需要畜力,人们才会畜养牲畜。同样,中的也在提醒我们,欲缫(sāo)丝,先养蚕。

男人驭牛耕田，女人缫丝织布。一个“畜”字，好一副男耕女织的和谐景象。

图 1　中国邮政 2010 年 8 月 16 日发行的特种邮票。

：牛郎织女，男耕女织

玄：参照汉典网，《古代汉语字典》905 页。象形。在甲骨文、金文中像丝绞。在小篆字形中，下端像单绞的丝，上端是丝绞上的系带，表示作染丝用的丝结。

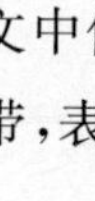 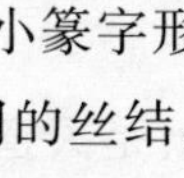 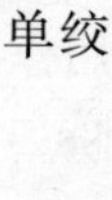 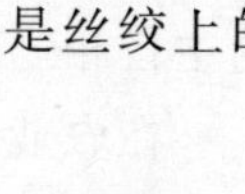

甲骨文　　金文　　小篆　　楷体

图 2 像丝绞

除了畜字上半部的“玄”，本章另有两处提到“玄”字。总觉得，精神的“心玄”与物质的“丝玄”，有着某种玄妙的丝连。例如，玄德可以理解成蚕丝之德。蚕丝的品德：洁白、无暇、高尚、韧性、耐力、耐心、精细、岁月、蜕变，自然……无论怎样形容都不会优雅过分。

［议论］

为本章拟标题，颇费心思。看着男耕女织的“畜”，发现与原文的主旨相当符合，何不用作标题呢？

在农业时代，农民盼望的好年景，就是天道意义上的岁月。流过都江堰的水，总是那样柔顺。生产生活过程中的残留物，几乎都是可以适时降解的，根本就不存在现代意义上的垃圾。人类的力量，还远未超过自然。人科物种的繁殖延续，没有受到致命的威胁。天不变，道亦不变。中华大地上的牛郎织女们，男耕女织近万年，将华夏文明的千丝万缕延续至今。

第十一章　有与无，利与用

三十辐共一毂①，当其无，有车之用。埏埴②以为器，当其无，有器之用。凿户牖③以为室，当其无，有室之用。

故有之以为利，无之以为用。

［版本］

魏王弼本。

［注释］

①毂 gǔ：车轮中心，有洞可以插轴的部分。

②埏 yán：用水和(huó)土。埴 zhí：粘土。

③牖 yǒu：窗户。

［解读］

三十根辐条汇集到一个车毂上，正因为车毂中有插轴的空洞，才有了车的功用。揉和粘土做成器皿，正因为器皿中的空虚，才有了器皿的盛载功用。开凿门窗建造房屋，正因为门窗四壁内的空间，才有了居室的栖身功用。

的确，有形的物品可以带来利益。但是，物品之间、乃至万物之间的无形关系，才能真正体现它们的功用。

［字源］

用：汉典网。象形。甲骨文字形，像桶形。桶可用，故引申为用。本义：使用，采用。

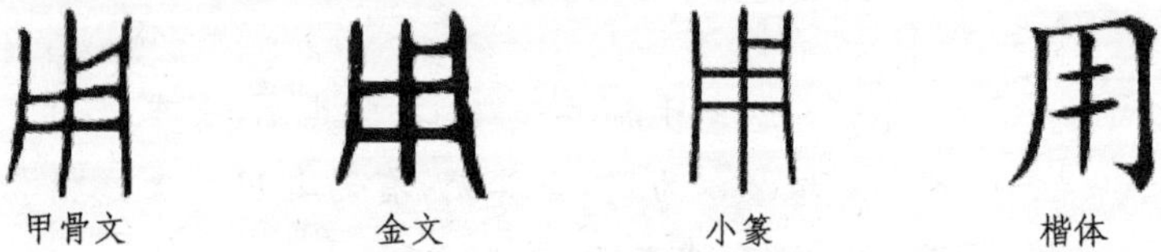

图1　桶。参照老子对毂、器、室的说法，也可以对桶作类似的描述：三十片木板共一圈，当其无，有桶之用。用中的三根竖线表示木板之间的拼缝，二条长横表示桶箍

先人有许多东西可用，为什么偏偏以桶为用呢？一定是桶对先人们太有用了。石斧石刀也很有用，然而，可以通过寻找形状相

似的天然石材来加工制作它们。相比之下，可以用作桶的天然物，却很难找到。竹结、葫芦可以盛水，但是太小了；陶罐可以大些，但是太重了，一不小心还会沉入水底。既然所有古文明的发源地都在江河流域，方便运输的盛水工具，对于先人们来说，实在是太重要了。可以想象，当先人们将一片片不能盛水的木板箍成一个桶的时候，是很有成就感的。圆箍所密封的每一条板缝，都是制作者的得意之作，也是一个桶能用的基本条件。所以，圆箍和板缝，就成了的鲜明标志。

［议论］

1. 无之以为用

桶的真正用处在于木板所围成的空虚。人们使用一次木桶，不会把木板消耗掉。这是因为，功用在于看不见的空虚部分，而不在看得见的实体部分。但是，桶在制作和商业流通过程中，人们往往更重视桶的实体部分。木板的制作工艺和经济成本成为人们所考虑的主要问题，而空桶可以盛水只不过是一个不言而喻的常识。有形的木板构成了桶的价值，无形的空虚赋予桶以使用价值。所以，老子说，有之以为利，无之以为用。

今天，人们制作的桶愈来愈大，砍树愈来愈多，盛水愈来愈满，形体愈来愈精美，价值愈来愈高。可是，树木与生物圈中风水万物的无形关系，人们却忽视得太久太久了。人们只知道利用有形的万物来牟利，却忘了万物之间的无形关系对生物圈的功用。

2. 三十辐共一毂

图2　车毂。找不到正好有着三十根辐条的车轮图片。该车轮正中的车毂上有辐条十二根,车毂的空洞中已经插上了轴。这是一个可以用的车轮

第十二章 人:为腹还是为目?

五色令人目盲,五音令人耳聋,五味令人口爽①,驰骋畋②猎令人心发狂,难得之货令人行妨。

是以圣人为腹不为目,故去彼取此。

［版本］

魏王弼本。

［注释］

①爽:伤败,败坏。

②畋 tián:在田野中打猎。

［解读］

五彩缤纷令人头晕目眩,
鼓乐齐鸣令人震耳欲聋,
山珍海味令人口味败坏,
驰骋围猎令人心绪癫狂,
钱财名牌令人行为怪僻。

所以，圣明的人但求填饱肚子，不求赏心悦目；除去膨胀的欲望，拾取生活的真谛。

［字源］

人：汉典网。象形。甲骨文字形，像侧面站立的人形。

甲骨文　金文　小篆　楷体

在自然界中，人的体形尺度并不大，为何有这么大的能耐呢？

目：参照汉典网。象形。甲骨文、金文字形，像眼睛形，外边轮廓像眼眶，里面像瞳孔。小篆处理为线条。本义：眼睛。

甲骨文　金文　小篆　楷体

人之所以有大能耐，目光特别恐怕是原因之一。人的眼界并不限于目光所到之处，他还希望看到肉眼难以看到的一切。每个人不仅想饱自己的眼福，还很在意他人看自己的目光。

［议论］

写了本章解读，感觉不解渴。再写一个山寨版，过把瘾。

五彩缤纷的霓虹灯，令人头晕目眩。招徕顾客的 CD，令人震耳欲聋。饭局上的山珍海味，令人倒胃口。驰骋原野的 SUV，令人心发狂。LV 之类的名牌，令人行为怪僻。

一个合理的社会，要的是人人填饱肚子，而不是华而不实的政绩。除去过度的包装，直取安全的食品。

难得之货令人行妨。2010 年，中国人在巴黎排队买 LV 包

第十三章　有身，宠辱若惊

宠辱若惊，贵大患若身。何谓宠辱若惊？宠为下，得之若惊，失之若惊，是谓宠辱若惊。何谓贵大患若身？吾所以有大患者，为吾有身。及吾无身，吾有何患？

故贵以身为天下，若可寄天下。爱以身为天下，若可托天下。

［版本］

以魏王弼本为基础。

将魏王弼本中的"若可讬天下"，改为"若可托天下"。

［解读］

身受恩宠与身受轻辱都会感到惊惶，原因在于：所重视的大忧大患是身份的变迁。何谓宠辱若惊？被恩宠说明自己的身份比施加恩宠的人要低下。得宠后惊慌失措，不知如何报答是好。更惊恐一旦失宠，反而受辱。这就叫做宠辱若惊。为什么视身份的变迁为大忧大患？之所以有如此忧患，是因为太计较自己的身份地位。一个不计较个人身份的人，又怎么会忧患宠辱呢？

所以，一个人若能将珍惜自身扩展为珍重天下人，就可以把天下交付给他。一个人若能将爱惜自身扩展为珍爱天下人，就可以把天下托付给他。

［议论］

“寄天下”和“托天下”的区别，也许可以作这样的理解：

寄天下：可施加宠辱的领袖在世时，将天下交付给信任的人打理。

托天下：可施加宠辱的领袖去世前，将天下托付给信赖的人继承。

［字源］

身：汉典网。象形。像人之形。本义：身躯的总称。

《甲骨文简明词典》162页。身。从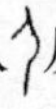从，像人腹，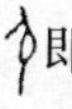即像人身之形。

《辞海》5157页。统指人的身份、品德、才力等。

甲骨文　　金文　　小篆　　楷体

宠辱若惊。(五代)顾闳中《韩熙载夜宴图》局部

第十四章　纪:时间之箭

视之而弗见,命之曰微。听之而弗闻,命之曰希。播①之而弗得,命之曰夷。三者不可致诘②,故混而为一。

一者,其上不谬,其下不忽。寻寻呵,不可命也,复归于无物。是谓无状之状,无物之象,是谓忽恍。随而不见其后,迎而不见其首。

执今之道,以御今之有。以知古始,是谓道纪。

［版本］

西汉帛书乙本。

帛书甲、乙中的“一者”,在下面的解读中起重要作用。甲本原文中缺“道纪”这两个关键的字,并且文中有生僻字,故用乙本。

［注释］

①播 mín:抚。

②诘 jié:追问。谴责,问罪。

［解读］

看它看不见，叫做无形。听它听不到，叫做无声。摸它摸不着，叫做无物。分别从这三个方面来考察追究它，都不得要领。所以，尝试着将这三个方面混而为一，统一考察。

能够把无形无声无物这三个特性统一在一起的，是时间。向上追溯，时间并不荒谬；向下延伸，时间也不会湮灭。无论怎样苦苦追寻探索，也无法说清楚时间的性质，只好仍然把它归结为无形无声无物的状态。这是不基于形状的状态，不基于物体的形象，恍惚渺茫。跟随它，看不见其尾；迎着它，看不见其首。

仅仅掌握时间的当今道理，恐怕只能应付当今文明。只有懂得了文明从古到今的演化规律，才能把握文明的根本之道：时间单位。

［字源］

纪：繁体字为“紀”。《古代汉语字典》343 页。纪的本义指为了缠束丝而区分出来的丝的端绪。

金文　小篆　楷体

己：汉典网。象形。甲骨文字形，像绳曲之形。“己”是古“纪”字，假借作“自己”用。1. 本义：丝的头绪，用以缠束丝。2. 自己，本人。

《古代汉语字典》341 页。己是象形字，甲骨文中的己像丝形。己的本义指为了缠束丝而区分出来的丝缕的端绪。

《甲骨文简明词典》263 页。古代的箭杆和箭头都不易得到，因而用生丝做一根绳子系在箭上，以便箭射出后再收回。这根系在箭上的生丝绳有一个专名，叫做缴 zhuó。有人考证己字即像缴形。

参考《甲骨文字典》1555 页。罗振玉谓己像弋射之缴，郭沫若从罗说。

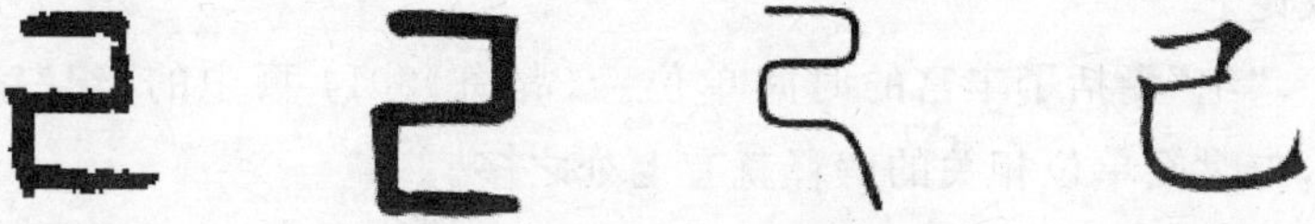

缴 zhuó：汉典网。1. 生丝线。2. 系在箭上的生丝绳。

弋 yì：汉典网。用带绳子的箭射鸟。

战国宴乐铜壶上的“弋射图”。在这幅局部黑白解析图中，系在箭上的生丝绳，在空中展现出优美的曲线。很可能就是这些千姿百态的曲线，触发了先人造己字的灵感

纟：繁体字为“糹”。汉典网。用作偏旁。俗称“绞丝旁”。

甲骨文　　金文　　小篆　　楷体

象形。甲骨文字形，像丝绞。与第十章字上的相似。

［议论］

“纪”囊括了丰富的时间单位。《辞海》3014 页中的“纪”字条目，与时间单位相关的解释就有七处之多。

1. 年岁。

2. 古代以十二年为一纪。

3. 古历法以十九年为章，四章为蔀，二十蔀为纪（1520 年），三纪为元（4560 年）。

4. 一世。

5. 历史上以百年为一世纪，或泛指较长的时间。如二十世纪；中世纪。

6. 次于“代”一级的地质年代单位（数量级可达亿年）。

7. 日月交会之处。

“纪”像一支射出的时间之箭，由近到远，飞过了一长串的时间单位数量级：日、月、年、年代、世纪、千年，直至亿年。《古代汉语字典》说，纪的本义指为了缠束丝而区分出来的丝的端绪。作为一个最丰富的时间单位，“纪”是不是解析文明之纷繁的端绪呢？①

一根系在箭上的丝线，为何长久以来被中国人赋予了这么多的时间单位呢？其中的奥秘，西方人恐怕直到现代才有所领悟。

---

① 在这七个时间单位中，第一章的议论只选取了其中四个：日、年、世纪、千年。

时间之箭(Arrows of time)通常被译为时间之矢。矢的甲骨文为,像一支箭(参见第十八章字源)。并且,物理学中的矢量,是既有大小又有方向的量。由此看来,时间之矢的译名比时间之箭更贴切。

"时间之矢"指自然过程的不可逆性和时间方向性。严格地说,自然界中实际发生的过程都是不可逆的、有时间方向的。时间之矢就是时间的方向性,它是对自然演化不可逆性的描述。近现代科学揭示了下列几种时间之矢:(1)热力学、统计物理学的时间之矢,即熵增加、无序、退化的时间方向;(2)生物学的时间之矢,即生物进化的时间方向,是有序、进化的方向,它与热力学时间之矢正好相反;(3)电磁学的时间之矢,即以振荡电磁所产生的电磁波的传播方向来表征时间的单方向性;(4)量子力学的时间之矢,即原子自发辐射的时间方向;(5)宇宙学的时间之矢,即自宇宙大爆炸起不断膨胀的方向。时间之矢是自然界不断发展和事物新陈代谢的必然表现,它不是人们可任意选择或确定的。自然在不断演化、发展,新陈代谢是宇宙间的普遍规律。时间之矢与从现在到未来的过渡相联系。[①]

① 金炳华主编:《马克思主义哲学大辞典》,上海辞书出版社,2003,第377—378页。

第十五章　犹豫，清静，生动

古之善为士者，微妙玄通，深不可识。夫唯不可识，故强为之容：豫①焉若冬涉川，犹兮若畏四邻，俨②兮其若容，涣兮若冰之将释，敦兮其若朴③，旷兮其若谷，混④兮其若浊。

孰能浊以静之徐清？孰能安以久动之徐生？保此道者不欲盈。夫唯不盈，故能蔽不新成。

［版本］

魏王弼本。

［注释］

①豫：本义为大象。

②俨 yǎn：本义为恭敬；庄重。

③朴：本义为未加工的原木。

④混：本义为水势盛大。

[解读]

古时候那善于行道之士，细致、精妙、深邃、通达，深刻得难以认识。正因为他难以认识，所以只好勉为其难地加以形容描述：

谨慎小心呵，就像冬天里的大象，踏冰过河；

警惕敏觉呵，就像丛林中的猿猴，疑惧四邻；

恭敬庄重呵，就像厅堂上的客人，从容得体；

洒脱散漫呵，就像开春时的黄河，涣然冰释；

浑然敦厚呵，就像倒卧下的原木，朴实无华；

豁达开朗呵，就像深山里的峡谷，大度包容；

迷蒙混沌呵，就像暴雨后的山洪，汹涌浑浊。

谁能让那汹涌浑浊的山洪平静下来，慢慢澄清？谁又能让这安静的清水躁动起来，渐渐升腾？信守此道者，从不追求盈余。正因为他不追求盈余，所以能够抱残守缺而不去追求新的增长。

[议论]

谁能让那汹涌浑浊的山洪平静下来，慢慢澄清？是大地上的湖泊。谁又能让这安静的清水躁动起来，渐渐升腾？是天空中的太阳。一个“静之徐清”，一个“动之徐生”，好一幅生物圈中水循环的和谐景象。在水循环的这两个阶段中，有一个共同之处：徐，即循环过程所经历的时间。“静之徐清”的清静，是从浑浊徐徐澄清而来的；“动之徐生”的生动，是从安静徐徐躁动而起的。循环必须经过春雨、夏日、秋风、冬雪的徐徐过渡，才能实现。

信守生物圈规律的文明，是不会超过生态循环韵律行事的。并且，一个文明只有信守生态循环韵律，才能接受财富的缺憾，不去攀登新的时间单位。

但是，人类往往过于自信，总认为自己可以搞定一切。相比之下，与人类有着亲缘关系的犹，虽然属于动物界的最高等类群，却是时时警惕。比人的体形大许多的豫，虽然是陆地上最大的动物，却是事事小心。人类为什么不愿意像犹、豫一样，在应对大自然的时候，多一点犹豫呢？

图 1　豫焉若冬涉川。猛犸象大约在 4 万年前出现，距今 4 千年前完全灭绝。这只猛犸象是不是在踏冰过河时陷入绝境的？

［字源］

猶：简体字为“犹”。汉典网。一种猿类动物。

《辞海》2142 页。兽名，猴属。亦名犹猢。

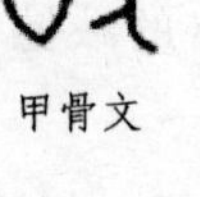

甲骨文

金文

猶

楷体

字的左边是一坛酒，右边是代表各种动物的犬。在所有动物中，最能偷酒喝的动物，恐怕算是猿猴了。孙悟空就是因为偷喝了王母娘娘的酒，才大闹天宫的。也许，仓颉家的酒坛就被猿猴光顾多次，给他留下了深刻的印象，故造此字。

图 2　犹兮若畏四邻。警惕敏觉呵，就像丛林中的猿猴，疑惧四邻

犬：《古代汉语字典》663 页。象形字，甲骨文、金文的犬字都像狗的样子。犬的本义指猎狗。

甲骨文　　金文　　楷体

图 3　犬的甲骨文和金文形态，很像反犬旁犭。把两个古体字放平之后，、与狗或者狼的形态十分相似。加上中的那只，三条生动的大尾巴，很是招人喜爱。只可惜，为了书写方便，反犬旁犭放平后，却是一直夹着尾巴的。“犭”之所以被称作反犬旁，原因可能是，在组成动物名称的字体中，“犭”作为左偏旁，总是背对着右边那部分。例如，狗、狼、猴、狐、狸、猫、狮、猪中的“犭”，总是背对着句、良、侯、瓜、里、苗、师、者

酉 yǒu：参考汉典网。象形。甲骨文、金文字形，像酒坛形。“酉”是汉字的一个部首，从“酉”的字多与酒或因发酵而制成的食物有关。本义：酒。

甲骨文　　金文　　小篆　　楷体

猶的甲骨文为，其中的那坛与酉的甲骨文，造型相像。酋与酉是两个意思相近的字。

酋 qiú：参考汉典网。会意。小篆字形。《说文解字》："从酉，水半见于上。"甲骨文、金文中的"酋"像酒坛形，上面"八"像水形。本义：陈酒，久酿之酒。

图 4　马家窑文化时期（BC3000－BC2000）的尖底陶瓶。这是当时较为常见的汲水器，瓶身有耳，可系绳。它巧妙地利用了重心原理和平衡原理。使用时将尖底瓶放置于水中，瓶身横浮水面，等水自瓶口流满全瓶时，尖底瓶会自动竖起

第十六章　复命：复归原点

致虚极，守静笃。万物并作，吾以观复。夫物芸芸，各复归其根。归根曰静，是谓复命。复命曰常，知常曰明。不知常，妄作，凶。

知常容，容乃公，公乃王，王乃天，天乃道，道乃久。没身不殆。

［版本］

魏王弼本。

［解读］

文明发展到虚华的极致，财富增长就静止了。万物竞相生长，在我看来，只不过是轮回往复。人间的各色财物，最终都要复归自然的根本。当财富增长归根于生物圈的衰竭时，财富增长就静止了。财富增长静止的宿命，也是人类文明虚华的命运。虚华复归原点，遵循的是天道常理。懂得这个常理，才能明白文明的真谛。不懂这个常理，还要妄为增长，人类就凶险了。

认知天人关系的常理，就能容忍零增长。容忍零增长，就能增进代际公正。要保证代际公正，就要实行对后代具有仁爱之心的王道。实行王道，文明就能符合天然的生态韵律。天然的生态韵律来自天道，天道持久乃至永远。遵循此逻辑，人类文明方能避免灭亡的危险。

［**字源**］

复：《甲骨文字典》621 页。从夊从，像穴居之两侧有台阶上出之形，夊像足趾，台阶所以供出入，夊在其上，则会往返出入之意。

甲骨文　　金文　　小篆　　楷体

虽然，在字的结构中，位于下方，然而，《甲骨文字典》关于“夊在其上”的解释，是指所表现的实际场景。从下图可以看出，站在边上的那只，位置比地穴的海拔要高一些，故“夊在其上”。

为了强调的上下往复，金文甚至将通道的台阶也画了出来。另外，中的那一点，在下图也有表现，应该是地穴中央的火塘吧。

仰韶文化时期(BC5000—BC3000)的西安半坡遗址。这个穴居的出入通道似乎只有一侧

[议论]

继第四、七、九章之后,我们又一次遇到了人的足迹。“复”字下半部的那只,走过了三千多年,只是规整成了“夊”,形态居然没有什么大的变化。可见,这只脚是多么的坚强有力。尽管雄风依旧,此脚要想再回复到原始时代的那个穴居里,已经不可能了。不仅中国人的脚步不可能,整个人类的脚步也不可能复归穴居。尽管不可能,新石器社会却常常是哲人们魂牵梦萦的时代。

恩格斯在《家庭、私有制和国家的起源》中,是这样称颂易洛魁人的氏族制度的:“这种十分单纯质朴的氏族制度是一种多么美妙的制度呵！没有军队、宪兵和警察,没有贵族、国王、总督、地方官和法官,没有监狱,没有诉讼,而一切都是有条有理的。一切问题,都由当事人自己解决,在大多数情况下,历来的习俗就把一切调整好了。不会有贫穷困苦的人……”[①]难道是因为欣赏原始共产主义,而叹息当代文明无法复归原善,马克思主义创始人才将社会主义的高级阶段——共产主义作为理想目标?

汤因比不是一位马克思主义者,但对原始时代的高级阶段却同样赞美有加:“如果人类在达到新石器时代的技术水准后没有取得更高的技术成就,那对我们的子孙后代可能会更好些。”[②]老子希望复归的理想社会,好像也是由一个个这样的地穴所组成的。老子、恩格斯、汤因比的心似乎是相通的,复归的向往并没有时空的限制。

为什么“复归”总能触动人们的遐想?游子希望复归故里,游魂希望复归家园,游人希望复归自然。因为,游荡的人类所向往的自然,其原善的根源正是万物皆能“复”。而我们今天所遭遇的所有环境问题,根源就是无法“复”。荒漠化,是因为过度放牧的草场来不及恢复。水资源紧缺,是因为雨水在回复整条河道之前,就被人们取用了。垃圾包围城市,是因为垃圾的增长速度远远超过它们的降解速度,来不及复原成养分。能源枯竭,是因为阳光的即时能量,无法光复三百万年来的统治地位。物种灭绝,是因为动物无

---

① 恩格斯:《家庭、私有制和国家的起源》。《马克思恩格斯选集》(第四卷)。北京:人民出版社,1972,92—93页。

② 阿诺德·约瑟夫·汤因比(Arnold Joseph Toynbee,1889—1975):《人类与大地母亲》(*Mankind and Mother Earth:A Narrative History of the World*),徐波,徐钧尧,龚晓庄译。上海人民出版社,1992,51—52页。

法复归熟悉的生态环境。……

一种文明形态，如果导致生物圈无法正常循环往复，那就意味着，这种文明的生活方式，违背了生态系统的三个原理：养分循环、能量流动、结构平衡。复归受阻的生物圈，难以承受经济的高速增长。文明的压力与生物圈的承受能力，达到了极限状态。

任何事物，只要超越了阈值，就会变质。人们热衷于追逐的财富，也不例外。经济增长的目标是增长财富。当人们辛辛苦苦把自然之物转变成人间财富的时候，他们有没有想过，如今的自然之物，在转变之前，就已经是财富了。捕捞不到的鱼，砍伐不了的树，喝不下的黄河水，排不出的二氧化碳……以前认为不是财富的身外之物——所有原生态的、未被攫取的、未经人为加工转变的自然之物，难道不正是我们今天、明天的宝贵财富吗？

既然转变前后的自然之物都是财富，并且，也无法判断财富在转变前后的价值孰高孰低，现代文明的财富增长实际上就静止了。我们的步伐仿佛又回到了最初的脚印。因为，在原始社会里，生活资料的增长几乎静止了百万年之久。如果一定要把那一点点生活资料称作财富的话，它们也几乎都是自然之物的本来状态。在这两个意义上，财富极大丰富的文明似乎又复归到了财富匮乏的原点。

第十七章 太上:不知有汉

太上,不知有之。其次,亲而誉之。其次,畏之。其次,侮之。信不足焉,有不信焉。

悠兮其贵言,功成事遂。百姓皆谓:我自然。

[版本]

以魏王弼本为基础。

将魏王弼本中的“下知有之”,改为“不知有之”。

[解读]

最高明的统治者,人们几乎意识不到他的存在。差一点的统治者,人们亲近他,赞誉他。再差一点的统治者,人们畏惧他。最差劲的统治者,人们轻侮他。统治者的诚信不足,老百姓才不信任他。

高明的统治者悠闲自得,很少发号施令,却常常事半功倍。百姓们都说,过日子本来就是这样自然而然的。

［议论］

老子为统治水平所定的四档指标，现在似乎还管用。只是第一档指标不容易达到。这种理想状态，也许只存在于人们的理想之中。

(明)仇英《桃源仙境图》。

太上：不知有汉，无论魏晋

在今天的世界上，二流统治还能看到，但已是凤毛麟角。令人畏惧的三流统治，正处在分崩离析的历史进程之中。倒是天天遭人骂的政府，现在最吃香。

[字源]

畏：汉典网。会意。据甲骨文意思，鬼手拿杖打人，使人害怕。本义：害怕。

甲骨文　　金文　　小篆　　楷体

金文延续了甲骨文的意思，只是鬼的手短了些。小篆的变化较大，然而鬼还在，并且出现了鬼所打的对象。此人被鬼打了千年，已经被打得快趴下了。因此鬼所握的棍杖也由竖变横了。从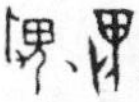竖持的棍杖可以推测，此人最初是站着与鬼对打的。

原来，人们之所以畏惧统治者，是因为他手中握有打人的权杖。但是，在老子看来，权杖使用过分，会适得其反。那个被鬼打得快趴下了的人，最后会站立起来，侮蔑统治者。

鬼：参考汉典网。象形。甲骨文字形。上面像一个可怕的脑袋（非“田”字），下面是个人，有时这个人呈跪坐姿态。鬼是人们想象中的似人非人的怪物。鬼是汉字部首之一，从鬼的字大多与迷信、鬼神有关。本义：迷信的人认为人死后有灵魂，称之为“鬼”。

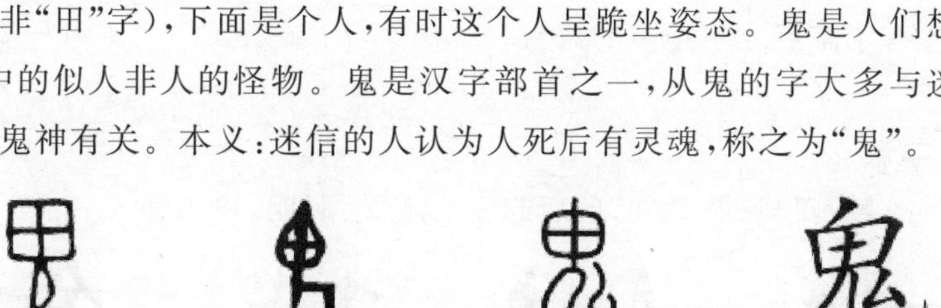

甲骨文　　金文　　小篆　　楷体

第十八章　智慧出，有原罪

大道废，有仁义。智慧出，有大伪。六亲不和，有孝慈。国家昏乱，有忠臣。

［版本］

以魏王弼本为基础。

将魏王弼本中的“慧智”，改为西汉帛书甲、乙本中的“智慧”。

［解读］

世道败坏，仁义道德才会得到宣扬。智慧出现，人才从天真走向伪劣。家庭不和睦，孝慈才会得到彰显。国家陷入昏乱，忠臣们才有了施展才华抱负的舞台。

［字源］

智：汉典网。“知”的后起字。本义：聪明，智力强。

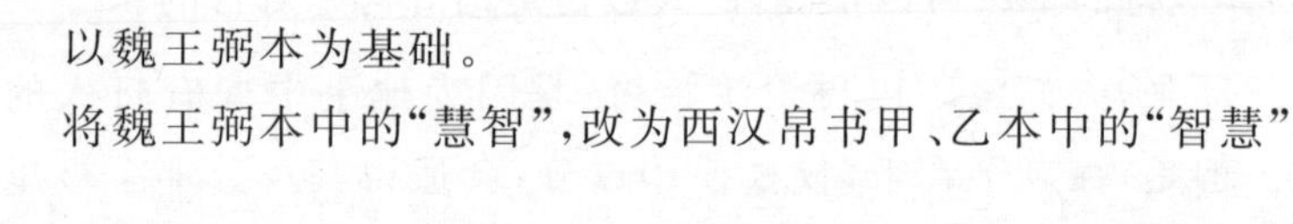

甲骨文　金文　小篆　楷体

依照汉典网的解释，先有“知”，后有“智”。从结构上看，和也与“知”字更相像。中的矢在整个字的最右边，中的矢在整个字的最左边。然而，所要表达的字意应该是完全相同的，这在古体字中非常多见。问题是，口与矢旁边竖着的“干”是干什么用的呢？段玉裁在解释“知”字时说：“识敏，故出于口者疾如矢也。”既然知道的事物要像箭一样快地说出来，那么，和就很可能是靶子。意思是，一名智者不仅要像箭一样快地说出知道的事物，而且要有的放矢，说得准确。

现代人自以为掌握了比古人更先进的知识，却往往丢失了方向与目的。和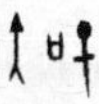一旦丧失了和，就只剩下矢和口，变成了干巴巴的“知”识，“智”慧也就跟着变味了。

知：参考汉典网。会意。意思是：认识、知道的事物，可以脱口而出。本义：知道。

金文　　小篆　　楷体

按照汉典网的解释，既然“智”是“知”的后起字，那么，就应该先有“知”，后有“智”。并且，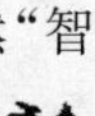和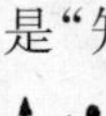在结构上，更加接近“知”。所以，如果将和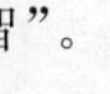作为“知”的甲骨文和金文，是否更符合逻辑？

矢：汉典网。象形。甲骨文字形。像镝（dí，箭的尖头）括羽之形。本义：箭。

甲骨文　金文　小篆　楷体

如果无的，放矢又有什么意义呢？

［议论］

什么是智慧？人为什么会有智慧而万物没有？人是什么时候开始智慧出的？

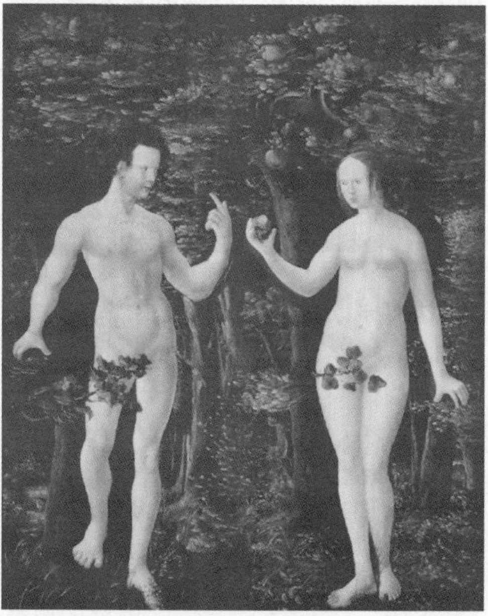

The fall of Man，华盛顿美国国家美术馆藏。
智慧出，有原罪

在圣经故事中，上帝创造的人，原先是没有智慧的。上帝吩咐亚当夏娃说，分别善恶树上的果子你们不可吃。撒旦却引诱夏娃说，吃了智慧之果，你们的眼睛就亮了。夏娃经不住诱惑，偷吃了禁果，还把它给亚当吃了。人由此开始获得智慧。这是上帝造人以后，人第一次违背上帝的禁令，因而犯下了必须世代救赎的罪孽，称为原罪。意即原初的、与生俱来的罪。

多少年来，人们为背叛上帝而忏悔。但是，他们有没有想过，如果不是当初因越轨而获得智慧，人又怎么能够具有忏悔的能力呢？只有背叛，才能获得智慧；而只有智慧，才有能力对背叛进行忏悔。也就是说，对背叛进行忏悔的前提条件是背叛本身。

原罪的意义不仅仅是由于第一次违背了上帝的禁令，而在于背叛从根本上改变了人类这个物种的本性。一个初生的婴儿，虽然没有违背过任何禁令，但他（她）从出生的那一刻起，就已经有罪了，因为他（她）在本性上是一个人。这个本性就是，人类获得了以前只有上帝才具备的智慧。人类因智慧而区别于世间所有其他物种。

所以，可以从三个层次来认识原罪的“原”意。首先，它是人类第一次违背上帝的禁令；其次，罪孽的本质是人类占有了原本不属于他的智慧；最后，赎罪的觉悟必须来源于罪孽本身。

第十九章　绝智,绝巧,绝伪

绝智弃辩,民利百倍。绝巧弃利,盗贼亡有。绝伪弃虑,民复孝慈。三言以为辨,不足,或令之或乎属:视素保朴,少私寡欲。

[版本]

楚竹简甲本。

将陈鼓应先生修订的“绝知”,改为竹简本的原文“绝智”。

在本章的四个版本中,短语顺序搭配各有不同,取楚竹简甲本。

[解读]

杜绝足智多谋,放弃争辩不休,人民的利益就可以增加百倍。杜绝投机取巧,放弃利欲熏心,盗贼自然就会消亡。杜绝虚伪做作,放弃处心积虑,民众就会恢复孝慈的天性。如果以此三言为准则,还不足以分辨是非,那么,可以直截了当地告知或者呼吁民众:穿着素净,保持朴实,减少私心,降低欲望。

［议论］

上一章说，智慧出，有大伪。所以，这一章要绝智、绝巧，绝伪。

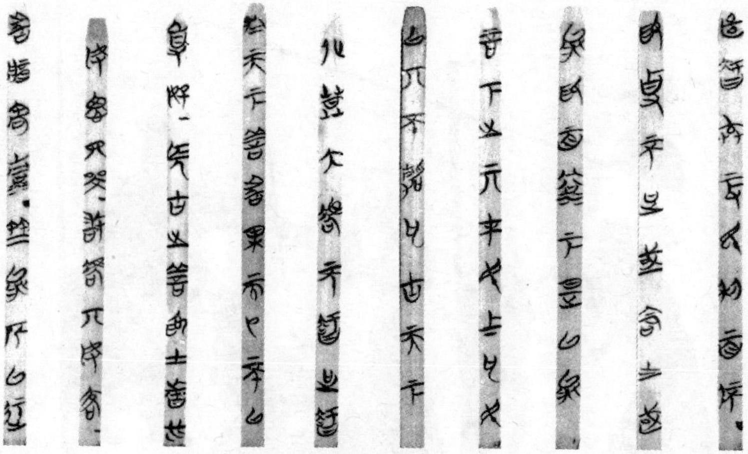

图1 《老子》楚竹简甲本局部。图片右边的第一根竹简，就是《老子》楚竹简甲本的第一根竹简。在这个到目前为止已知的最早版本里，老子开篇就写了"绝智弃辩，民利百倍"八个字，可见他老人家对"智"的厌恶。对于这八个字，本书详细讨论了其中四个。参见第十八章字源：智（知）；第二十七章字源：弃；第七十五章字源：民；第三十六章字源：利。对比它们的字形可以看出，甲骨文金文在楚竹简本中有着明显的传承

老子对"智"的深恶痛绝，还可以从其追随者所讲的一个故事中得到更多的领悟。庄子在《天地》中说：

子贡到南方楚国游历，返回晋国，经过汉阴，见一老人正在菜园里劳作。老人打了一条地道直通井边，抱瓮打水，浇灌菜地，来来回回很吃力，用力甚多而功效甚少。子贡说："有一种机械，每天可以浇灌上百畦，用力少而功效多，老人家不想试试吗？"种菜的老人抬起头来看着子贡说："是怎么一回事？"子贡说："用木料加工成

机械，后面重而前面轻，提水如同抽绳，快得就像沸水外溢一样，这种机械的名字叫做桔(jié)槔(gāo)。”

图2　山东嘉祥武氏祠石刻：东汉画像石桔槔图。桔槔俗称吊杆，是一种原始的井上汲水工具。它是在一根竖立的架子上加上一根细长的杠杆，当中是支点，末端悬挂一个重物，前段悬挂水桶。一起一落，汲水可以省力。桔槔早在春秋时期就已相当普遍，而且延续了几千年，是中国农村历代通用的旧式提水器具

种菜的老人听罢，脸色一变，讥笑道：“我听我的老师说，有了机械，就必定会有机械之类的事。有了机械之类的事，就必定会有机械之类的事要操心。对机械事物的操心存留胸中，那不曾受到打扰的纯洁心境就不具备了。纯洁的心境不具备，精神就不安定。精神不安定的人，天道就无法承载。我并非不知你所说的那个机

械，只是不屑那样做。”子贡满面羞愧，低头不答。[①]

连这么原始的智慧都要拒绝，如此的绝智似乎也太绝了。其实，中国历史的许多篇章，都有这样的色彩。

据李约瑟的研究，早在公元五世纪，中国就已经有了曲柄连杆的机械装置。但是，那是用水轮圆周运动带动风箱的直线运动，与蒸汽机的工作原理 —— 直线运动带动圆周运动正好相反。[②]

明成祖时期，郑和的宝船，很可能是当时世界上最大最复杂的机械了。到了明宪宗年间，大臣刘大夏烧毁或藏匿了郑和下西洋的海图以及宝船图纸。

1793 年，英国特使马戈尔尼携带了当时世界上最为先进的机械装置，诸如自鸣钟、枪炮、望远镜等作为觐见礼物，向乾隆皇帝提出通商请求。结果，被乾隆那封著名的敕谕所拒绝。

1876 年，英商在上海私自修建了中国第一条铁路。清政府为了拒绝这个反动的连杆曲柄机械，1877 年花巨资将其买下拆毁。

……

2009 年，中国汽车销量 1364 万辆，超过美国，首次成为世界第一。此时，我们又想起了自行车，这个技术含量不高的机械。与以往不同的是，这一次，我们打算与全世界人民一起，尽量选择操心小得多的自行车，对于私家车这样的复杂机械，羞而不为也。因

---

① 子贡南游于楚，反于晋，过汉阴，见一丈人方将为圃畦(qí)，凿隧而入井，抱瓮而出灌，搰(hú，挖、掘)搰然用力甚多而见功寡。子贡曰："有械于此，一日浸百畦，用力甚寡而见功多，夫子不欲乎？"为圃者仰而视之曰："奈何？"曰："凿木为机，后重前轻，挈(qiè)水若抽，数如泆(yì)汤，其名为槔(gāo)。"为圃者忿然作色而笑曰："吾闻之吾师，有机械者必有机事，有机事者必有机心。机心存于胸中则纯白不备。纯白不备则神生不定，神生不定者，道之所不载也。吾非不知，羞而不为也。"子贡瞒然惭，俯而不对。

② [美]罗伯特·K. G. 坦普尔(Robert K. G. Temple)：《中国：发明与发现的国度——中国科学技术史精华》，南昌：21 世纪出版社，1995，119－121 页。

为，这种诸多智慧的结晶所带来的繁荣和舒服，很可能是一种伪幸福。

［字源］

贼 zéi：汉典网。简体字为“贼”。会意。从戈，刀毁貝。本义：残害；伤害。

《汉字演变五百例续编》468 页。这不是形声字，而是会意字。原由“人、戈、貝”组成，表示人持兵器把宝贵的貝捣毁。本义是破坏。

金文　小篆　楷体

贼不就是小偷吗？为什么本义不是偷，而是破坏呢？由第三章的字源“貝”、第四十六章的字源“戎、戈”可知，“賊”的意思就是持械夺财，不像偷窃那么简单，弄不好属于抢劫罪。

人手中的械，经过漫长的发展，终于迎来了革命性的突破。蒸汽机推动连杆曲柄，是机械演进的转折点。接着，内燃机又大大提高了蒸汽机的效率。数百年来，依靠动力机械，人已经从生物圈那里夺得了大把财富。这些财富，本来也是人类后代应该分享的。所以，我们也持械掠夺了子子孙孙的财富。今天的财富，不仅仅是占有的转移，更是以破坏为代价的。当今这个物质极大丰富的文明，破坏了生物圈的水循环、大气循环、万物的家园、物种的延续……破坏了子孙后代的生存环境。现代人很像一个抢劫石油、煤炭、铁矿、稀土、鲸鱼、老虎、犀牛、大象的贼。

对于贼，仁慈就显得多余了。所以，老子说：“圣人不仁，以百姓为刍狗。”

第二十章　愚顽：我独遗以

绝学无忧。唯之与诃①，相去几何？善之与恶，相去若何？

人之所畏，不可不畏。荒兮，其未央哉！众人熙熙，如享太牢②，如春登台。我独泊兮，其未兆③，如婴儿之未孩。傫傫④兮，若无所归。众人皆有余，而我独若遗。我愚人之心也哉！沌沌兮！俗人昭昭，我独昏昏。俗人察察，我独闷闷。

澹⑤兮，其若海。飂⑥兮，若无止。众人皆有以，而我独顽似鄙。我独异于人，而贵食母。

［版本］

以魏王弼本为基础。

参考西汉帛书甲本，将魏王弼本中的“唯之与阿”，改为“唯之与诃”。

［注释］

①诃 hē：大声斥责；责骂。

②太牢：古代祭祀，牛羊豕三牲具备谓之太牢。

③兆：古代占验吉凶时灼龟甲所成的裂纹。人们根据裂纹的走向进行占卜。然后把占卜的有关事情（如占卜时间、占卜者、占问内容、视兆结果、验证情况等）刻在甲骨上，作为档案保存。甲骨文由此产生。

④儽 lěi：儽儽，古同“累累”，颓丧。

⑤澹 dàn：水波摇动的样子。

⑥飂 liù：犹飘。

［**解读**］

弃绝世俗的学识，就无忧无虑了。学问的接受与排斥，相差有多少？知识的善之与恶，相差又有多少？

众人所畏惧的，我也不能不有所怯畏。前途漫漫，不着边际。众人熙熙攘攘，兴高采烈，就像是在分享丰盛的宴席。一个个春风得意，登台拜将。我独自漂泊，平淡无迹，就像一个不会嬉笑怒骂的婴儿。颓废沮丧呵，没有归宿。众人行事个个游刃有余，唯独我的本领遗失殆尽。我真是一副愚人心肠啊，混混沌沌。人人都清醒精明，唯独我昏昧糊涂。人人都洞察秋毫，唯独我迟钝郁闷。

只有波涛汹涌的大海，能够舒展我的胸怀。只有无休无止的飓风，能够升腾我的思绪。众人个个都有用武之地，唯独我愚顽鄙陋。我之所以与他人不一样，在于我所尊崇的，只有那哺育万物的母体。

［**字源**］

以：参考《汉字演变五百例续编》424 页。是古代农具“耒”下端铲土的部分。

汉典网。象形。本义：用。

甲骨文　金文　小篆　楷体

甲骨文的以，一般只有“以”字的左边一半，像耕地的农具。有的甲骨文字体，在农具旁加了人，就比较符合今天的“以”字结构了。人在农具旁，还用手扶持着，很能体现“用”的含意。篆体的就更像人用农具了。其实，直到今天，“以”也没有退化。那个尖尖的，正在被“人”插入田中，很可能是把相当好用的犁。

图1　汉神农执耒图。“以”是古代农具“耒”下端铲土的部分

[**议论**]

1. 我独遗以

文森特·威廉·凡·高(Vincent Willem van Gogh,1853—1890),荷兰后印象派画家。凡·高摒弃了一切后天习得的知识,漠视学院派珍视的教条,甚至忘记自己的理性。在他的眼中,只有生机盎然的自然景观,他陶醉于其中,物我两忘。他视天地万物为不可分割的整体,他用全部身心,拥抱一切。

1890 年,凡·高的《红色葡萄园》以 400 法郎价格卖出。这是他生前卖出的唯一一幅油画。

凡·高一生贫困潦倒。为了艺术,他燃尽了生命的火焰。对于艺术,他说:“为了它,我拿自己的生命去冒险。由于它,我的理智有一半崩溃了。不过这都没关系……”

图 2 凡·高自画像,1887,纽约大都会艺术博物馆藏。当凡·高活着的时候,被世人看成是一个独顽似鄙的人。他的“以”在生前没有得到应有的承认

当年，老子的“以”很可能没有得到社会的承认。孔子周游列国，其主张不也是没人理睬吗？苏格拉底（Socrates，BC469－BC399）好像有着同样的命运。

2.绝学无忧

2011 年 3 月 11 日，日本本州岛仙台港以东 130 公里处发生里氏 9 级地震。地震引发的巨大海啸，将人们的美丽家园顷刻摧毁。更为严重的是，第三波灾害接踵而来。福岛核电站数个机组相继爆炸。2011 年 4 月 2 日，福岛核电站 2 号机组附近海水的放射性核素碘－131 超标 750 万倍。作为一个经济实力和技术水平高度发达的国家，日本竟然发生了如此严重的核事故。这使世界各国不得不重新评估核技术的应用。

图 3　2010 年 11 月（左）和 2011 年 3 月 15 日航拍的福岛第一核电站。① 核技术的接受与排斥，相差有多少？核技术的善之与恶，相差又有多少？如果人们弃绝核物理学问，不就可以无忧核辐射了吗？所以，老子说：绝学无忧

① http://www.chinadaily.com.cn/hqgj/2011－03/16/content_12176656.htm

第二十一章　时间:物象精真

孔德之容,惟道是从。道之为物,惟恍惟惚。惚兮恍兮,其中有象。恍兮惚兮,其中有物。窈①兮冥兮,其中有精。其精甚真,其中有信。

自今及古,其名不去,以阅众甫。吾何以知众甫之状哉,以此。

［版本］

魏王弼本。

［注释］

①窈 yǎo:幽深,深远。

［解读］

大德的内容,完全取决于道。那么,道又是什么呢?如果把道勉强看为一物,那也是恍恍惚惚,看不真切。透过惚恍,那物仿佛有所显象。恍然大悟,原来其中的奥妙就是物候现象。冥冥之中,道透过物象显露出幽深的精粹:时间!这精粹甚是真切,我信在其中。

从当今上溯到远古，岁月日子的时间单位名称永远不会变化消失，据此可以考察万物的本源。我之所以能够认识万物的本源状态，就是以时间单位为根据的。

［**字源**］

孔：汉典网。象形。金文字形，像小儿食乳之形。婴儿吃奶容易过量，因以表示过甚之意。本义：甚，很。

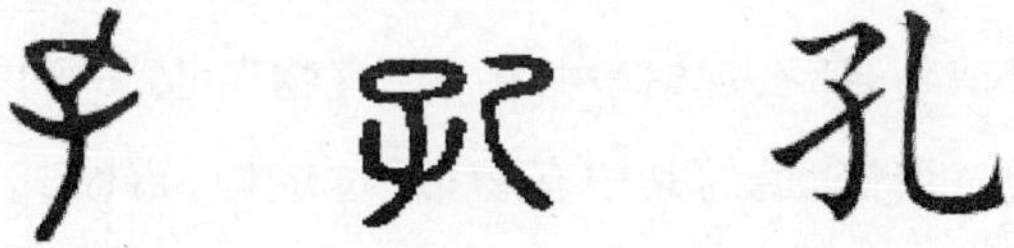

金文　小篆　楷体

孔德：甚是真切的天赋品德。

甫 fǔ：《汉字演变五百例》92 页。在田上长出了新苗，这就是甲骨文“甫”字的字形，即圃的本字。

《甲骨文字典》355 页。从田从屮（cǎo），像田中有屮之形，当为圃之初文。

汉典网。象形。甲骨文字形，像田中有菜苗之形。本义：苗。

甲骨文　楷体

众甫：万物的萌芽状态。

［议论］

在老子的岁月里，人们没有望远镜等仪器，无法像现代科学那样，精确地勾画出太阳系的天体轨道。对于太阳日出日落、月亮阴晴圆缺、一年春夏秋冬，人们如何解释呢？日、月、年，这些时间单位究竟是什么？太阳是一个物体吗？月亮是一个物体吗？即便把它们看作物体，岁月依据它们而存在，那么，春夏秋冬难道是四个物体吗？天道恍惚，岁月非物似物，让人看不真切。

如果岁月非物，那么把岁月作"为物"，就会惟恍惟惚。如果岁月似物，那么观察岁月中的"有物"，也许可以真切地感受到时间。透过惚恍，道的其中有物；透过恍惚，道的其中有象。通过"有物"和"有象"，就有可能把握道的精真：时间。这物这象，就是物象，即物候现象，是人们认识天道时间的重要依据。

《辞海》3789页对物候有两个解释：1. 指动植物或非生物受气候和外界环境因素的影响而出现的季节变化现象。例如，植物的萌芽、开花、结实；动物的蛰眠、始鸣、繁育、迁徙等。非生物现象，例如，始霜、始雪、初冰、解冻等。我国物候的记载甚早，《诗经》、《吕氏春秋》等书中已有记载。物候能指示农时以有利于作物栽培，也可供预报天气参考。2. 景物；风物。因其随节候而变异，故称"物候"。

非物似物的天道时间，原来可以透过各种物候现象来体会。二十四节气反映了季节、物候现象、气候变化。其中，反映物候现象的节气是惊蛰、清明、小满、芒种。

图 1　芒种：道透过物候现象所显露的时间。芒种表征麦类等有芒作物的成熟。在二十四节气中，芒种是一个反映农业物候现象的节气

中国古代利用土圭实测日晷(guǐ)，将每年日影最长定为"日至"(又称日长至、长至、冬至)，日影最短为"日短至"(又称短至、夏至)。在春秋两季各有一天的昼夜时间长短相等，便定为"春分"和"秋分"。在商朝时只有四个节气，到了周朝时发展到了八个，到秦汉年间，二十四节气已完全确立。①

老子的岁月，以及《道德经》流传形成期，与二十四节气的演化成型期比较吻合。

① http://www.hudong.com/wiki/节气

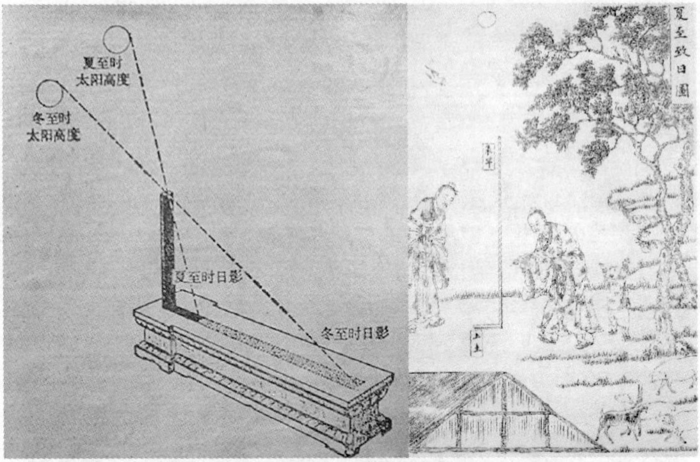

图2　土圭投下的日影，帮助中国人构建了早期的天道景象

第二十二章　委曲求全，人玉双全

曲则全，枉则直，洼则盈，敝则新，少则得，多则惑。

是以圣人抱一，为天下式。不自见故明，不自是故彰，不自伐故有功，不自矜故长。

夫唯不争，故天下莫能与之争。古之所谓曲则全者，岂虚言哉！诚，全而归之。

［版本］

魏王弼本。

［解读］

根须曲折方能保全枝叶，溪流弯弯方能直下三千，地势低洼方能充盈雨水，枯叶腐敝方能滋养新苗，存活稍少方能得到延续，多产多生反而前景迷惑。

因此，圣明的人把遵从天道作为行事的准则。

不固执己见，故能明白事理。

不自以为是，故能成绩显著。

不自我夸耀，故能功成名就。

不自鸣得意，故能长足进步。

正因为如此这般与世无争，所以天下没人能够与其争。古人所说的委曲求全等箴言，岂能是空话！只要不争和委曲是诚心诚意的，一生就能保全，就有归宿。

［字源］

曲 qū：《汉字演变五百例》270 页。甲骨文和金文“曲”字都像曲尺形。本义是弯曲，与直相对。

甲骨文　　金文　　小篆　　楷体

图 1　汉代曲尺

只因弯曲的岁月久了，古老的不小心在哪个朝代给折断了，变成了今天的曲。篆体更有意思，弯“曲”的形体中居然藏着“玉”。玉的金文、篆体形状是“王”。

玉:《汉字演变五百例》441 页。金文和小篆作三横一竖，与“王”字相似；它们的区别是“玉”字三横等距，而“王”字不是而已。隶书以后“玉”字才加点。

《甲骨文简明词典》221 页。甲骨文玉用为偏旁写作“王”。

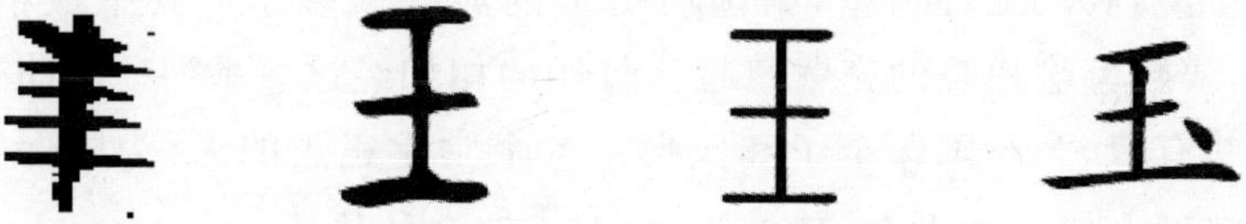

甲骨文　金文　小篆　楷体

《汉字演变五百例》441 页、《甲骨文简明词典》221 页、《甲骨文字典》34 页、《古代汉语字典》994 页、汉典网均认为，古体的玉字，像一根绳子，串着三、五片玉石。

然而，第六十七章甲骨文“宝”字中的，看起来更像是新石器时代的琮。所谓三、五片玉石，很可能是琮身多齿状饰的简化。琮很可能是氏族部落的一种祭器，用贵重的玉石长期制作而成，以示庄重。用最重要的玉器形状代表玉字，理所当然。琮字中的王字偏旁，即为玉的意思。第六十七章图片中的玉琮，琮身的齿状饰达九节之多。对此，甲骨文的五节齿状饰已经有所简化，金文则是更加简化了。

［**议论**］

1. 曲则全

本章开篇“曲则全”，也就是说，曲和全存在着某种内在的共性。从文字结构上看,曲中有个王,全字中也有个王。这两个王有没有什么共性呢?

全:汉典网。会意。篆文从入(人),从王(玉)。盖谓交纳的玉完整无缺。本义:纯色玉。

果然,曲和全中的王,都具有玉性。

如同王与玉一样,入与人也经历了类似的演化。在第十二章的字源中,甲骨文、金文、小篆的“人”字形都呈“入”状,左短右长。然而,我们今天都写成了“人”,左长右短。

说到人、玉、曲、全,中国历史上的典故就多了。其中最精彩的,要数家喻户晓的完璧归赵。蔺(lìn)相如经过一系列迂回曲折,有礼有节,为赵国保全了和氏璧。一个堂堂正正的人,为国保玉,成就了一段委曲求全、智勇双全、人王双全的佳话。

图2　山东嘉祥东汉墓葬中“完璧归赵”画像石。蔺相如委曲求全,智勇双全,结果人王双全

2. 少则得，多则惑

在第四章图 2 中，山猫与野兔的多与少，依据它们的生物潜能和环境阻力的此消彼长而变化。存活数量稍微减少，不但无害，反而让山猫和野兔都可以得到延续。这是“万物并育而不相害”的一个典型案例。相反，数量大量增多，反而会打破捕食动物和被捕食动物种群之间的平衡，导致生态系统崩溃。

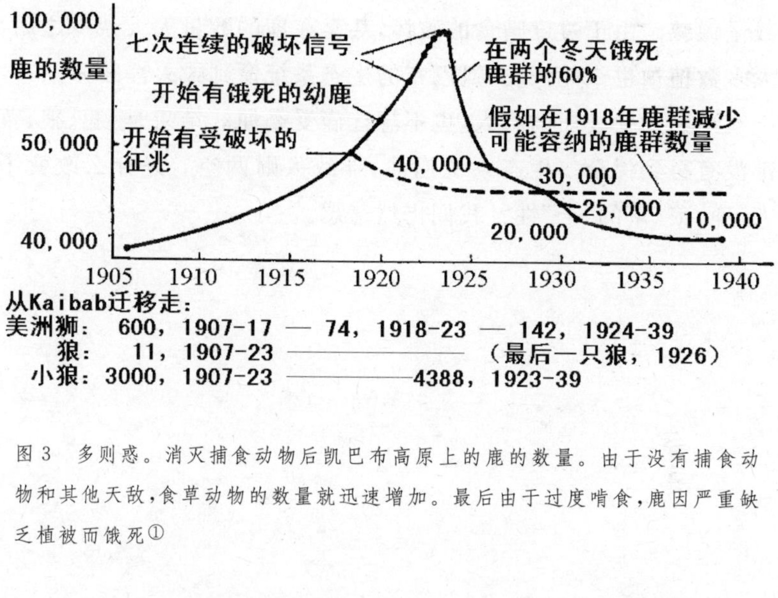

图 3　多则惑。消灭捕食动物后凯巴布高原上的鹿的数量。由于没有捕食动物和其他天敌，食草动物的数量就迅速增加。最后由于过度啃食，鹿因严重缺乏植被而饿死①

凯巴布高原是美国大峡谷北麓的一个地区，大约有 1100 平方英里。1907 年以前，这个地区的生态系统提供的植被生长快，更

① 内贝尔(Bernard J. Nebel)著：《环境科学——世界存在与发展的途径(*Environment Science：the Way the World Works*)》，范淑琴等译，北京：科学出版社，1987，37 页。

新亦快，足以为生长在这个地区的大约 40000 头鹿提供丰富的食物。而鹿的数量则由美洲狮、郊狼和狼控制。1907 年，亚利桑那州对捕杀这些食肉动物实行奖励。过了 10—15 年，这些食肉动物实际上已从这个地区消失了。由于没有捕食动物，鹿的数量也就迅速增加了，于是越来越多的鹿开始过度啃食植被。到 1924 年，鹿的数量达到了大约 100000 头的高峰，在这种情况下，大部分植被由于过度啃食而被毁灭。结果，只过了两个冬天，就有大约 60000 头鹿被饿死。在以后的若干年里，饥饿和疾病继续使鹿的数量锐减。由于过度啃食的破坏，甚至在鹿的数量大大减少之后，大多数植被也未能恢复，凯巴布的生态系统遭到毁灭性破坏。

不愿意受委屈的牧人，也不想让鹿受委屈。结果是，鹿、狼、草都没有得到保全。生态系统崩溃，导致人财两空。是什么改变了人、鹿、狼、草的“玉”性？我们仍然迷惑。

第二十三章　变脸：自然不能久

希言，自然。飘①风不终朝，暴雨不终日，孰为此？天地而弗能久，又况于人乎？

故从事而道者，同于道；德者，同于德；失者，同于失。同德者，道亦德之。同于失者，道亦失之。

［版本］

西汉帛书甲本。

与其他版本相比，西汉帛书甲本简洁明了。

［注释］

①飘：旋风，暴风。

［解读］

少说花言巧语来掩饰，本色自然会表现出来。狂风刮不了一个早上，暴雨下不了一个整日。是谁叫停了它们？是天地自然。天地的变脸都不能持久，何况人呢？

所以，遵从道理的人，行为就符合道理；品德高尚的人，举止就体现美德；丧失道德的人，行事就过失频频。品德高尚的，一定是个讲道理的人。品德败坏的，一定是个不讲道理的家伙。

［**议论**］

变着法儿折腾并不能持久，只能是暂时的。原来是什么样，终究还是那个样子。

一个人的道德，就体现在平时的行为举止中。无论怎样掩饰，本来面目终究是要展现出来的。

［**字源**］

朝 zhāo：参考汉典网。会意。甲骨文字形，上下为草木，中间为日、月。表明太阳已从草丛升起，还未超过树梢，残月仍然挂在空中。本义：泛指早晨。

甲骨文

楷体

太阳已经升起，还未超过树梢，残月仍然挂在空中。所表现的场景，其形式与内容的丰富，是英文单词 morning 所无法比拟的。这很可能是一个意境最美丽的汉字

日：参考汉典网。象形。甲骨文和金文字形。像太阳形。轮廓像太阳的圆形，一横或一点表示太阳的光。本义：太阳。

甲骨文

金文

小篆

楷体

"日"中为何有这一横一点，存在多种说法。说法一，表示太阳中有能量。[①] 说法二，薄云遮日时，可以看到太阳上有阴影。……

① 法国人克洛德·拉尔(Claude Larre)在论述中国人思维中的时间经验知觉和历史观时指出："日：太阳，白昼。这个字的古体是一个圆，中间有一画。这一画分割了这个圆，表示这个圆形的东西包含着一个重要要素，即太阳能。"［法］路易·加迪等：《文化与时间》，杭州：浙江人民出版社，1988，40 页。

人所认识的第一个时间单位，很可能就是“日”。从现代学者对土著人的观察，可以推测原始人对“年”时间单位的认识是比较模糊的。[1]

月：汉典网。象形。甲骨文字形。像半月形。“月”是汉字部首之一。本义：月亮。

甲骨文　金文　小篆　楷体

月亮上的阴影比太阳更明显。这是不是小篆以后，月字中的阴影又多了一道的理由？

① 例如，布罗尼斯拉夫·马林诺夫斯基（B. Malinowski）在《特罗布里恩（Trobriands）岛人的计时方式》一文中说：“至于一年开始的真正时间，并不存在共识；他们没有‘新一年’（new year）或者‘新年’（new year's day）的说法，这样的观念对他们而言也并不重要，因此也就没有相应的年代性的编年体系。”约翰·哈萨德（John Hassard）：《时间社会学》，北京师范大学出版社，2009，210 页。

第二十四章　企者不立，天道难违

企者不立，跨者不行，自见者不明，自是者不彰，自伐者无功，自矜者不长。

其在道也。曰：馀食赘①形，物或恶之。故有道者不处。

［版本］

魏王弼本。

［注释］

①赘 zhuì：多余，无用。

［解读］

踮脚拔高，反而站立不稳。

跨跃冒进，反而行走不远。

固执己见，反而说不明白。

自以为是，反而臭名昭彰。

自我夸耀，反而徒劳无功。

自鸣得意，反而没有长进。

如此弄巧成拙，都应了一句话：天道不可违。可以说，如此行为就像那剩饭赘瘤，令人厌恶。所以，有道德的人是不会这样处事的。

［议论］

再解读：

现代企业不愿放弃最后一点边际增长，就像一个踮起脚跟拼命拔高的人，反而站立不稳。

现代国家你争我夺，都想快马加鞭，实现跨越性发展，反而纷纷落马。

现代科学自以为最正确，热衷于祛魅，反而背离了明显的道理。

现代技术自以为是，超越了生物圈的承受极限，反而不能彰显效率。

现代文明自我夸耀，三百年创造的财富超过了前三百万年的总和，寅吃卯粮，反而徒劳无功。

现代人自鸣得意，穷奢极欲，反而不能长久地持续下去。

所有这些，都应了一句话：天道不可违。可以说，当今人类的许多行为，就像那剩饭赘瘤，会让我们的子孙感到厌恶。所以，真正有道德的人是不会与生物圈这样相处的。

［字源］

企：汉典网。会意。从人，从止。甲骨文字形，上面是一个人，下面是“止”（脚），表示这个人在踮起后脚跟，有企立、企足的意思。本义：踮起脚跟。

甲骨文

金文

企
楷体

继第四章、第七章、第九章之后，脚“止”又出现。最能完整表现人的脚趾的字，原来是“企”。踮脚企立是很辛苦的。怪不得，我们把艰难创业、依靠专业、辛苦作业的经济组织叫做企业。

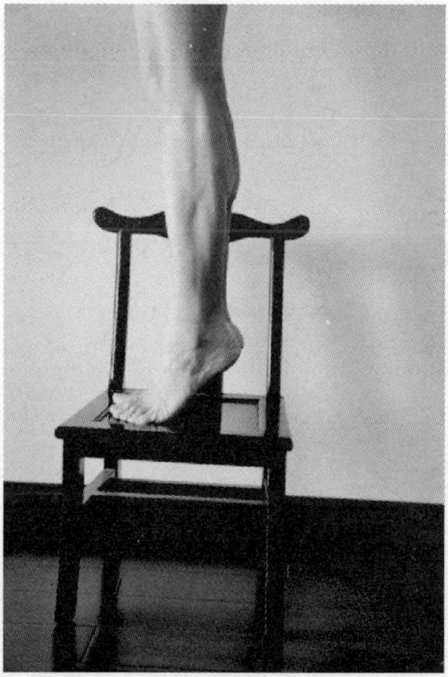

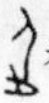表示这个人在踮起后脚跟

第二十五章　大道:周行而不殆

有状混成,先天地生。寂兮寥兮,独立不改,周行而不殆,可以为天下母。吾不知其名,强字之曰道,强为之名曰大。大曰逝,逝曰远,远曰返。

故道大、天大、地大、人亦大。域中有四大,而人居其一焉。人法地,地法天,天法道,道法自然。

［版本］

以魏王弼本为基础。

1. 参考楚竹简甲本,将魏王弼本中的“有物”,改为“有状”。

2. 将魏王弼本中的“远曰反”,改为楚竹简甲本中的“远曰返”。

3. 遵从通行版本,将魏王弼本中的“字之曰道”,改为“强字之曰道”。

4. 遵从通行版本,将魏王弼本中的“王亦大”,改为“人亦大”。

5. 遵从通行版本,将王弼本中的“王居其一”,改为“人居其一”。

［解读］

有一种状态混然形成，在天地产生以前就存在了。它是那样的寂静空虚呵，超然独立的秉性从不改变。它循环往复，运行不止，可以作为天下万物的起源。我不知道它的名称，勉强给它一个称呼，叫做道；勉强给它一个名字，叫做大。大如流逝的星云，流逝得那样遥远，远到天边，又会返回眼前。

道是博大的，天是宏大的，地是伟大的，人是自大的。宇宙时空有四大，人只不过是其中一分子。因此，人应当尊崇哺育我们的土地，土地的收成如何要看天气，天气的变化在于时间节气，时间节气则是自然而然的。

［议论］

在《道德经》的八十一章中，本章对道的阐述最彻底、最全面、最深刻、最透彻。道字的本义是道路。天体的空间运行轨道，其实就是时间的轨迹。这种运行轨迹，周行而不殆，从而形成日、月、年等时间单位。

从前，人们看不到现代科学技术所描绘的天体轨道。但是，对于日月星辰大地山河的好奇，古人一点也不比现代人低。天体运行，以及依据天体运行所形成的时间、时间单位，这些与人们生活密切相关的虚虚实实，究竟是怎么一回事呢？庄子在《天运》中，对这种好奇心有着生动的描述：

天体是在运转吗？大地是处于静止不动的吗？日月交替是在争夺什么呢？谁在主持张罗它们呢？谁在维系这些乾纲呢？谁闲着无事而推动天体运行呢？是不是有什么机关让这些都出于不得

已呢？是不是一旦运转起来，它们自己就停不下来了呢？[1]

其实，从老子的“道可道，非常道”，到庄子的“天其运乎”，屈原的“天问”，牛顿的“第一推动”，爱因斯坦的“相对论”，人类至今也没有弄清楚这些问题。探究“有状混成，先天地生”的景象，更是魅力无穷。

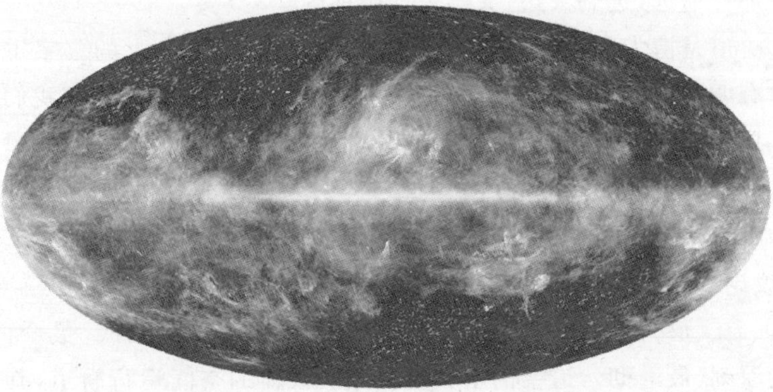

有状混成，先天地生。[2] 2010 年 7 月 5 日，欧洲航天局公布了“普朗克”太空望远镜拍摄的首张整个宇宙的全景图，并展现了宇宙中最古老的光。宇宙全景图的珍贵之处在于捕捉到宇宙微波背景辐射，它形成于宇宙大爆炸时期，经过 137 亿年的漫长旅行才到达地球

大、道，是老子勉强赋予这种状态的名与称。这两个字的古体字，值得讨论。

---

① 天其运乎？地其处乎？日月其争于所乎？孰主张是？孰维纲是？孰居无事推而行是？意者其有机缄而不得已乎？意者其运转而不能自止邪？

② 此处的天，不是广义上的宇宙，而是指日月，以及肉眼可见的星辰。地球只有 46 亿年的年龄，宇宙更是先于地球而生。http://baike.baidu.com/view/3915584.htm

［字源］

大：汉典网。象形。甲骨文字形，像人的正面形，有手有脚。“大”是汉字部首之一，从“大”的字往往与人类或人事有关。本义：大小的“大”。

甲骨文　金文　小篆　楷体

人居然以自己的形象来表示大，自高自大的本性可见一斑。老子认为，人只是四大之一，并且，人处在四“大”链条逻辑中的最低端。所以，人亦大，很可能是指人的自大。

道：汉典网。本义：供行走的道路。

《古代汉语字典》140 页。一说道是会意字，由首字和辶组合而成，首代表头脑或首领，辶表示行走，合起来的意思是人在行走。道本指道路。

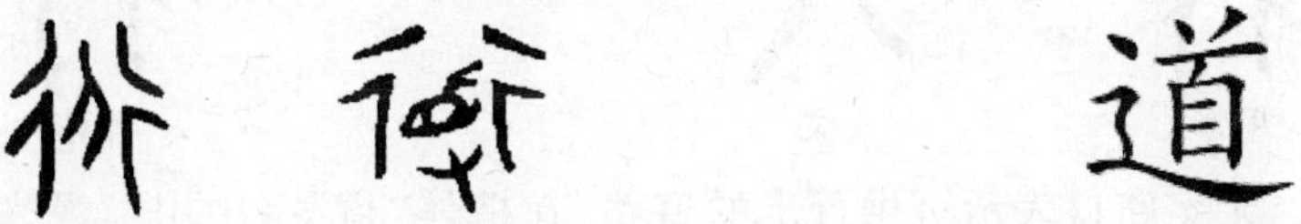

甲骨文　金文　楷体

古时的道路条件不佳，走道必须仔细看清楚路况。人走到路口时，更要特别小心。金文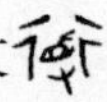，表现了一只眼睛在十字路口观察。那只眼睛，就是“道”字中的“首”。眼睛下面很可能是一只脚，表示走道。

大、道，这两个古体字，都与人密切相关。这恐怕不符合老子的心意。所以，他是那样的勉强。其实，“吾不知其名，强字之曰道”的勉强，在开篇时就有充分的显露：“道可道，非常道。名可名，非常名。”

首：《古代汉语字典》729 页。象形字。在甲骨文中像长着头发的人头。在金文中，下面表示眼睛的部分更加突出。首的本义指“头”。

甲骨文　金文　楷体

行：汉典网。象形。本义：道路。

《甲骨文简明词典》73 页。像四通八达的大路，本为会意字。

《古代汉语字典》890 页。象形字，像道路交叉成十字的路口。行的本义是指行走。

甲骨文　金文　楷体

十字路口表示可供行走的道路，在楷体“道”字中用“辶”来表达。

第二十六章　君：重为轻根

重为轻根，静为躁君。是以君子终日行，不离辎重。虽有荣观，燕处超然。

奈何万乘之主，而以身轻天下？轻则失根，躁则失君。

［版本］

以魏王弼本为基础。

将魏王弼本中的“圣人终日行”，改为西汉帛书甲、乙本中的“君子终日行”。

［解读］

稳重是轻松的根本，平静是躁动的主宰。君王整日里行走天下，其轻松自如来源于身不离辎重。每到一处，场面繁荣，人群躁动，而君王仍旧平静安居，泰然自若。

可是，有些万乘大国的君王，居然以轻率的态度治理天下。要知道，轻率会丧失国之重器，焦躁会丧失国之大位。

［议论］

既然军队有万乘之多，那么君主的辎重也轻不了。辎重重，设备、给养、安全都有保障，君王当然就轻松了。

但是，轻松不等于轻率。例如，美国的辎重世界第一，反说他人拥有大规模杀伤性武器，据此攻打伊拉克，是不是太轻率了？作为总统，小布什是不是太焦躁了？是不是缺少一点君子风度？

［字源］

君：参考汉典网。会意。从尹，从口。尹，表示治事；口，表示发布命令。合起来的意思是：发号施令，治理国家。本义：君主，国家的最高统治者。

甲骨文　金文　小篆　楷体

在本章中，有三处提到“君”。第一个君，取主宰之意。第二个君，君子即君王。第三个君，指君王的大位。

尹：汉典网。会意。甲骨文字形。左边一竖表示笔，右边是“又”（手），像手拿笔，以表示治事。本义：治理。

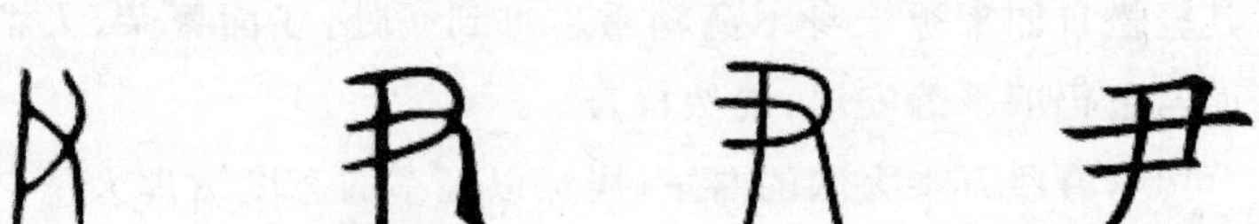

甲骨文　金文　小篆　楷体

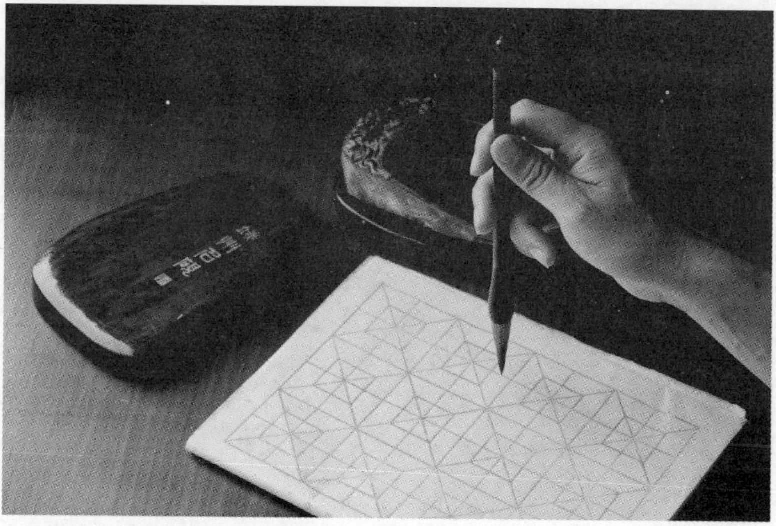

，像笔 在手 中握

第二十七章 无弃人，无弃物

善行无辙迹，善言无瑕谪①，善数不用筹策②，善闭无关楗③而不可开，善结无绳约而不可解。

是以圣人常善救人，故无弃人；常善救物，故无弃物，是谓袭明。

故善人者，不善人之师；不善人者，善人之资。不贵其师，不爱其资，虽智大迷，是谓要妙。

［版本］

魏王弼本。

［注释］

①瑕：玉上的斑点。谪 zhé：有意指摘，责备。瑕谪：玉上的斑痕。

②筹：计数的用具。筹策：竹码子。古时计算用具。

③关楗：关门的木闩。横的叫关，竖的叫楗。

［解读］

善于行走的，不会留下车辙脚印之类的痕迹。善于言谈的，不会留下瑕疵而授人以柄。善于计算的，不用筹码来策划。善于闭门的，不用门闩，别人横竖也打不开。善于束缚的，不用绳索，别人也无法解脱。

因此，圣明的人总是善于扶持救助各色人等，做到人尽其才，让天下没有被遗弃的人才。圣明的人总是善于挽救废物的命运，做到物尽其用，让天下没有被废弃的物品。这其中深藏着明智的道理。

所以，善于把握某项技能之人，可以做不善于该项技能之人的老师。教授不善于某项技能之人，善于把握者也可以从中得到资鉴。但是，如果学生不尊重老师，老师不爱惜学生，双方再聪明也会陷入迷津。此乃师生关系之要旨。

［**字源**］

弃：繁体字为“棄”。参考汉典网。会意。甲骨文字形，上面是个头向上的婴孩，三点表示羊水。中间是只簸箕，下面是两只手。合起来表示将死婴扔掉之意。金文、小篆写法大同小异。本义：扔掉；抛弃。

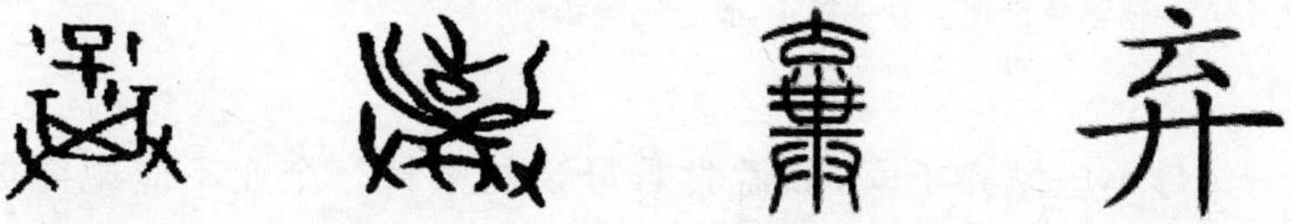

甲骨文　　金文　　小篆　　楷体

与繁体字“棄”相比，弃虽然少了簸箕，但是，下面的“廾”比棄中的“木”更像两只手。所以，“弃”还是简化得比较成功的。

［**议论**］

孟尝君田文五月五日出生时，差点被遗。长大成人后，他继承了齐国宗室大臣田婴的爵位和财产，先后任齐、秦、韩三国的宰相，成为战国时代举足轻重的人物。他倾尽家财厚待宾客，门下食客数千人，其中既有学问才能之士，也有鸡鸣狗盗之徒。

孟尝君常善救人，也常被人救。危难时，鸡鸣狗盗之徒帮助他摆脱困境。在他眼中，世上无弃人

父母不应抛弃子女，如孟尝君母亲的坚持。企业不应抛弃员工，如日本某些企业的终身雇佣制。军队不应抛弃士兵，如电影“拯救大兵”。社会不应抛弃公民，如智利救援井下受困矿工。人是宝贵的，每个人都有特长善能，如台球选手丁俊晖。

世界上也无弃物。物质不灭，养分循环，是生物圈存在的基本状态。今天的垃圾，只是时间意义上的废物——来不及循环。

第二十八章　知其荣，守其辱

知其雄，守其雌，为天下谿①。为天下谿，常德不离，复归于婴儿。

知其白，守其黑，为天下式。为天下式，常德不忒②，复归于无极。

知其荣，守其辱，为天下谷。为天下谷，常德乃足，复归于朴。

朴散则为器，圣人用之则为官长。故大制不割。

［版本］

魏王弼本。

［注释］

①谿 xī：山沟，山谷。

②忒 tè：差误。

［解读］

知道如何称雄，却安守雌伏，像天下的所有溪涧一样，来自高处，却总往低处流。溪涧总往低处流，不离其天赋品德，自然而然如婴儿。

知道昼日的白，却安守夜晚的黑，因为昼夜是天下的时间样式。虽然一天的时间分为白昼黑夜，时间单位“日”的功德却不分黑白，分秒不差，以至永远。

知道如何繁荣发达，却安守谦卑屈辱，像天下的所有山川一样，虚怀若谷。虚怀若谷的人，满足道德规范，返朴归真。

一根完整的原木，切割分散成条块，就可以做成各种用途的器物。这就像圣明的人选任官员一样。虽然各个官员的职责不同，但是，这些职责都是根据治理天下的大政方针所分解出来的。官员的具体职责可以得到分解，这些职责的来源——国家的整个制度架构却是不可分割的。

［**议论**］

如果只知雄，不知雌，只知白，不知黑，只知荣，不知辱，那就是只知其一，不知其二，就不能全面把握事物的本质。好似一个人看到一张桌子，只知道那是桌子；看到一把椅子，只知道那是椅子。却忘了，这两样不同的东西，原本都来自完整的原木：朴。所以，只有把桌椅返回到它们的最初状态，才能把握它们的真实本原。婴儿，无极，朴，所要复归的这三项，均为本原的象征。

国家的本原，则为大制。所以，治理国家，设置岗位，选任官员，也是同样的道理。如三权分立的制度架构，不可分割，取其一或者其二均不可。又如，公检法的司法架构，也是不可分割的，不能取其一或者其二。

［字源］

辱：汉典网。会意。甲骨文字形，是“辰”下加脚（止）或加手（又，寸）的形象。1. 本义：耕作。“辰”是“蜃 shèn”的本字，古代以蜃为农具进行耕作。这个意义后来写作耨（nòu）。2. 引申义：耻辱。

甲骨文

金文

楷体

上的几个小点，是辛勤的汗水，还是散落的麦穗？

辰 chén：参考汉典网。象形。甲骨文、金文字形，是蛤（gé）蚌壳之类软体动物的形象，蜃的本字。后经假借而产生了其他用法。本义：蛤蚌之类的软体动物。

《甲骨文简明词典》264 页。像人拿着石镰或其他农具，表示耕作之意。

《甲骨文字典》1590 页。商代以蜃（蛤蚌属）壳为镰即蚌镰，其制于蚌镰背部穿二孔附绳索缚于拇指，用以掐断禾穗。甲骨文辰字正像缚蚌镰于指之形。像蚌镰，本应为圆弧形，作方折形乃刀笔契刻之故；像以绳付于手指之形。故辰之本义为蚌镰，其得名乃由蜃，后世遂更因辰作蜃字。

甲骨文

楷体

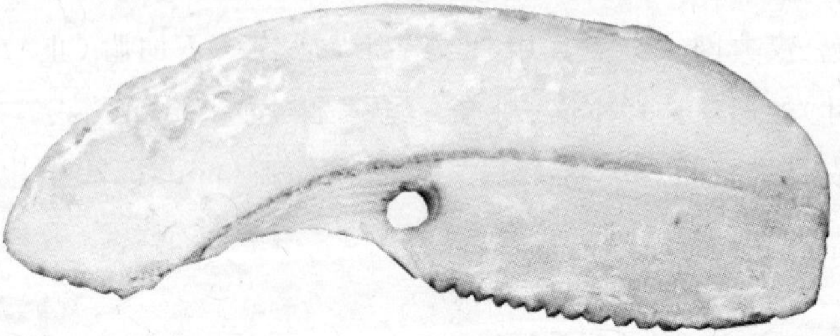

图 1　手缚蚌镰是“辰”字的出处。这把 5000 年前的镰只有一孔

寸:汉典网。指事。从又,从一。“又”像手形,“一”指下手腕一寸之处。寸是汉字部首之一,从寸的字往往与手有关。本义:中医切脉,称距离手腕一寸长的部位为寸口,简称寸。

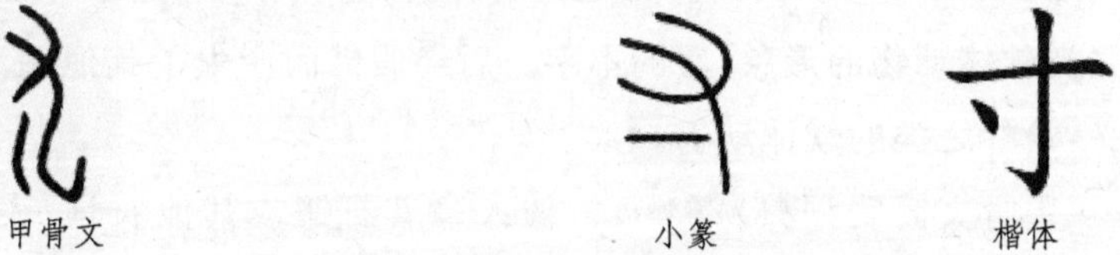

“辰”只表现了持镰的手指,“寸”则强调了手和手腕的作用。所以,“辱”完整地表现了手指、手、手腕在使用蚌镰的劳作中,各自的作用与协调。

古代中国,是一个农业文明辉煌的国家。男耕女织,赋予中国人无穷的想象力,许多文字都来源于田间地头的灵感。知其荣,守其辱,很可能就是指:不稀罕他人的繁荣,守住农业文明之根本。1793 年,乾隆那封著名的敕谕,乃是“知其荣,守其辱”的绝妙写照。知道英国特使马戈尔尼所赠礼物的奇巧,却仍然坚守农业文明的辱制,结果让中国蒙受了一个多世纪的耻辱。落后就要挨打,也可以说成：辱则辱。前者是农耕文明的辱，后者是耻辱的辱。“辱”字的两个含义，竟然以如此方式相呼应，令人啼笑皆非。

图2　1793年英使在热河觐见乾隆皇帝，行礼者为随团的见习童子。知其荣，守其辱。乾隆皇帝敕谕英咭利国王：天朝德威远被，万国来王，种种贵重之物，梯航毕集，无所不有。尔之正使等所亲见。然从不贵奇巧，并无更需尔国制办物件

到了21世纪中叶，当中国成为一个中等发达国家以后，她会不会重新“知其荣，守其辱”，选择一种资源消耗少的简朴生活方式呢？整个人类文明的出路，是不是“知其荣，守其辱”呢？

第二十九章 为者败之，执者失之

将欲取天下而为之，吾见其不得已。天下神器，不可为也。为者败之，执者失之。

故物或行或随、或歔①或吹、或强或羸②、或挫或隳③。

是以圣人去甚、去奢、去泰。

［版本］

魏王弼本。

［注释］

①歔 xū：叹息。

②羸：有余。宽缓；松懈。

③隳 huī：毁坏。

［解读］

多少人想取得政权，以实现他们的所谓执政蓝图。我看他们很难做得好。政权是天下神器，不可操弄。人为操弄公权力的人，一定会失败。即便执政权到手，也会丧失。

天下人物，秉性各异。有的喜欢行前，有的习惯随后。有的长吁短叹，有的吹毛求疵。有的要强好胜，有的松懈懒散。有的擅长抬轿，有的专门拆台。

所以，圣明的人远离那些极端的、奢侈的、好大喜功的家伙。

［**字源**］

爲：简体字为“为”。《古代汉语字典》820 页。会意字。甲骨文和金文的爲字像人手牵象，意思是用象来协助人的劳作。为的本义是作、做。

甲骨文　金文　小篆　楷体

直至今日，“爲”仍然精彩地继承了仓颉的原意。上部的爫仍然表示手，下部除了保留的四条腿灬外，左面一撇和右面的竖勾分别代表长鼻与尾巴，左鼻右尾，或者左尾右鼻，都很形象（也许，“形象”的意思就是从形状像象得来的）。爲字中部的两个长方形，高的表示象头，低的代表象身。以上的解读也适合“爲”的小篆。并且，中的人手、象鼻、象尾、象脚，甚至象头中的眼睛，以及可能的象耳，更加生动。可见，小篆很好地起到了“爲”字从古到今的传承作用。

像人手操弄大象

象:《汉典网》。象形。甲骨文字形,突出其长鼻。本义:大象。

甲骨文　金文　小篆　楷体

象的甲骨文,与甲骨文中的象,极为相似。就连象尾巴上的毛,也很相像。

［议论］

可见,为的本义是操弄。无为,就是让事物自然进行,不要人为操弄。

第三十章　兵强天下，其事好还

以道佐人主者，不以兵强天下，其事好还。师之所处，荆棘生焉。大军之后，必有凶年。

善有果而已，不敢以取强。果而勿矜，果而勿伐，果而勿骄，果而不得已，果而勿强。

物壮则老，是谓不道，不道早已。

［版本］

魏王弼本。

［解读］

以正道辅佐国君的人，不靠武力征服天下。兵家相争这种事，总是以牙还牙，没完没了。军队所过之处，荒山野岭，荆棘丛生，征途险恶。大战之后，田地荒芜，民生凋敝，必有灾年。

善于用兵打仗的人，只求达到一定的预期结果，不敢恃强凌弱。达到目的而不自负，达到目的而不自夸，达到目的而不骄傲。动武只是出于不得已，达到目的即可，不可穷兵黩武，一味逞强好胜。

太强壮了，就会盛极而衰，走向衰老。所以，盛气凌人，逞强好胜不是正道。不走正道，就会过早夭折。

［议论］

1962年的对印自卫反击战，1978年对越自卫反击战，中国军队都是在取得了胜利之后，主动撤军。中国的决策，堪称“善有果而已，不敢以取强”。中国以自己的实际行动，做到了“果而勿矜，果而勿伐，果而勿骄，果而不得已，果而勿强”。

国与国、民族与民族、一种文明与另一种文明之间，纠纷是难免的。和而不同，和谐共存，才是相处之道。如果自恃兵强，一味霸道，凡事诉诸武力，就会使矛盾升级，导致以牙还牙的后果。

图1 兵强天下，其事好还。2001年9月11日，美国纽约

今天，世界上最强壮的，仍然是美国。强壮怎么样？凭借新大陆的发现，西班牙、葡萄牙强壮过，结果衰老了。凭借工业革命的先机，英国强壮过，渐渐疲惫了。凭借共产主义的兴起，苏联强壮过，最终解体了。所以，老子说，“物壮则老”。

［**字源**］

果：汉典网。象形。甲骨文字形，田像树上结的果实形，在木之上。本义：果子，果实。

甲骨文　金文　小篆　楷体

从金文开始，更加强调树木上所结的果实，果实变得越来越大。

今天，现代人种下的苦果，会不会给子孙后代带来越来越严重的后果呢？

年：汉典网。甲骨文字形，上面是禾，下面是人，禾谷成熟，人在负禾。本义：年成，五谷成熟。

甲骨文　金文　楷体

五谷是农业社会里最重要的人工植物，成熟的谷物积聚了岁月的精华。用人背熟谷来表达一年四季，充分体现了“年”字的精髓。

天不变，道亦不变。自古以来，中国人一直以为，的辉煌可以延续千秋万代，永不褪色。

图 2　甲骨文，上面是成熟的，下面是负禾的，好一幅农业文明的辉煌景象

《道德经》通篇只提到一次“年”。年在本章中不算重要，但对理解通篇的道与德却十分重要。参见第六章议论：年为谷神；第三十六章字源：禾；第五十九章字源：啬、來。

世：汉典网。指事。金文字形。古人以三十年为一世。“止”上加三个圆点，表三十年。止，到此为止。本义：三十年。

《古代汉语字典》723 页。世的本义指古三十年的时间，引申为一辈子。

金文　　　　小篆　　　　楷体

《道德经》通篇没有提到“世”，然而，世与人有着密切的关系，是一个最能代表人的时间单位。在“日、年、世、千年”的文明形态系列中，年后面紧接着就是世，故借此机会写出。

卅 sà：汉典网。三十并也。

金文　　　　小篆　　　　楷体

世与人的密切关系，基于时间单位。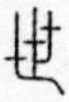与早年人的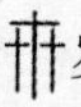岁平均寿命相关，两个字的小篆中均有三个十字交叉，两个字的楷体也都继承了这个共同特征。今天，人的寿命达到了百年数量级，世的时间容量也同步膨胀。人生一世，隐含着百年寿命；世纪，则直接表示百年。

第三十一章　兵者，不得已而用之

夫兵者，不祥之器，物或恶之。故有道者不处。

君子居则贵左，用兵则贵右。兵者，不祥之器，非君子之器，不得已而用之，恬淡为上，胜而不美。而美之者，是乐杀人。夫乐杀人者，则不可以得志于天下矣。

吉事尚左，凶事尚右。偏将军居左，上将军居右，言以丧礼处之。杀人之众，以悲哀泣之。战胜，以丧礼处之。

［版本］

以魏王弼本为基础。

1. 将魏王弼本中的“夫佳兵者”，改为西汉帛书甲、乙本中的“夫兵者”。

2. 将魏王弼本中的“哀悲”，改为西汉帛书甲、乙本中的“悲哀”。

［解读］

动武是件不吉祥的事，人人都厌恶它。所以，有道的人不愿意使用它。

仪仗列队，文官面东，站在朝阳的左边；武将面西，站在阴森的右边。动武是件不吉祥的事，不是主事的文官所应依仗的。如果迫不得已要用兵打仗，也应当适可而止，淡然处之。仗打胜了，不可得意洋洋。如果洋洋得意，就是喜欢杀人。以杀人为乐者，不能得天下。

吉祥的事为左，凶丧的事为右。带兵列队，偏将军站在左边，上将军站在右边。这就是说，出征打仗的仪式如同丧礼。战事一开，双方厮杀，尸横遍野，伤者哀号，百姓悲泣。所以，打了胜仗，要用丧礼的仪式去处置。

［**议论**］

本章是上一章的继续，主题仍然是反对战争。爱好和平的国家，即使用兵，也是出于不得已。

兵者，不得已而用之。1962 年 12 月，中国人民解放军将缴获的印军兵器交还给印度

一般来说,反对战争的称为左派,鼓吹战争的称为右派。军人当政,容易引起战争。文官应当约束军官,处理纠纷不能依赖打仗。军官喜欢“依仗”,御敌于国门之外。文官喜欢依靠,以夷制夷。虽然不清楚称反战为左、好战为右的由来,但是文左武右的划分,看来由古到今,一直有效。

老子的划分,可能与古代的君臣朝会有关。上朝时,皇帝坐北朝南,大臣出列奏章。出列的大臣站在朝堂中央,左边是文官队伍,右边是武将队伍。上朝的朝,也含有时间的意义。朝是早上,起码是上午,阳光由东向西照射。因此,左边的文官面朝东向阳,阳;右边的武将面朝西背阳,阴。

［字源］

左:《甲骨文简明词典》271 页。像左手之形,本义当为左手。引申为表示方位之左,即左中右之左。

甲骨文　　金文　　小篆　　楷体

右:《甲骨文简明词典》272 页。像右手之形,本义当为右手。引申为表示方位之右,即左中右之右。

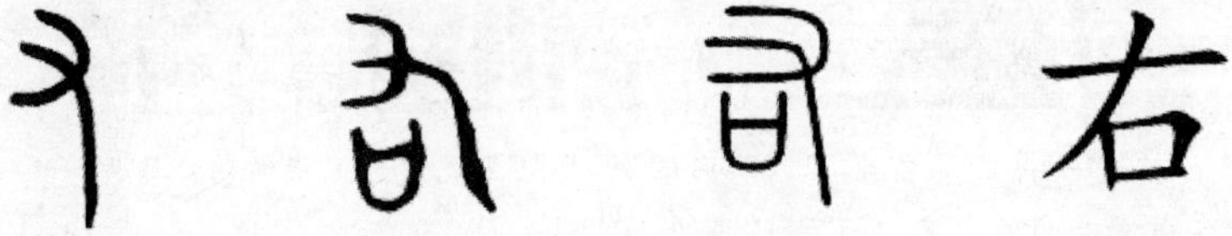

甲骨文　　金文　　小篆　　楷体

第三十二章　天道时间：朴

道常无名，朴。虽小，天下莫能臣也。侯王若能守之，万物将自宾。

天地相合，以降甘露，民莫之令而自均。

始制有名，名亦既有，夫亦将知止。知止可以不殆。

譬道之在天下，犹川谷之于江海。

［版本］

魏王弼本。

［解读］

天道时间是很难命名的。原因在于，它来源于最纯朴的存在，难以把握。时间虽然细微，大至天下也不能臣服它。诸侯君王若能遵从天道时间，天下万民万物也自然会宾服其规律。

地表水蒸气上升到天空中，遇到低温就会凝成雨水甘露，普降大地。其实民众并不需要拜神求雨，时候到了，上天自然会均布雨露。

从古到今，已经有了一些时间名称。这些时间单位既然已经被勉为其难地命名了，人们就应当知道它们所规定的限度。知道了它们的限度，行为处事适可而止，就不会有危难。

天道时间贯穿于天下，犹涓涓细流汇江河，如条条江河归大海。

［议论］

年、天，这些时间单位，并非理所当然，它们只在地球上才有真实的意义。例如，水星自转一周，在水星上只能看到太阳起落一次，应该是一个水星日。为什么用地球自转一周的时间单位“天”，来衡量水星的自转呢？59 个地球天对于水星自转又有什么意义呢？火星公转一周，只经历了一个春夏秋冬，应该是一个火星年，为什么用地球公转一周的时间单位“年”，来衡量火星的公转呢？1.88 个地球年对于火星公转又有什么意义呢？

以地球的年、天为时间单位

	行星	公转	自转
1	水星	87.97 天	59 天
2	金星	224.7 天	243 天
3	地球	365.26 天	1 天
4	火星	1.88 年	1.026 天
5	木星	11.86 年	0.414 天
6	土星	29.46 年	0.436 天
7	天王星	84.81 年	0.72 天
8	海王星	164.8 年	0.67 天

人们以地球的时间单位来衡量其他行星，是不是像秦始皇统一天下度量衡那样，有点蛮横啊？难道人有智慧，就可以用自己的时间单位衡量所有客观吗？如果地球人真的与外星人相遇，第一个纠纷很可能就与时间单位相关。即使人类还没有在宇宙中发现其他智慧生物，时间单位对于非智慧生物也同样有意义啊。地球上的花鸟虫草难道不是根据天经“地”义才繁衍生长的吗？在人认识到时间单位以前，它们早已在地球上存在了上亿年。

图1　天道时间：朴。时间来自宇宙天道——天下最纯朴的状态。对于时间，没有任何一种力量——更不要说人了，可以雕琢改变。大至鲸鱼，小至基因；大至宇宙，小至夸克；所有存在无不以时间展开相互之间的关联与依存。所以，时间犹涓涓细流汇江河，如条条江河归大海

时间单位既不需要智慧来确认，也不需要以地球为基准。其他行星上的生物，甚至是非生物的地形地貌，难道不是根据各自的

时间单位而形成存在的吗？天经在地球上的意义，是年、天。那么，天经在水星、火星上的意义，就应该是天经水义、天经火义。宇宙中有一个行星，是不是就应该有一套它自己的时间单位系列呢？天上行星有多少，时间单位系列就有多少。如果行星无穷多，时间单位系列也就无穷多。系列多至无穷，也就没有系列了。没有单位系列，宇宙时间怎样命名呢？最朴实，往往最难说清楚。所以，道常无名。

天道时间是那样的神秘。祖先好不容易揣摩出一些时间单位，传承下来，人们就应当知道它们的意义和限度。在原始时代，文明的限度很可能是“日”。在农业时代，文明的限度很可能是“年”。人科动物的自然寿命数量级为百年，人类文明的最高极限，很可能就是“世”。文明的时间单位涵义，体现了人在自然中的尺度。来自自然的人，难道还能不臣服于自然的命令吗？

［**字源**］

臣：汉典网。象形。甲骨文字形，像一只竖立的眼睛形。人在低头时，眼睛即处于竖立的位置，字形正表示了俯首屈从之意。本义：男性奴隶。

甲骨文　　金文　　小篆　　楷体

令：《古代汉语字典》488 页。在甲骨文和金文中，令是会意字，令字的上部是用来发号施令的木铎(duó)的铎身，下部是一个跪着的人，合起来表发布命令之意。

《甲骨文简明词典》355 页。甲骨文令和命同字，都是为命令之意，是动词，如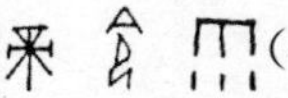(帝令雨——上帝命令下雨)。

甲骨文　金文　小篆　楷体

木铎：以木为舌的大铃，铜质。据说在夏商周时期，政府官员摇动木铎，巡行于各地，宣达政令。

图 2　北京师范大学的木铎雕塑

第三十三章　寿者:死而不亡

知人者智,自知者明。

胜人者有力,自胜者强。

知足者富,强行者有志。

不失其所者久,死而不亡者寿。

[版本]

魏王弼本。

[解读]

能够知道他人的长处和短处,算是足智多谋。能够知道自己的长处和短处,才是心明眼亮。

能够战胜他人,算是实力雄厚。能够战胜自己,才是无比坚强。

知道满足,是真正的富有。奋发图强,有志者事竟成。

不丧失本性,就能持之以恒。身死而精神不朽,才是真正的长寿。

［议论］

一个人死后，如果一直能够得到后人的祭祀，就可以做到死而不亡。所以，中国人对于子嗣的继承，是很看重的。如果祭祀的人不仅有子嗣，还有家族、民族、国家，乃至天下的所有人，那么，此人的 DNA 无论是否得到延续，他永远是个名副其实的寿者。参见第五十四章的字源：子、孙、祭、示。

图 1 而不亡者寿。2011 年 1 月 11 日，一座总高为 9.5 米的孔子青铜雕像在天安门广场落成

［字源］

死：参考《古代汉语字典》747页。死是会意字，由歹和匕组成。歹为死人的枯骨，匕表示趴在地上的人，合起来表示活人趴在死人旁边默默吊祭的样子。

甲骨文

金文

楷体

死，只有对活着的人才有意义。一个活着的人，才知道自己会死。一个人死后，只有仍然活着的人才能认识到他的死。所以，中国的死字，是与活的元素相对而存在的。希望活在活人的心目中，是中国人对的理解。都说中国人不太重视来世，不太重视死者本身的永生，原因可以从字中找到：怎样让活人记住，这才是死者生前所重视的。死后要让活人记住，全在于死者生前的德行。活着的时候，怎样努力才能修得这样的德行呢？为此，中国人一生孜孜不倦。所以，孔子说，未知生，焉知死？

歹：汉典网。象形。甲骨文字形，像有裂缝的残骨。

《汉字演变五百例》52页。像一个人的部分残骨。

甲骨文

楷体

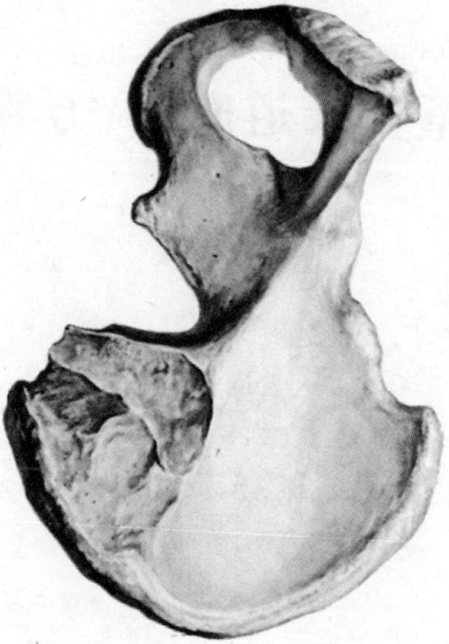

图 2　髋骨，人体腰部的骨骼，不规则的扁骨。根据现代医学研究，人类的骨盆宽大，髋骨向两侧张开，既便于支撑腹腔的内脏器，又为臀肌和一些保持人体直立的肌肉提供附着区

人类与类人猿的一个主要区别是：人类适于两足直立行走。人类的髋骨正是支撑他直立的一个关键部位。如果所表现的果真是人的髋骨，那么倒是蛮有科学性和代表性的：所表达的只能是死人骨头，而不会是其他不能直立的动物骨头。骨头是华夏先祖制作工具以及占卜的重要原料，古代人对骨头的认知水平，不见得比现代人要低。

第三十四章　天道时间，万物归焉

大道氾①兮，其可左右。万物恃之而生而不辞，功成不名有。衣养万物而不为主，常无欲，可名于小。万物归焉而不为主，可名为大。以其终不自为大，故能成其大。

［版本］

魏王弼本。

［注释］

①氾：泛的异体字。

［解读］

天道时间无所不在，泛滥于天下，可以左右任何事物。万物依据时间而生，而时间从来不会对万物说三道四。时间成就了天下的一切，自己却一无所有。时间养育了万物，却从不主宰万物，就连主宰一物的欲望也没有，因此可以说它是渺小的。虽然时间不去主宰万物，天下万物却无不以时间为依归，因此又可以说它是伟大的。正因为时间始终不自以为伟大，才成就了它的博大精深。

[议论]

万物循天道时间而生，但时间本身并不理会万物的奇形怪状和百般折腾。时间流逝，演化出大千世界，但时间本身并没有增添任何丰富多彩。日出日落，春夏秋冬，哺育了天下万物，但昼夜四季对于主宰天下万物，却没有一点兴趣。

图 1　万物归焉而不为主。日晷，位于深圳大学

时间是什么？无形、无影、无状，[①]所以比任何一物都要小。时间在哪里？所有的奇形怪状和百般折腾，都有它的影子，所以比任何一物都要大。时间无微不至，所以精深；时间无所不在[②]，所以博大。

---

① 参见第十四章：视之而弗见，命之曰微。听之而弗闻，命之曰希。播之而弗得，命之曰夷。

② 参见第十四章：随而不见其后，迎而不见其首。

［字源］

主：参考汉典网。象形。甲骨文字形，像点燃的火把。下面是木材。“主”是“炷”的本字。小篆字形中的一点三横，从上往下依次为：火焰、油盏、承盘、灯座。本义：灯心。

《汉字演变五百例续编》491页。“主”为“炷”本字，意思是灯心。上古时火种非常宝贵，往往由一族之长保管，因此也用“主”指领袖人物。

甲骨文

小篆

楷体

图2 从上往下依次为：火焰、油盏、承盘、灯座

第三十五章　道，淡呵其无味？

执大象，天下往。往而不害，安平大。

乐与饵，过客止。故道之出言也，曰：淡呵其无味也。视之，不足见也。听之，不足闻也。用之，不可既也。

［版本］

西汉帛书甲本。

西汉帛书甲本中的“不可既”与魏王弼本中的“不足既”，意思好像正相反。根据上文的两个“不足”，采用“不可既”比较符合逻辑。

［解读］

捕捉万象之奥妙，天下人人向往之。如果各自的向往互不侵害，那么天下就可以安享太平了。

悠扬的乐曲，诱人的美食，会令过客向往而驻步。然而，说出万象之道，却会让人觉得平淡无味。审视一下，觉得不值得见识。聆听一下，觉得不值得耳闻。试用一下，方知取之不尽，用之不竭。

［议论］

走在大街上的行人，常常会被震耳的音乐所吸引，光顾一家商铺。溜达小巷的过客，往往会被飘香的小吃所诱惑，停下脚步品尝。容易被忽悠的人们，想与其讨论天下之道理，却不容易。在人们看来，道理是这样的平淡无味。瞟一眼，没什么好看；听一耳，另一只耳朵出。天下之道理对于行色匆匆的世间过客来说，可能连脚步都不值得一停。

如果询问你，昼夜是不是天理？如果追问你，四季是不是天道？你很可能觉得“淡呵其无味”。日出日落是那样的平常，天天如此。春夏秋冬是那样的普通，岁月如流。

但是，如果你停下脚步，静下心来，尝试一下岁月的日常道理，也许就会发现：欲解释天下万象和世界千秋，时间单位的道理，取之不尽，用之不竭。

［字源］

執：简体字为“执”。《汉典网》。右边是人，手被铐住。本义：拘捕；捉拿。

《甲骨文字典》1169页。像人两手加梏(gǔ)之形。

甲骨文

金文

楷体

执大象，天下往。富兰克林向往科学。1752 年，他双手执线，利用风筝捕捉闪电现象。哥白尼、牛顿、达尔文、爱因斯坦……也都是向往执大象的

既:汉典网。会意。甲骨文字形，左边是食器的形状，右边像一人吃罢而掉转身体将要离开的样子。本义:吃罢，吃过。

《甲骨文简明词典》291 页。既。像人食毕要离去之形。本义当是吃饭完毕(食毕)。甲骨文用作动词，有“结束、完毕、尽”的意思，按照古人的观点来看是引申义，其实是具体意义的抽象。

《汉字演变五百例》151 页。与“即”字正相反。跪坐在食器旁边的人把脸部向后转过去，表示吃饱。引申为“完、尽、已经”等义。

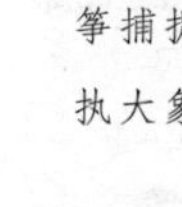

甲骨文

既

楷体

小时候写“既”，经常忘记右边那个“无”上的一个小竖，总感觉那是可有可无的。几十年过去了，小竖虽然不再忘记，却始终不明白古人为何要在“无”上加这么一个小竖。看到甲骨文，方知那是人的后脑勺。并且，这小小的一竖，竟然是“既”字的关键。有了这个后脑勺，才显示出此人食毕离开的意思。而那张背对食器的大口，一定是在打饱嗝吧。

“无”上那个小竖的作用，还可以从“即”字中得到反证。

即：《汉字演变五百例》150 页。典型的会意字。字形的左边是一个盛食物的器皿，右边是一个跪坐着的人，面向食物，本义是就食。引申为接近、靠近。

参考《汉典网》。会意。甲骨文表示，坐着的人面对食器。本义：走近去吃东西。

甲骨文

楷体

怪不得，人们说“即”的时候，总是一副急吼吼的情景；说到“既”的时候，便是一副慢条斯理的样子。看来，是饿着肚子面对食器还是酒足饭饱背对食器，有着根本的区别。

第三十六章　柔弱，胜刚强

将欲歙①之，必固张之。将欲弱之，必固强之。将欲废之，必固兴之。将欲夺之，必固与之。

是谓微明：柔弱胜刚强。鱼不可脱于渊，国之利器不可以示人。

［版本］

魏王弼本。

［注释］

①歙 xì：收敛；吸进，吸气。

［解读］

残花凋谢欲结果，必先盛开。

果实成熟欲柔软，必先生硬。

枯枝败叶欲废弃，必先兴盛。

瓜熟蒂落欲摘取，必先施肥。

这其中隐藏着一个明显的道理：所有刚强都将趋于柔弱，柔弱必然胜过刚强。因此，活力强盛的鱼，不可以脱离深渊中柔软的水来炫耀；权势强盛的国家机器，不可以脱离社会底层的懦弱百姓来扬威。

[议论]

天下所有刚强，随着时间的流逝，都将趋于柔弱。所以，柔弱胜刚强。

天下所有强权，可以耀武一时，却无法扬威一世。政权的基础是一个个弱小的草民。若有很多草民反对，强权就会动摇。滥用国家机器的权威，将失去民心。失民心者失天下。所以，国之利器不可以示人。

[字源]

利：汉典网。会意。从刀，从禾。表示以刀断禾的意思。本义：刀剑锋利，刀口快。

《汉字演变五百例》190 页。字形像用刀割禾，谷粒随刀纷纷落下，说明刀是锋利的。

甲骨文　　金文　　小篆　　楷体

收割庄稼支撑着尼罗河、两河、印度河、黄河畔的古文明。

图 1 （东汉）收获画像砖。像用刀割禾

在四大古文明中，只有华夏文明延续至今。究其原因，是不是中国的镰刀特别锋利啊？一把镰刀收割了三千多年，居然利刃依然，宝刀不老。“利”的甲骨文、金文、小篆，以及今天的字体，几乎没有什么改变。只是有的甲骨文和金文字体中的谷穗多一些。

“利”由“禾”与“刂”组成，字义也由此分裂。偏重“刂”的时候，构成的词汇为锋利、锐利、利刃等等，意思为刀剑锋利，刀口快。偏重“禾”的时候，构成的词汇为利益、利润、盈利、福利等等，意思为经济收获。农业文明主要获利于“禾”，而不是常常用做武器的“刂”。所以，国家利器上的刀锋，如果一直像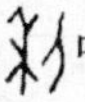中的刀那样，只是用来收割庄稼滋养民生的，那就符合老子的愿望了。

禾：参考汉典网。象形。甲骨文、金文字形，像垂穗的禾本科农作物。汉字部首之一。从“禾”的字多与农作物有关。本义：谷类作物的总称。

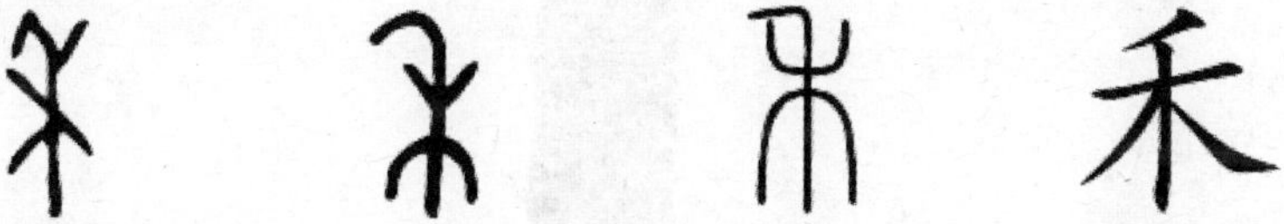

甲骨文　　金文　　小篆　　楷体

在第三十章的字源中，已经在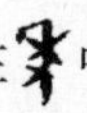中出现过。可惜的是，在楷体“年”字中已经变异。

刀：《汉字演变五百例》56 页。字形最初像一把刀的样子，上面是刀柄，下面是刀身。

《古代汉语字典》138 页。刀是象形字，形状像一把短柄的刀。

刀的本义是指一种武器。

《甲骨文简明词典》220 页。像刀形。与出土的商代长刀形近,当为刀字的雏形。

甲骨文

刀

楷体

在“刀”和其部首“刂”中,都可以找到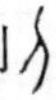的影子。

图 2　商代长刀:目雷纹刀

第三十七章　化而欲作，镇之以时

道常无为，而无不为。侯王若能守之，万物将自化。化而欲作，吾将镇之以无名之朴。无名之朴，夫亦将无欲。不欲以静，天下将自定。

［版本］

魏王弼本。

［解读］

时间本身没有什么作为，然而，天下万物却无一能够离开它的作为。诸侯君王若能克守天时，万民万物将自然而然地生存演化。倘若有的物种在演化过程中贪欲发作，我所深信的天道时间定能将其镇服。岁月无情，所有出格的贪欲都将被消除。只要欲望不过分，发作趋于平静，天下将自然安定。

［议论］

本章与第三十二章有诸多相通之处。第三十二章中的“侯王若能守之，万物将自宾”，与本章的“侯王若能守之，万物将自化”，意思相当接近。第三十二章中有“道常无名，朴”，本章也有两次提到“无名之朴”。

天道岁月为物种出场演化提供时间。但是，如果物种的欲望出格，岁月也会镇压之。贪欲一旦消除，世界恢复清心寡欲，天下自然和谐安定。

化而欲作，吾将镇之以无名之朴。欲望遍及海陆空的物种，人类并非第一个

人类历史的演化有没有可能走向世界大同？到那时，没有战争，贫富差别小，消费欲望合理，生态承载力足够……天下太平。

［字源］

化：汉典网。会意。甲骨文，从二人，像二人相倒背之形，一正一反，以示变化。本义：变化，改变。

甲骨文

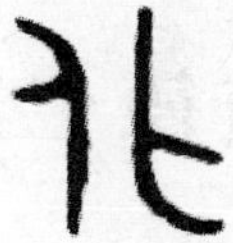
金文

楷体

在查字典以前，原以为“化”是个简体字。想不到“化”字笔画不多，渊源却不短，字形变化也不大。从甲骨文到金文，略有变化。从金文到今天的楷体，变化更少，几乎可以一眼看出它们之间的关联。

古人为什么不用自然界的千变万化来表示变化？是不是因为自然界的变化如此和谐圆满，不足以表达变化之意？

古人为什么不用人与自然界的关系来表示变化？是不是因为早期人类一直处于被动状态，人与自然的关系变化甚少？

古人最终采用人与人之间的关系来表示变化。是不是因为在甲骨文横空出世的时代，人与人的关系发生了巨大的变化？那时，农业种植所带来的产品剩余，改变了几百万年来人与人之间的平等关系。贫富分化所带来的变化，看来给古人的印象相当深刻。两个人之间的关系，是所有人与人之间关系的起源和基础。以此表示变化，顺理成章。

第三十八章　层次：道德仁义礼

上德不德，是以有德。下德不失德，是以无德。

上德无为，而无以为也。

上仁为之，而无以为也。

上义为之，而有以为也。

上礼为之，而莫之应也，则攘臂而扔之，故失道。

失道矣而后德，失德而后仁，失仁而后义，失义而后礼。夫礼者，忠信之薄也，而乱之首也。

前识者，道之华也，而愚之首也。是以大丈夫居其厚，而不居其薄；居其实，不居其华。故去彼取此。

［**版本**］

西汉帛书甲本。

帛书甲本中“失道”的重复，很好地联系了上下文。

[解读]

真实的德,并不是那种刻意表现出来的德。只有自然流露的品德,才是真正的德。刻意表现出来的德,整天拿德来作秀,恰恰表明其无德。

真实的德,无所作为,顺其自然。

高尚的仁,有所作为,从心所欲。

严格的义,有所作为,刻意为之。

烦琐的礼,想有所作为,却无人理睬。只好赤膊上阵,扔掉道德面具。

丧失了天道,才强调品德。丧失了品德,才强调仁慈。丧失了仁慈,才强调义务。丧失了义务,才强调礼法。而讲究礼法,标志着忠信沦于浅薄,祸乱开始显现。

通过前面的推论可以认识到,丧失天道后的下场,是道德的浮华,愚昧的开端。所以,大丈夫立身于道德的厚重,而避身于其浅薄;倚重于道德的精华,不屑于其浮华。总之,去虚取实。

[字源]

德:参考《汉字演变五百例》58 页。甲骨文德字中的彳表示道路、方向。用眼睛直视的样子表示正直。金文又加上心的形体。德的意思为:按正直的准则去做、去想。

《古代汉语字典》141 页。会意字,由表示行走的彳、眼睛和心脏三部分组成。

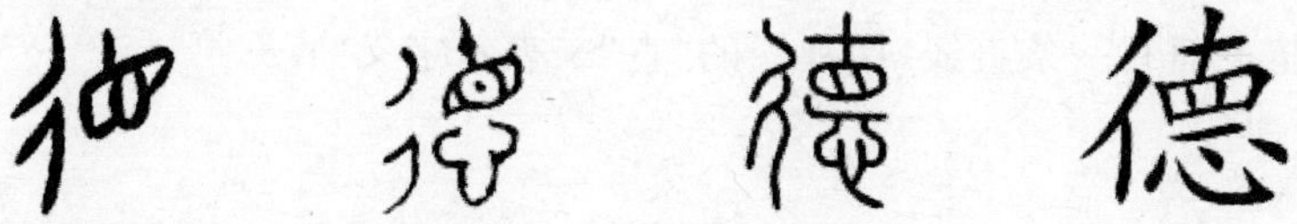

甲骨文　　金文　　小篆　　楷体

眼睛最能反映内心深处，所以，德的右半部代表精神；左边的彳表示在精神的指导下，人的身体力行。整个“德”字表达了知行合一的道德理念。

王阳明提出的知行合一，与“德”字的结构合成相当契合

直：《古代汉语字典》1051 页。在甲骨文中，直的下部有一只横着的眼睛，上部是一道(竖)直线。一说，表示眼睛正对标杆；也有人认为表示目光是直的，合起来表示双目直视。

《汉字演变五百例》469 页。甲骨文“直”字的字形，是在一只眼睛上面有一条直线，用视线的“直”来表示字义“直”。

甲骨文　　　　　　　　　　　　　　　　楷体

心:《汉典网》。象形。据甲骨文、金文和小篆,中间像心;外面像心的包络。本义:心脏。

甲骨文　　　　　金文　　　　　小篆　　　　　楷体

［议论］

从本章开始到第八十一章,称之为德经。第一至三十七章为道经。从第二十五章的字源可以看出,金文的道、德之共同点在于人行道路。两者的区别可能在于:强调供行走的道路,重心落在客观;强调行路人的心境,重心落在主观。道客观存在,其规律通行天下,万物万事通吃。

万物存在于世所依据的天然禀赋,就是天道赋予它们的德性。[①] 鸟有鸟性,猪有猪性,树有树性,草有草性,只要它们履行了自己的天然禀赋,就是“有德”。在相当长的时间单位内,万物中的

---

① 老子认为,道生万物。在这个生的过程中,每个个别事物都从普遍的道获得一些东西,这就是“德”。……一物自然地是什么,就是它的德。……这个“德”,即自然能力。冯友兰:《中国哲学简史》,北京大学出版社,1996年第二版,87、88、92页。

任何一物，都不可能超越它的德性。人是天下的特殊物种，然而，人的天然能力也是天道赋予的。人科动物也曾经在百万年的时间单位内，没有显著地超越其天然禀赋。不超越、或者不显著超越天然禀赋的状态就是德。德的最佳状态是：完全遵循天道所赋予的天然禀赋，“是谓玄德”。德的边缘状态是：超越天然禀赋的成就即将达到生物圈的承受极限，接近“是以无德”。

万物之禀赋无一不是经过岁月酿成的。若以道为岁月，德为禀赋，岁月酿成禀赋可揭示道与德的内在逻辑关系，可以作为解读《道德经》的一把钥匙。

虽然德的层次低于道，但高于人世间所有其他秉性——例如仁、义、礼。本章前半部详细论述了德、仁、义、礼四个层次。在第十七章那里，也有四个层次。两套层次的逻辑似乎有相通之处：

德政，无所作为，顺其自然，民不知；

仁政，有所作为，爱民如子，民誉之；

义务，严加管束，刻意为之，民畏之；

礼法，口是心非，无人理睬，民侮之。

讲了德、仁、义、礼四个层次后，本章后半部又以道为首，将层次提升至五级。这套“失……，而后……”的逻辑，大至文明演化，小到百姓家庭，好像都适用。

文明跨入千年，人类不仅丧失了日与年的天道，就连人生寿命的“世”道也不遵循了。因此，只好强调节约的美德来缓解人与自然的紧张关系。节约的美德打不过资本的贪婪，只好捧出仁爱子孙后代的亲情来话事。可是人们似乎只注重自己的血脉亲情，几十亿份亲情一叠加，反而不见了踪影。于是，垃圾分类、限制生育、节能减碳等严格义务开始登场。对于不遵守环保义务的人和事，只好端出烦琐的礼法来整治。行为瑕疵者，让其丧失脸面；行为不端者，与其对簿公堂。环保闹到动用礼法的地步，标志着现代文明的忠信沦于浅薄，偷生瞒生、割天赔碳、夺水抢油的混乱开始显现。

在家庭关系上，不讲夫妻之道了，才强调家庭伦理品德，防止第三者插足。丧失了家庭伦理品德，才强调相互要有仁慈之心，不要伤害对方太过分。丧失了相互的仁慈，才强调应承担严格的家庭义务，赡养老人，抚养子女，供养无经济来源的对方。对于逃避承担家庭义务的，只好动用烦琐的礼法了。例如，请所在部门领导劝说，托亲朋好友说情，实在没用就上法院打官司。家庭关系闹到动用礼法的地步，夫妻之间的忠信已经荡然无存，乱象开始登场。

第三十九章　一:天道时间

昔之得一者，

天得一以清，

地得一以宁，

神得一以灵，

谷得一以盈，

万物得一以生，

侯王得一以为天下正。

其致之：

天无以清将恐裂，

地无以宁将恐发，

神无以灵将恐歇，

谷无以盈将恐竭，

万物无以生将恐灭，

侯王无以贵高将恐蹶。

故贵以贱为本，高以下为基。是以侯王自谓孤寡不谷。此非以贱为本邪？非乎？故致数舆无舆。不欲琭琭①如玉，珞珞②如石。

［版本］

以魏王弼本为基础。

参考西汉帛书甲、乙本，将魏王弼本中的“天下贞”改为“天下正”。

［注释］

①琭琭：玉坚貌。

②珞珞 luò：石坚貌。

［解读］

盘古开天，但凡得天道者无不善哉：

生物圈得天道，山清水秀；

庄稼地得天道，丰收康宁；

众路神得天道，钟灵毓秀；

大峡谷得天道，生物充盈；

千万物得天道，生机勃勃；

诸侯王得天道，天下归正。

由此推衍，可以预言：

山秃水污，生物链条恐怕会断裂；

干旱洪水，沙尘灾荒恐怕会发作；

走下神坛，传统信仰恐怕会安歇；

拦坝蓄水，物种繁衍恐怕会衰竭；

繁衍受阻，生态系统恐怕会灭亡；

自甘堕落，侯王权威恐怕会蹶倒。

所以，尊贵以卑贱为根本，高端以低下为基础。尊贵的侯王总是自称孤、寡、不谷。这难道不是以卑贱为根本吗？尊贵奢华到极致，难道不会走向反面吗？车到至多，等于无车。因此，与其人人追求金玉满堂，不如大家都是木人石心。

［字源］

得：参考汉典网。甲骨文、金文字形，右边是“贝”（货币）加“手”，左边是“彳”，表示行有所得。手里拿着货币，自然是有所得。本义：得到，获得。

甲骨文

金文

楷体

在第三章的字源中，已经讨论过的含义。为什么今天人们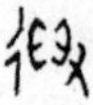到的财富货币，要比过去多得多呢？

舆：简体字为“舆”。《古代汉语字典》991 页。甲骨文中的舆字像四只手抬着一副坐轿。

甲骨文

小篆

楷体

在古代，出门乘坐八抬大轿足以说明一个人的身份。今天，出门以名牌豪车代步，也能满足许多人的虚荣心。虽然轿、车的形式与内容都有了很大的变化，但都能显示乘坐者的身份。所以，轿、车有着一个共同的词:辇舆。

車:简体字为“车”。《汉典网》。象形。甲骨文有多种写法。像车形。本义:车子,陆地上有轮子的运输工具。

甲骨文　金文　小篆　楷体

图 1　致数舆无舆。车到至多,堵住不动,等于无车。2010 年 12 月 23 日,北京发布治堵新政,小轿车上牌资格由摇号决定。深圳等城市正在犹豫,是否跟随北京采取类似政策

[议论]

开车比走路、跑步、自行车要快,应该能够节约时间,但是堵车

又把节省下来的时间浪费掉了。

为什么开车比走路、跑步、自行车都要快呢？是科技的功劳吗？科技创造出那一堆比人重得多的机器，为什么还比人走得快呢？是汽油的功劳吗？汽油的前生与人的身躯一样，都是动物的肉身，为什么死亡的身躯还有这么大的能耐呢？

答案是：时间。千万年来，在阳光的持续照耀下，植物通过光合作用生长，将太阳能储藏起来。动物吃草，猛兽吃弱小动物，太阳能一级一级传递，将太阳能转移到动物身上。动物死后，尸体转变成石油，持续了千百年的太阳能因而储存至今。石油中蕴藏的能量，其实是照耀大地的一段段时光。现在我们一脚油门，就把过去 1 分钟、10 分钟、100 分钟……的太阳能，在 1 秒钟里释放出来，速度当然就会快 60 倍、600 倍、6000 倍……

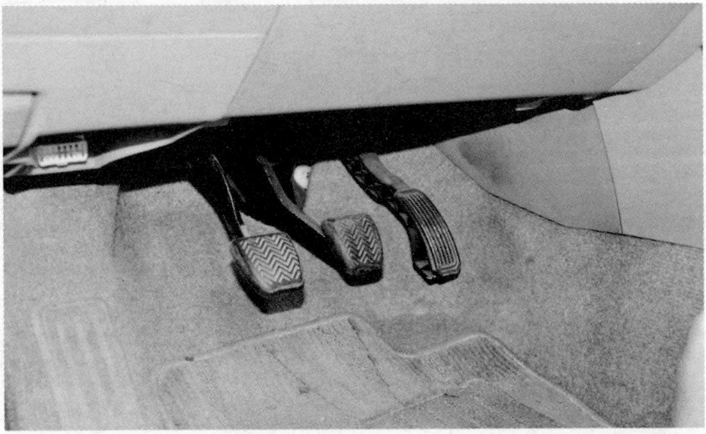

图 2　加油。内燃机与油门脚踏本身并没有力，科技只是帮助人们找到了给力的方法。现在我们一脚油门，就把过去 1 分钟、10 分钟、100 分钟……的太阳能，在 1 秒钟里释放出来，速度当然就会快 60 倍、600 倍、6000 倍……

怪不得马克思说，资本主义在它不到100年的时间里所创造的生产力，比过去所有时代所创造的生产力总和还要多还要大。这个生产力的力从哪里来？源头就是过去的太阳能时间。蒸汽机与曲柄连杆、内燃机与油门脚踏本身并没有力，科技只是帮助人们找到了给力的方法。

资本主义以前的生产力，其力量来自即时太阳能。在原始社会，阳光照耀下的生物圈里生长什么植物，人们才能采集什么植物；成长什么动物，人们才能狩猎什么动物。在农业社会，人们日出而作，日落而息，经过太阳的一年照耀，人们才能有所收成。地球生物圈在单位时间里接收到的太阳能，是一个有限的定值。几百万年来，人类对此并不能有什么作为。

资本主义正是在利用太阳能时间上，颠覆了人与自然的关系。工业革命以动力革命为标志。蒸汽机所用的煤炭是什么？是千万年前的森林树木。这些生长了千百年的植物，将积聚多时的太阳能瞬间释放，顿时为人类创造了前所未有的财富。

而这些财富，不仅攫取了比“现代”要长得多的过去时间，还在预支比“现代”要长得多的未来时间。现代文明正是在这“一”点上，违反了天道。这个“一”，与第四十二章开篇“道生一”中的“一”，应该是相同的意思。“一”为天道所衍生的时间，“一”的地位几于道。

为了符合天道，老子希望人们宁为石贱，不为玉贵。类似的愿望，汤因比也表达过。[①]

---

① 参见第十六章的议论。

第四十章　时光岁月，万物生长

返者道之动，弱者道之用。天下万物生于有，有生于无。

［版本］

以魏王弼本为基础。

参考楚竹简甲本，将王弼本中的“反者”，改为“返者”。此改动与第二十五章的改动相似。

［解读］

循环往返是岁月的运动方式，弱胜刚强是岁月的应用自如。天下万物生于时光岁月，时光岁月生于渺茫虚无。

［字源］

生：汉典网。会意。甲骨文字形，上面是初生的草木，下面是地面或土壤。“生”是汉字部首之一。本义：草木从土里生长出来；滋长。

《甲骨文简明词典》268 页。卜辞字有时加在表示月份的月或某月之上，以表示时间，如生月，生八月，生十一月。生八月即指下一个八月，但证据不足，尚不能作为定论。本像草生长之形。卜辞用来表示时间，则为借音字。

《甲骨文字典》688 页。生月，即下月之意。

甲骨文　金文　小篆　楷体

生月这个词很少听到。不过，岁月的确是从天体轨道中生出来的。有了月球围绕地球、地球自转、地球围绕太阳的循环往返，才有阴晴圆缺、白昼黑夜、春夏秋冬。有了这些丰富的时光岁月，万物才得以生长。“生”长的要义在于时光：时间与阳光；与太阳密切相关的时间，沐浴一定时间段的阳光。

图 1　长的要义在于时光

[议论]

万物生长靠太阳。光合作用的持续时间,很大程度上决定了植物的生物量。一次光合作用,大约需要一万亿分之一秒。一株庄稼从发芽长到成熟,要进行多少次光合作用啊！所以,对于农业文明来说,“时光”要比“时间”更亲切。

从现代科学的角度出发,亲切感很可能来自两者的悬殊资历:与“时间”相比,“时光”距离我们近得多。时光岁月来源于月球围绕地球、地球自转、地球围绕太阳的循环往返,而时间则从宇宙大爆炸那一刻起就出场了。137 亿年前,太阳、地球、月亮,影子还没有呢。就连 137 亿“年”的那个年时间单位,也根本不存在!

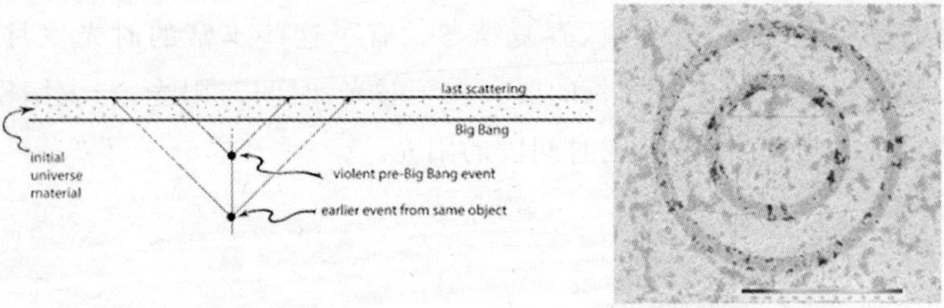

图 2　有生于无。时间生于渺茫虚无。宇宙微波背景辐射中的圆环结构,①让科学家“看见了”大爆炸之前的宇宙。根据大爆炸理论,时间产生于大爆炸的那一瞬间,在此之前时间概念尚不存在

① http://paper.sciencenet.cn/htmlnews/2010/11/240653.shtm

第四十一章　上士闻道，勤而行之

上士闻道，勤而行之。中士闻道，若存若亡。下士闻道，大笑之。不笑不足以为道。故建言有之：

明道若昧，进道若退，夷道若纇①。

上德若谷，大白若辱，广德若不足。建②德若偷，质真若渝③。

大方无隅④，大器晚成，大音希声，大象无形。

道隐无名。夫唯道，善贷且成。

［版本］

魏王弼本。

［注释］

①纇 lèi：1. 丝上的结。2. 缺点。3. 疙瘩；颗粒。4. 花苞。5. 不平。

②建：根据上下文，此处的"建"不应该是动词，而是名词。《辞海》1322 页。北斗的斗柄所指曰建。农历正月曰建寅，二月曰建

卯,谓斗柄旋转所指之十二辰,故称月建。月大称大建,月小称小建。

③渝:本义指水由净变污。

④隅 yú:角落。引申指旁,边。

[**解读**]

品格上乘的人士听闻天道,事事遵行。品格中流的人士听闻天道,视事而行。品格下等的人士听闻天道,哈哈大笑。不被其嘲笑,那就不足以为天道了。所以,古人云:

彰明昭著的天道,仿佛晦涩暧昧。

积极进取的天道,好像消极后退。

平和通达的天道,似乎曲折坎坷。

高尚的美德,好似低谷那样包容。日间的白昼,正在等待黑夜的辱没。广施的恩德,仍然不足以惠泽子民。时辰的美德,让辛苦的农民忙里偷闲。质朴的率真,常常玷污虚伪的名誉。

广大的地方,没有边角。

重大的器物,最晚做成。

伟大的声音,默在人心。

天大的景象,没有形状。

万物皆有名,统领万物的天道却师出无名。其实,唯独天道,才善于滋润万物,成就万物。

[**议论**]

农业文明,事事遵循天道节气。勤劳的中国农民,精耕细作,不断提高农田的单位面积产量,以养活持续增加的人口。例如,原本贫瘠的山岭坡地,经过元阳人民的勤而行之,成为水稻高产田。

上士闻道,勤而行之。云南元阳梯田

［字源］

勤:汉典网。本义:劳累,劳苦。

金文　　小篆　　楷体

金文像用类似铲子的农具,耕作一种叫做“堇”的植物。

堇 jǐn:《汉典网》。菜名。堇菜属植物泛称的略称。

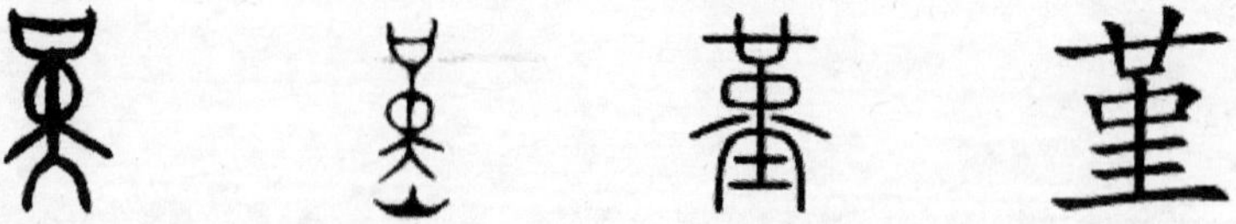

甲骨文　金文　小篆　楷体

力:《汉典网》。象形。甲骨文字形,像耒形,有柄有尖,用以翻地。用耒表示执耒耕作需要花费力气。“力”是汉字部首之一。本义:体力,力气。

甲骨文　金文　小篆　楷体

耒,一种古代农具,参见第二十章图 1。

昧:《汉典网》。从日,与光线有关。本义:昏暗不明。

金文　小篆　楷体

与第二十三章中的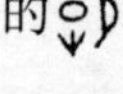相比,中的日在草木根部下面,太阳欲升却还没有升起来,比太阳升到树干中间的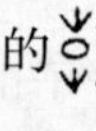更早些。小篆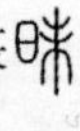中的那个日,只是个部首,说明与太阳相关,并不表示日头与草木的相对位置。

第四十二章　万物：生于岁月日子

道生一，一生二，二生三，三生万物。万物负阴而抱阳，冲气以为和。

人之所恶，唯孤寡不谷，而王公以为称。故物，或损之而益，或益之而损。

人之所教，我亦教之，强梁者不得其死，吾将以为教父。

［版本］

魏王弼本。

［解读］

天道诞生时间。时间落在地球上，产生出日、月两个时间单位。日月循环，衍生出年，从而形成三个基本的时间单位。日新月异，一年四季，三个基本时间单位滋生出天下万物。万物背负黑夜、阴缺、秋冬，拥抱白昼、晴圆、春夏，中和阴阳二气，和谐共生。

人们最怕沦为孤家寡人，而盛气凌人的王公却以孤、寡、不谷来称呼自己。所以，人、物或许可以从贬损中受益，受益却有可能带来贬损。

人们教导我的，我也用来教导人们。强行突破天道时间者不得好死，我把它作为首条教训。

［**议论**］

人们说岁月如流，其中的岁月是指时间。孩童说自己 5 岁 6 个月，其中的岁月是指时间单位。岁月有着时间和时间单位的双重涵义。其实，时间与时间单位是很难分得清的。洛克说，时间是“任何恒常的周期性显现”的量度。[①] 这个定义送给时间单位，也很贴切。在洛克的任何量度中，岁月日子可以说是我们最为熟悉的“恒常的周期性显现”。

日有白昼黑夜，月有阴晴圆缺，年有春夏秋冬。三个自然的时间单位，看上去阴阳分明。其实，夜深将明、月亏则盈、寒冬迎春，对立的阴阳，节奏和谐。

天下万物，诸如草木、动物、水土、气候、台风、洋流、电闪、雷鸣……无不日新月异，随一年四季而枯荣、生死、流转、消长。所以，日月年后面那个没有出现的“四”，就是万物了。

日新月异，一年四季

<table>
<tr><th>第四十二章</th><th>所指</th><th>第一章</th></tr>
<tr><td>道</td><td>天道</td><td rowspan="2">无名</td></tr>
<tr><td>一</td><td>时间（大爆炸后 91 亿年无日月年）</td></tr>
<tr><td>二</td><td>日、月时间单位</td><td rowspan="3">有名</td></tr>
<tr><td>三</td><td>日、月、年时间单位</td></tr>
<tr><td>万物</td><td>日新月异，一年四季，万物生长</td></tr>
</table>

① 翁贝托·艾柯（Umberto Eco）：《时间》。克里斯腾·利平科特（Kristen Lippincott），翁贝托·艾柯（Umberto Eco），贡布里希（E. H. Gombrich）等：《时间的故事》，北京：中央编译出版社，2011，12 页。

宇宙大爆炸开启了时间。而日月年的时间单位，要等太阳系形成后，才师出有名。地球形成后，又演化了十几亿年，生命才产生。生命产生后33亿年，人类出现。早期人类奈何不了自然，只好在日月年的既定模式内生活，与自然和谐相处。发明蒸汽机以来，日光的过往岁月被注入现代文明，天道被突破。强悍的科技无所不在，诸如飞船太空登月，诸如空调冬暖夏凉，日月年的阴阳平衡严重失调，面目全非。自然的时间单位被人类文明强行突破。

人类文明，益也天道，损也天道。高深的“道”理，很可能就在我们熟悉的时间单位里

也许对日月年太过熟悉，以至于我们难以察觉到它们的深意。

也许现代日月年已经变味，以至于我们难以把握它们的本原。每日的股票收盘指数，我们的月收入，GDP 的年增长……这些以日月年为时间单位的指标，与日月年的天然属性已经没有什么关系了。它们已经沦为一个个纯粹的统计口径。现代文明很可能正是以这种方式，与天道渐行渐远。

［**字源**］

陽：简体字为“阳”。《古代汉语字典》932 页。甲骨文陽字上为日，下像树枝，或左旁加阜，表示山南向阳的一面。金文中的三撇像日光。

甲骨文　　金文　　小篆　　楷体

经过和，日头渐渐升过树梢，很快就要翻过山冈，将温暖的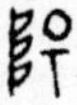光投射到大地上。

第四十三章　时光:至柔克至坚

天下之至柔,驰骋天下之至坚。无有入无间,吾是以知无为之有益。

不言之教,无为之益,天下希及之。

[版本]

魏王弼本。

[解读]

天下最柔软的,莫过于时间。而恰恰是时间,能够驾驭天下最坚强的东西。无边无际的时光,可以穿透任何严密无间。因此,我知道了无所作为的益处。

时光无言,岁月无为,时间单位的教益,天下少有人留意。

[议论]

时间不是物质,它比最柔软的物质还要随和,在所有曲折婉转之处,潇洒自如。所以,时间为天下之至柔。

时间不是精神,它比最坚强的意志还要执著,在所有艰难险阻面前,游刃有余。所以,时间为天下之至坚。

时间不是空间，它比最宽广的领域还要辽阔，它比最密实的无间还要细微。所以，时间能以天下至广，入天下至微。

时间的无所不为，在于它的无所作为。时间单位之高深，在于它们太普通。没有高招和深意，岁月日子岂能普天下通行之？所以，愈是普遍通行的，愈是不普通。

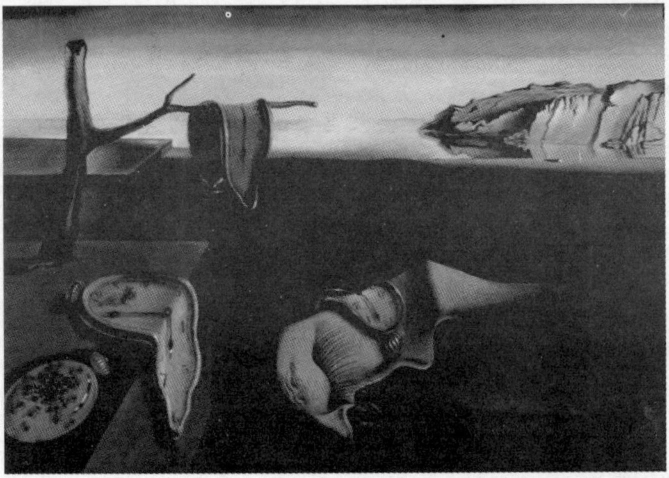

时光：至柔克至坚。或许在20世纪绘画中，对时间最著名的表现是萨尔瓦多·达利的《永恒的记忆》①

［字源］

教：《汉字演变五百例》162页。老师的手拿着教鞭，正在督促着一个孩子学习知识。

---

① 唐·埃兹(Dawn Ades)：《20世纪的艺术和时间》。克里斯滕·利平科特(Kristen Lippincott)，翁贝托·艾柯(Umberto Eco)，贡布里希(E. H. Gombrich)等：《时间的故事》，北京：中央编译出版社，2011，310页。

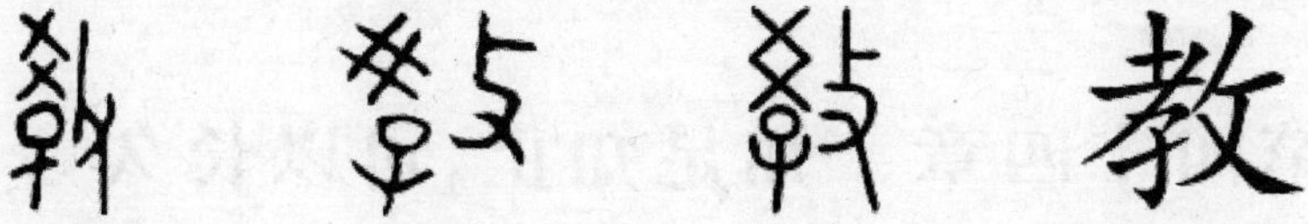

甲骨文　　金文　　小篆　　楷体

参见第六十四章字源:學,爻,五。

第四十四章　知足知止，可以长久

名与身孰亲？身与货孰多？得与亡孰病？

是故甚爱必大费，多藏必厚亡。

知足不辱，知止不殆，可以长久。

［版本］

魏王弼本。

［解读］

命名新发现的行星和物种，与尊重天道和生物圈本身相比，哪一样对自然更亲善？天道和生物圈本身，与货物财富相比，哪一样对人类贡献更多？获得名誉和财富，与物种消亡相比，哪一样的弊病更甚？

过度爱慕名誉和财富，必然耗费太多的时空。财富积累愈多，物种消亡愈快。

认知经济增长的足够，可以避免文明的耻辱。认知生物圈的承受止境，可以避免文明的危险。知足知止，人类才可以长久地、可承受地发展。

[议论]

每当从新闻中听到，又命名了一个新行星，又命名了一个新物种，心里都会一揪。“命名是人类用来界定客体并将它们化为己有的工具之一。”[①]新行星的发现数量，好像总是与人类文明偏离天道的程度成正比。新物种的发现频率，好像总是与物种的不正常消亡速度成正比。科学家发现一个新物种，就能更好地保护它？在增加物种多样性知识的同时，总觉得，又有一个新物种受到了人类的打扰。

得与亡孰病？建三峡大坝可发电防洪，但是影响了白鳍豚回游产卵

① 克里斯腾·利平科特(Kristen Lippincott)：《时间的度量》。克里斯腾·利平科特(Kristen Lippincott)，翁贝托·艾柯(Umberto Eco)，贡布里希(E. H. Gombrich)等：《时间的故事》，北京：中央编译出版社，2011，39页。

现代人不仅打扰物种，也打扰时间。货物财富的急剧积累，来自以往岁月的日光照射。如今的物质极大丰富，不仅耗费着以往的时空，也在提前攫取往后的时空。森林、海洋、草原、物种、风景、气候、四季……后代人的生物圈时空，正在被当代人恣意践踏。

当经济系统的资源消耗速度超过了自然资源的更新速度，当经济系统的垃圾排放速度超过了废物的降解速度，经济增长速度就超过了生态韵律。如果文明的时间单位与自然韵律的冲突日益尖锐，人科动物何以长久地持续下去？

［**字源**］

长：繁体字为“長”。《古代汉语字典》72 页。长是象形字，甲骨文的长字状似一个头发很长的拄着拐杖的老人的侧形。长的本义是距离长短之长。

甲骨文　　金文　　楷体

人人都希望长寿，老人是长寿的象征。人们也希望自己的血脉能够长久地延续。人类作为一个物种，当然希望能够在生物圈中长久地存在。如果把人类从诞生到灭亡的整个过程看成“大人类”的一生，我们应当怎样扩展长寿的概念呢？

第四十五章　人类:大成若缺

大成若缺,其用不弊。

大盈若冲,其用不穷。

大直若屈。

大巧若拙。

大辩若讷。

躁胜寒,静胜热。清静为天下正。

[版本]

魏王弼本。

[解读]

生物圈中成就最大的人类,造成生物圈的亏缺也最大。并且,人类对生物圈的利用,永远不会停止。

赚得盆钵满盈的资本,造成人类精神的空虚也最大。并且,资本对精神财富的盗用,永远不会穷尽。

理直气壮的经济学,在解释人与自然的关系上,总显得理屈。

巧夺天工的科学技术,在让人呼吸一口新鲜空气、喝上一口天然清水之类的简单事情上,愈来愈笨拙。

国际会议上的激烈辩论，汗牛充栋的学术著作，面对生物圈的天天衰竭，常常会张口结舌。

古猿的躁动，战胜了冰河寒流。今天的世界却要冷静下来，才能战胜气候暖化。清源、宁静，天下方可正本、致远，恢复生物圈的正常时空。

［议论］

记得儿时看蚂蚁搬家，很想知道它们在忙什么。如果也有一双眼睛在看地球，那么昨天，苍茫大地一片肃静；而今天，锦绣山河处处繁忙。因为，自给自足的社会，产出、消费、降解几乎是在一个地方进行的，没什么可搬运的；而所谓物流社会，生产原料、消费品、垃圾等各种各样的东西都在被运来运去。那双眼睛一定在问，他们在忙些什么呢？

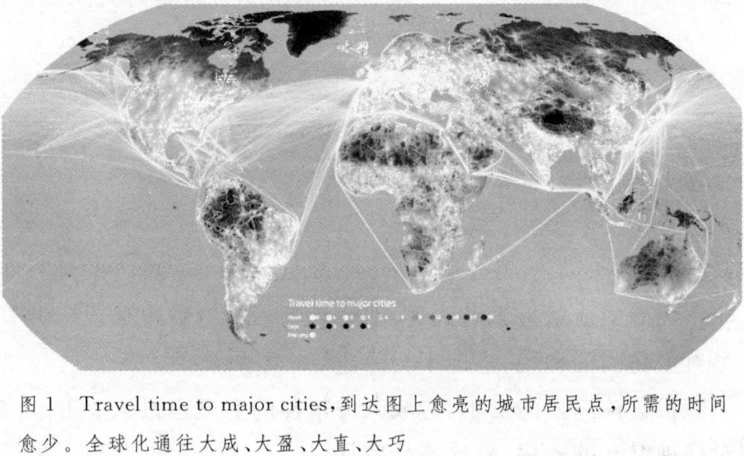

图 1　Travel time to major cities，到达图上愈亮的城市居民点，所需的时间愈少。全球化通往大成、大盈、大直、大巧

［字源］

成：《汉字演变五百例》33 页。本义是平定。

甲骨文

金文

成

楷体

与第七十二章字源“戌”的甲骨文很相似，也像一把斧子。中的那一小竖，像是一根刚砍下的木柴。这个成果意味着，石斧做成了。古猿也因此变成了人。

当人类砍倒第一棵树时，文明开始了。当人类忙于砍倒最后一棵树时，文明也就结束了。

图2　复活节岛石像。大成若缺。当踏上复活节岛的先人砍倒第一棵树时，岛上的文明开始了。当成就卓著的岛民砍倒最后一棵树时，辉煌的文明也就结束了

第四十六章　祸与咎:戎马畂鞫

天下有道,却①走马以粪。天下无道,戎马生于郊。

祸莫大于不知足,咎莫大于欲得。故知足之足,常足矣。

[版本]

魏王弼本。

[注释]

①却:本义为退。

[解读]

天下有道,战马退回乡村务农。天下无道,战马生于、长于沙场。

最大的祸患,莫过于不知足。最大的罪咎,莫过于欲壑(hè)难填。所以,知足者所拥有的那份满足,是持久的满足。

[字源]

粪:《古代汉语字典》201 页。粪是会意字,在甲骨文中,粪字由分别表示垃圾、畚(běn)箕、扫帚和手的四部分构成,表示人手拿着扫帚和畚箕清除垃圾。粪的本义指扫除灰尘、秽(huì)物。

甲骨文

楷体

“却走马以粪”可以理解为:战马退回乡间,农民双手持畚箕,将收集到的马粪撒到田里。一幅铸戈为犁的和平景象。

戎:《汉典网》。会意。从戈,从十。“戈”是兵器,“十”是铠甲的“甲”。本义:古代兵器的总称。弓、殳(shū)、矛、戈、戟为古代五戎。

《甲骨文字典》1359 页。像人一手持盾、一手持戈形。

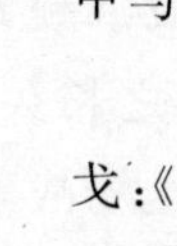
甲骨文

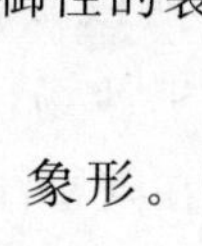
金文

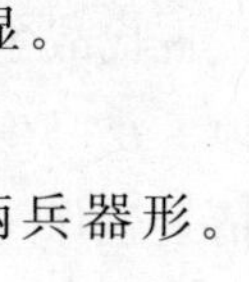
楷体

甲与盾都是防御性的装备。金文的盾形更为明显。

戈:《汉典网》。象形。甲骨文字形,像一种长柄兵器形。本义:一种兵器。

甲骨文　　　　金文　　　　　　　　　楷体

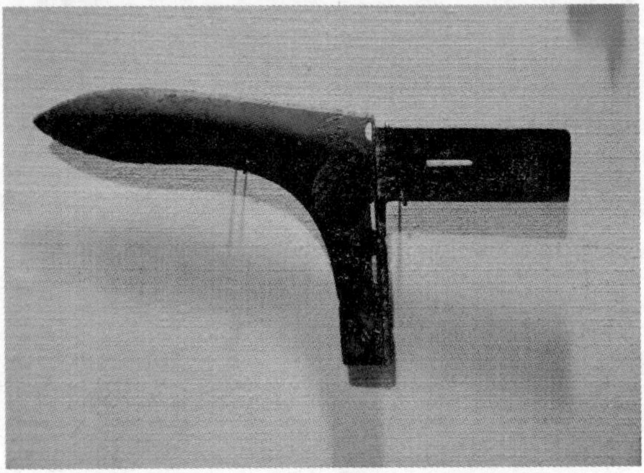

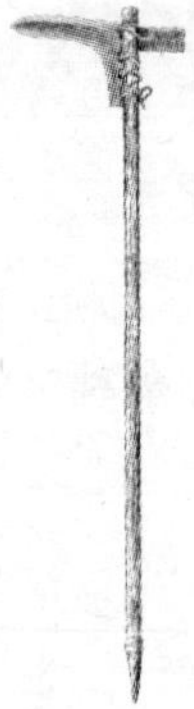

图1 ，攻击性兵器，戎马劻(kuāng)勷(ráng)的产物①

[议论]

郊：参考汉典网。从“邑”，表示与城郭、行政区域有关。古代国都外百里以内的地区称“郊”。参见第八十章字源：邑。

古代战争主要为争夺城池而展开，所以城郭之郊是战事频繁之地。戎马生于郊，说明战马生于、长于沙场，可见战事之长久。这情景就像与塔利班对峙的美军，圣诞在阿富汗过，说明这场战事拖得也太长了。

---

① 戎马劻勷的意思为战乱不宁。

战争还是和平，这是阿富汗今天面临的选择，也是人类文明的一个永久主题。本章字源的三个字，始终围绕着这个主题。粪肥农田，一片田园风光。戎马铁戈，一片刀光血影。

图 2　2010 年圣诞节前，美国总统奥巴马闪电访问阿富汗

第四十七章　人的尺度，人的眼界

不出户，知天下；不窥牖，见天道。

其出弥远，其知弥少。

是以圣人不行而知，不见而明，不为而成。

［版本］

魏王弼本。

［解读］

悟道者足不出户，可以知道天下；不窥探窗外，可以见识天道。

出行愈远，地理大发现愈辉煌，空间探索愈深入，对天道的认知就愈少。

所以，圣明的人坐地不出，而知日行；不见时间，而明岁月；不去作为，而成学说。

［议论］

不窥牖，见天道。老子不窥探窗外，就能感知天道。现代人却不这么认为。为了探知天体轨道和宇宙时空，人们已经把窥探的窗安到天上去了。现代人的远行,已经超越了地球。其窥探的眼光则更远,正在超越太阳系、银河系……这一切似乎说明,人所达到的空间尺度愈大,人的眼界也就愈远。

图1　哈勃太空望远镜。窥天窗,见天道?

当我们看着熟悉的地球卫星照片时,有没有想过,求知欲一点也不比我们低的先人,几百万年来是多么想看到大地的全貌啊。古埃及人沿尼罗河而居,想象大地是漂浮在水面上的。巴比伦人认为天像圆罩覆盖着大地。古印度人以为大地是由大象驮着的。中国人则有盘古开天、天圆地方之说。

当我们为先人们的眼界局限感到惋惜的时候,有没有为他们的尺度局限而庆幸呢?正因为人的尺度始终小于大地,人科动物只在生物圈里占据了一部分时空,先人们才一直与大地维持着和谐关系。

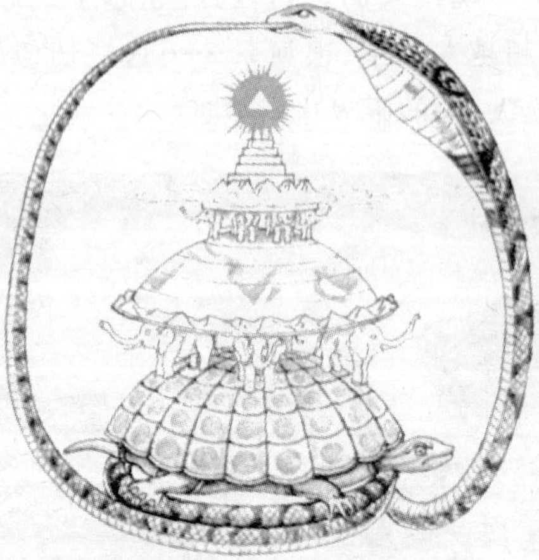

图2　古印度人以为大地是由大象驮着的。当人为无法看见大地全貌而焦虑时，他应庆幸自己只在生物圈里占据了一部分时空

今天，即使小学生也不会因看到地球全貌而激动。在课堂上，当老师展示一幅幅全球照片时，他（她）也许会感叹地对孩子们说，生长在科学技术时代，是多么幸福啊。然而，老师有没有告诉学生，这幸福的代价是什么？对此，雅斯贝斯有着清醒的认识："现代技术造成的新形式显示出人类对自然的依附。恰恰通过人类日益增长的对自然的控制，自然以这种前所未料之方法，威胁要控制人类。……人类从技术上造成了第二自然，但危险在于他可能被第二自然所窒息；而他面对不驯服的自然，进行永恒的生存斗争，可能会相对自由一些。"[①] 人类因科技而成功地看到了大地全貌，人

① ［德］卡尔·雅斯贝斯（Karl Jaspers）：《历史的起源和目标》（*The Origin and Goal of History*），魏楚雄，俞新天译。北京：华夏出版社，1986，114页。

类也因科技而有能力败坏生物圈的健康。所谓成也萧何,败也萧何。今天的自然,已被科技改造得面目全非,这就是雅斯贝斯所说的第二自然。而一直努力争取看见大地全貌的先人们,在第一自然的怀抱中,却始终是自由自在的。

图3 美国宇航局公布的地球照片。当人庆幸地看

地球边界时,他有没有为自己膨胀到了生物圈的极限而焦虑?

[**字源**]

出:《古代汉语字典》98页。会意字,甲骨文的出由止和凵组成,“止”象征人的脚,“凵”代表人居住的场所,表示人从半地穴式的原始居住处出来。因此,出字的本义指从里面走向外面。

甲骨文

楷体

当今人类迹，已经迈“出”地球。所以，当阿姆斯特朗踏上月球时，在他眼里，已经从造字时的地穴扩展成了地球。尺度的扩大，成就了他的眼界扩大。参见第四章字源：止；第十六章图：西安半坡遗址的穴居。

出：人的尺度。

見：简体字为“见”。《汉典网》。会意。甲骨文字形，上面是“目”，下面是“人”。在人的头上加只眼睛，就是为了突出眼睛的作用。本义：看见，看到。

甲骨文

金文

小篆

楷体

見：人的眼界。

第四十八章　益：多多溢恶

为学日益，为道日损。损之又损，以至于无为。

无为而无不为。取天下常以无事。及其有事，不足以取天下。

［版本］

魏王弼本。

［解读］

正经的学问谋划经济日益增长，离经的天道劝说消费日趋减损。减损，减损，再减损，以至于经济增长到了无所作为的地步。

经济增长无所作为了，生物圈才可能重新无所不为。生物圈无事，表明消费的减损可以换取天下的安宁。生物圈有事，表明经济的增长不足以换取天下的幸福。

［字源］

益：《古代汉语字典》959 页。会意字，由水和皿组合而成，表示器皿中的水满溢而流出。益的本义是水满后溢出，后表示增益，本义由溢字表示。

《甲骨文字典》536 页。像水满溢之状。

《汉字演变五百例》418 页。益是溢的本字。水高出了皿(盛液体的器皿),当然要满溢出来。

甲骨文

小篆

益
楷体

中的水,已经大大溢出,正沿着器皿往下流淌呢。

皿 mǐn:参考《汉典网》。象形。像碗、盆之类的食器。

《汉字演变五百例》219 页。甲骨文和金文“皿”字是象形字,像一个盛食物或饮料的容器的剖面图。

甲骨文

金文

皿
楷体

也有点像地球仪的架子。

[**议论**]

今天,经济增长的祸“水”,已经大大溢出承载天下的器“皿”——生物圈了。益的本义是溢。经过几千年的时光,经济收益真的实现了它的原本含义,处处收到溢出的恶果,成为名副其实的经济“收溢”了。

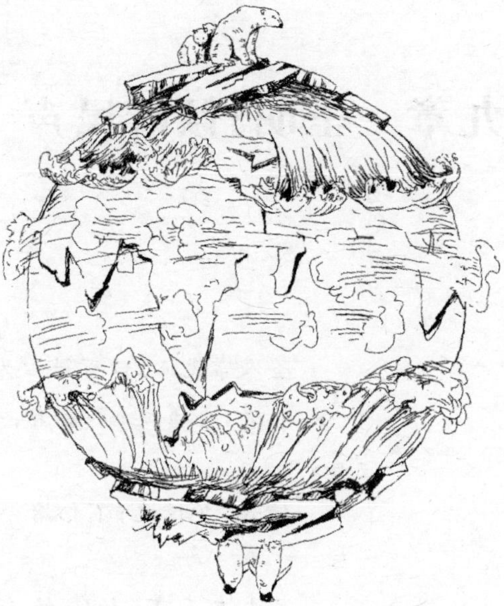

气候暖化正在导致南北极的冰川融化。经济收益正在变成地球满溢

令人感到吊诡的是，当的字义为溢时，由于远古生产力低下，经济的增长对天下却是“益”。今天，当的字义为益时，由于生产力超出生物圈的承受能力，经济增长对天下反而还原成了“溢”：二氧化碳溢出，垃圾溢出，污水溢出，城市溢出，汽车溢出，沙漠溢出，人口溢出，两极冰川融化溢出……我们何时能够分清“益”与“溢”的区别呢？也许，老子关于益与损的秘诀，就在益与溢之间。

第四十九章　圣明:倾听民声

圣人常无心,以百姓心为心。

善者,吾善之;不善者,吾亦善之,德善。

信者,吾信之;不信者,吾亦信之,德信。

圣人在天下,歙①歙。为天下浑其心,圣人皆孩之。

[版本]

魏王弼本。

[注释]

①歙 xì:收敛。

[解读]

圣明的人没有私心,总以百姓的心声为自己的心声。

对于善待他者、善待自然的人,圣人善于听取他的心声。对于不怎么善待他者、不怎么善待自然的人,圣人也要善于听取他的意见。感化每一个人向善，人与人、人与自然的友善才有可能实现。

对于诚信待人、相信天道的人，圣人相信他的话。对于不怎么诚信待人、不怎么相信天道的人，圣人仍然以诚信待他。教化每一个人相信天道，人与人、人与自然的互信才有可能维持。

圣明的人行走天下，从不张扬。为了让天下人都有一颗浑沌的心，圣人皆以童心对待天下人。

［**议论**］

“善者，吾善之”，在逻辑上说得通。“不善者，吾亦善之”，虽然在人的世界里不容易做到，但在自然界里却比比皆是。生态系统中的所谓善良物种，如鹿马兔羊，生物圈善待之；所谓不善的物种，如豺狼虎豹，生物圈亦善待之。并且，大规模杀伤性猛兽存活与否，正是一个生态系统健康与否的关键标志。“善者，吾善之；不善者，吾亦善之”，构成了生物圈的原善。

“信者，吾信之”，也在逻辑上说得通。“不信者，吾亦信之”，虽然在人的世界里也不容易做到，但在人与自然的关系上，总是如此。对于相信天道的原始人和农人，天道相信他们的淳朴。对于不怎么相信天道的现代人，天道仍然相信人科动物终究会回归自然。因为，生物圈里存在的所有物种，都相信天道的圣明。它们不会怀疑太阳的再次升起，它们不会怀疑春天的再次来临，它们不会怀疑大雨的再次倾盆。“信者，吾信之；不信者，吾亦信之”，拷问着精神世界，你靠得住吗？

物质，包括无精神的生命，都能把自己管理得很好。各种物质所形成的生物圈，自动就能达到原善。但是精神呢？精神所创造出的文明，能否一直合理呢？经济增长、现代化到底对不对呢？在精神领域里，是对者生存，还是适者生存？释迦牟尼、基督、穆罕默德是因为对而成圣，还是因为适而成圣？希特勒是因为错才失败的吗？成吉思汗是因为对才成功的吗？

［**字源**］

聖：简体字为“圣”。《甲骨文简明词典》361 页。像人有所听闻之形。即古聖字。古人以为聖者闻声知情，通于天地，调畅万物，所以用有所听闻来表示。商代的聖、聞、聽可通。由此也可以清楚地知道，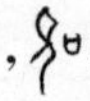的本义仍是听闻，后来才发展为闻声知情的聖者。

《甲骨文字典》1287 页。乃以耳形著于人首部位强调耳之功用；从口者，口有言咏，耳得感知者为声；以耳知声则为听；耳具敏锐之听闻之功效是为聖。聲、聽、聖三字同源，其始本为一字，后世分化其形音义乃有别，然典籍中此三字亦互相通用。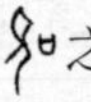之会意为聖，既言其听觉功能之精通，又谓其效果之明确。故引申义亦训通、训明、训贤，乃至以精通者为聖。

甲骨文　　　　　　　　　　　　　　　　　　楷体

可见，字中的，是聖的耳，而则是百姓众人之口。与聖同源的聽，其甲骨文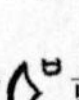就有两个口。一个人不能有两个口，所以两个口就表示多口，众人之口。

几千年来，释迦牟尼一直在倾听人们的诉说

耳：《汉典网》。象形。甲骨文字形，像耳朵形。汉字部首之一。本义：耳朵。

甲骨文

楷体

释迦牟尼佛的耳朵似乎在告诉我们，什么叫做聖。

聽：简体字为“听”。《甲骨文字典》1287 页。从耳从口或二口，口有言咏，耳得感之者为声；以耳感知音声则为听。

甲骨文

楷体

聽的右半边与德的右半边相同,“德”也在本章的原文中不寻常地出现两次。德与聽两个字的共同处为悳。悳由“心”和“目”两个要素组成。这表明,圣明的人除了用耳聽,还要用心聽;不仅要聽其言,还要观其行。参见第三十八章字源:德、直、心。

第五十章　兕虎生，人类才生

出生入死。生之徒十有三，死之徒十有三。人之生，动之死地，亦十有三。夫何故？以其生生之厚。

盖闻善摄生者，陆行不遇兕虎，入军不被甲兵。兕无所投其角，虎无所措其爪，兵无所容其刃。夫何故？以其无死地。

［版本］

魏王弼本。

［解读］

人类作为一个物种，既然诞生，就会灭亡。人科动物演化至今，生物潜能，有三成贡献；环境阻力，有三成危险。而如今，人科动物的生物潜能竟然别开生面，在天道头上动土，又让人类增添了三成危险。为什么会这样呢？那是因为，人科动物的生物潜能增添了雄厚的能量。

听说善于生存的那些原始人，走路不会侵入犀牛老虎的生态领域，从军不会进犯其他部落的生存领地。如此，犀牛角就不会投向猎人，老虎爪就不会踏上农田，诸文明之间就不会兵刃相见。为什么会这样呢？那是因为，大家都相安无事，没有陷入危险的境地。

［议论］

一般认为，犀牛约在6千万年前出现；老虎则晚得多，大约在5百万年前出现。如果把寿命的概念从动物单体扩展至物种在生物圈中存在的时间长度，那么，兕虎的寿命已经比人类都长。但是将来呢？它们还能在世界上存在多久呢？

每当人们担忧兕虎还能活多久的时候，其实是在担忧人类自己的命运。作为一个物种，人科动物在生物圈中应该存在多久呢？在前现代社会，当一个人的生活对生物圈的影响，不能超过他（她）的个人寿命时，这个问题可以由上帝来回答。但是，当每一个现代人的生活，对生物圈的损害都大大超过他（她）个人寿命时，这个问题将拷问每一个人。你爱自己吗？你爱自己的血缘后代吗？你爱自己的血缘后代所属的人科物种吗？你爱人科动物赖以生存的兕虎以及整个生物圈吗？

如果把人类从诞生到灭亡的整个存在过程，看成“大人类”的一生，那么，现代文明的许多合理性，将大打折扣。当代人千百次的投票，决定着这个世界的方方面面。而正是这些方方面面，构成了现代文明。而现代文明，对生物圈的损害超过了千年。

如果一次投票涉及大人类的整个后半生，那么从逻辑上讲，应该由大人类后半生的所有人参加投票，才算合理。例如，有关兕虎命运的投票，当代人的票数在所有相关人员的票数中，几乎微不足道。然而，很可能正是这些微不足道的票数，决定着兕虎的命运。自诩反独裁的现代民主，反对一个人对全社会的独裁，却很可能造就活着的人类对将要活着的人类的独裁。看问题的时段一拉长，民主就有可能变成更严重的独裁。

大人类的后半生虽然当下不在场，但是他们有民意代表与我们对话。他们的民意代表就是兕虎。兕虎以自己的悲惨命运，代表所有后代人，对现代文明的许多举措，投下了数不清的反对票。当人类的概念从当下地球表面上的存在扩展至人科物种的整个存在期，有效投票权就从当下地球表面上的总人数扩展到了所有生物以及非生物。现代文明社会能不能像当年接受妇女投票权那样，接受兕虎们的投票呢？

［**字源**］

兕 sì：《甲骨文简明词典》198 页。像头上有大角的动物，当为象形字。从文字构形来看，实即后代所说的犀，今通称犀牛。

甲骨文

兕

楷体

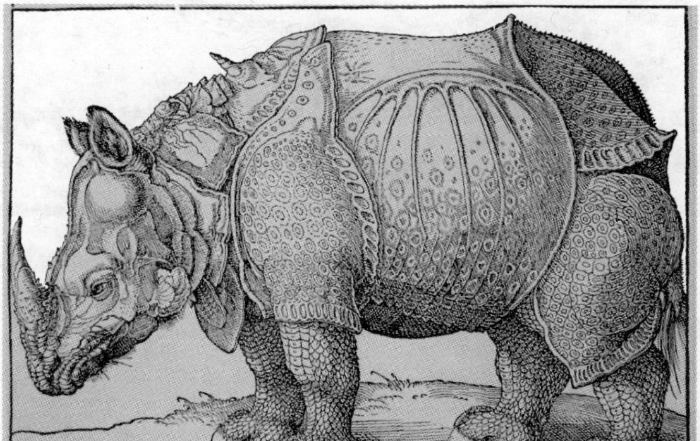

图 1 的身躯、四肢、尾巴与第二十九章中的都很像。差别是，突出的是长鼻，突出的是独角

虎:《古代汉语字典》303 页。虎在甲骨文中是象形字,字形上部像张开的虎口与露出的利齿,字形中部如同虎身上的花纹及虎腿,字形下部与虎的尾巴酷似。

《甲骨文简明词典》202 页。像侧面看虎之形,夸大其嘴以别于其他动物。

甲骨文

虎

楷体

图 2 (汉)猎虎画像砖,画面上的虎爪相当清晰。与的一个显著不同是,特地勾画出了虎爪

第五十一章　道之尊，德之贵

道生之，德畜之，物形之，势成之。

是以万物莫不尊道而贵德。道之尊，德之贵，夫莫之命而常自然。

故道生之，德畜之：长之，育之，亭之，毒之，养之，覆之。

生而不有，为而不恃，长而不宰，是谓玄德。

［版本］

魏王弼本。

［解读］

天道衍生万物，品德奉养万物，物质形成万物，气势和成万物。

万物莫不尊崇天道的运行，万物莫不倚赖品德的天赋。天道之所以受到尊崇，品德之所以倚赖天赋，是因为万物的生长形成并不听命于人类，而是顺其自然的。

所以，天道衍生的万物，只要倚赖天赋品德，就可以：生长，发育，停滞，毒杀，滋养，覆灭。

生物圈生育万物而不据为己有，养育万物而不自恃有功，任万物生长而不去主宰它们，这正是我们应当秉承的品德。

［议论］

万物之禀赋无一不是经过岁月酿成的。若以道为岁月，德为禀赋，岁月酿成禀赋可揭示道与德的内在逻辑关系。由此可以理解“万物莫不尊道而贵德”的深刻内涵。

没有智慧的万物，天生就可以达到原善的境界。具有智慧的人类，特别是智慧空前的现代人类，要有垃圾分类、节约用水、以步代车……的品德，才能改善已经面目全非的生物圈。

原善依据的是天之道：自然。从善依赖的是人之道：品德。天之道应当是人之道的准则，尊道为德。

［字源］

尊：《甲骨文简明词典》242 页。以双手奉酒器，像往上进酒之形，此为本义。

甲骨文

金文

楷体

奉上酒尊是尊奉天道的重要仪式。天道几乎受到世界各地所有先民的崇拜。过去，人们从心里面尊崇天道。而今天，尊奉天道的仪式很可能只是一种旅游文化，服从于投资回报的要求。

参见第十五章字源：酉。

以双手奉酒器，像往上进酒之形

第五十二章　生命之母：时光岁月

天下有始，以为天下母。既得其母，以知其子。既知其子，复守其母，没身不殆。

塞其兑，闭其门，终身不勤。开其兑，济其事，终身不救。

见小曰明，守柔曰强。用其光，复归其明。

无遗身殃，是为习常。

［版本］

魏王弼本。

［解读］

盘古开天，天道伊始，孕育出天下万物。天道作为万物之母，既然得以展开，可知时间乃每一种生物之依归。既然知晓了每一种生物的依归，就更应该遵守生物圈之母法：时光岁月。如此，大人类才能避免夭折的危险。

阻塞人们的饕（tāo）口馋舌，关闭发财的五花八门，资源就不会耗竭。开启贪婪的口腹之欲，妄为堂皇的宏伟事业，人类就不可救药了。

细微的光合作用，天下至明。温柔的腐烂分解，天下至强。阳光的负熵，化腐朽为神奇，万物生死复归循环，永葆天下水明山秀。

不在身后遗留垃圾，就不会殃及后代的身心健康。这才是人之常情。

[**字源**]

兑：《汉字演变五百例》72 页。“兑”是“悦”的本字。字形的下半是一个人，上半突出了他的嘴和嘴角的笑纹。

甲骨文

楷体

画一个人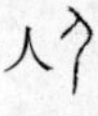（参见第十二章），然后夸张地添加人体的某一部位，作为该部位的名称。类似手法见第十三章的身，第二十四章的企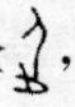，第四十七章的見，第四十九章的聖。

强调的是人的口，而不是其他动物的口。这个饕口馋舌的，两条口水已经淌得很长了。很可能是眼前的一桌大餐，正令他喜形于色呢。

[**议论**]

当人们说家里有多少头牛、多少只鸡、多少棵树、多少条鱼的时候，他一定不会忘记家里有多少口人。为什么人的数量单位要用“口”呢？为什么我们总把人数统计说成人口统计呢？

1999年，世界人口达到60亿。2011年，世界人口突破了70亿。2010年10月13日，世界自然基金会（WWF）发布的《地球生命力报告》认为，人类对自然资源的需求已经超出了地球生态承载力的50%。生态足迹是报告中所使用的测算指标之一。生态足迹显示了自1966年以来，人类对自然资源的需求增加了一倍，到2007年人类生活需要1.5个地球来支撑。这意味着，人类需要1.5个地球，才能满足每个人的那张口。或者说，当今人类1年消耗的资源，需要地球1.5年的时间才能再生。

位于墨西哥帕伦克（Palenque）的玛雅遗址。一旦超越了环境的承受能力，精通时间单位的辉煌文明就凋谢了。正在超越地球时空极限的现代文明，灿烂还能持续多久？

第五十三章　盗:时空皆损

使我介然有知,行于大道,唯施是畏。

大道甚夷,而民好径。朝甚除,田甚芜,仓甚虚,服文彩,带利剑,厌饮食,财货有余,是谓盗夸。非道也哉。

[版本]

魏王弼本。

[解读]

我总算对普世价值有了点认识,开始投入浩浩荡荡的天下潮流。唯恐跟不上,做不好,再遭人欺辱。

潮流所指引的大道,看上去甚是坦荡,可人们就是好走捷径。有些王朝高高在上,田里种的大多是转基因作物,天然庄稼甚少;储备空虚,多是借条;名牌服饰,光鲜华丽;稍不顺心,挥舞利剑;快餐泛滥,厌食减肥;财富硬通货,绰绰有余。这样的政府和社会,如同强盗,不符合我所信奉的道理。

［字源］

盗：参考《汉字演变五百例续编》64 页。字的上部像一个人在流口水。下部是“皿”，即盛食物的容器。本义是偷窃。

汉典网。会意。甲骨文字形，意思是：看到人家器皿中的物品，就会贪婪地流口涎，存心不善。本义：盗窃，偷东西。

甲骨文

楷体

［议论］

2008 年 11 月 25 日至 2010 年 4 月 28 日，美联储在第一轮定量宽松货币政策期间共购买了 1.725 万亿美元资产，包括 1.25 万亿美元的抵押贷款支持证券，1750 亿美元的机构债和 3000 亿美元的长期国债。也就是说，为金融系统和市场注入了 1.725 万亿美元流动性。

2010 年 11 月 3 日，美联储宣布推出第二轮定量宽松货币政策，到 2011 年 6 月底以前购买 6000 亿美元的美国长期国债，以进一步刺激美国经济复苏。

2011 年 9 月 8 日，美国总统奥巴马公布 4470 亿美元的就业刺激计划。

仓甚虚，财货有余。2010 年 7 月 12 日美国时代周刊封面

一百年前，孙中山说，世界潮流，浩浩荡荡，顺之者昌，逆之者亡。三十年前，邓小平说，发展是硬道理。伟人们说的是一个意思，中国只有跟上现代文明的前进步伐，才能图存发展。

然而，世界潮流的领军国家，如今要么是一个接一个的定量宽松货币政策，要么是一个接一个的主权债务危机。即使他们都能安然度过金融危机，资本主义世界如何面对地球生态危机？这个世界能够容忍中国以及印度这样的人口大国跨入现代化吗？地球生物圈如何承受如此庞大的高消费人口？根据联合国开发计划署发布的《2007/2008 年人类发展报告》，如果世界上每个人都享有美国加拿大的生活水平，那么就需要 9 个地球来承受人们的碳排放。

资本正在向世界的每一个角落蔓延。为了追逐利润,资本盗取他人财富,盗取生态财富,盗取后代财富,盗取时空财富,最终将盗取人类根基本身。现代文明的出路在哪里?中国如果能够在21世纪中叶实现人均GDP达到中等发达国家水平,后面的道路应该怎样走呢?

第五十四章　祭祀：文化传承

善建者不拔，善抱者不脱，子孙以祭祀不辍。

修之于身，其德乃真；修之于家，其德乃余；修之于乡，其德乃长；修之于国，其德乃丰；修之于天下，其德乃普。

故以身观身，以家观家，以乡观乡，以国观国，以天下观天下。吾何以知天下然哉？以此。

［版本］

魏王弼本。

［解读］

善于建树的圣贤，其道德不会从文化传统中拔除。有所抱负的文武，其功德不会从历史长河中脱落。在子孙的祭祀中，它们孜孜不辍，得以继承发扬。

修养于身，传统美德去伪存真；修筑于家，传统美德绰然有余。修立于乡，传统美德长久不衰。修治于国，传统美德丰功伟绩。修行于天下，传统美德价值普世。

从一个人，可以纵观天下人。从一个家庭，可以纵观天下家庭。从一个乡村，可以纵观天下乡村。从一个国家，可以纵观天下国家。从今日之天下，可以纵观昨日、明日之天下。我何以知道天下之规律？以此为根据。

［议论］

一个人，一个家庭，一个乡村，一个国家，无论怎样发展，都在地球空间范围之内。而天下与地球同大，天下若要扩展，就超出了地球的承受极限。空间承受不了，就挤压时间。全球化下的现代人，超越自己的时间范畴，就侵蚀了子孙后代的时间。所以，可持续发展的定义是：既满足当代人的需求，又不对后代人满足其需求的能力构成危害的发展。

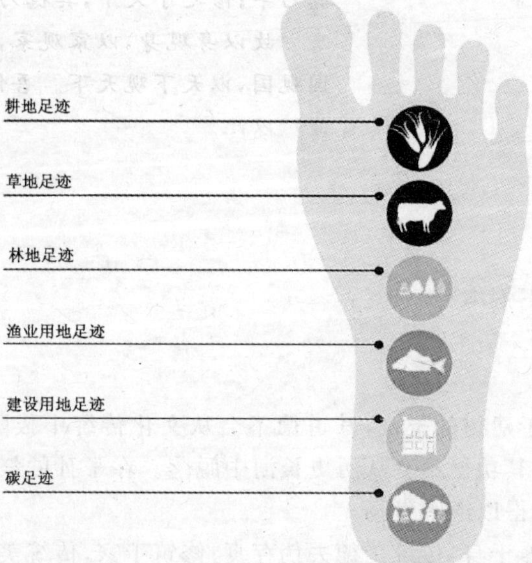

生态足迹只是一个空间指标，不足以衡量天下的时间轨迹。而天下的时间轨迹正常与否，与我们的子孙后代息息相关。我们留给子孙的足迹，与360万年前猿人留给我们的脚印（参见第四章图1），有着怎样的不同呢？

［**字源**］

子：汉典网。象形。甲骨文字形，像小儿在襁褓中，有头、身、臂膀，两足像并起来的样子。本义：婴儿。

甲骨文　　金文　　小篆　　楷体

孫：简体字为“孙”。《汉字演变五百例》326 页。字由“子”、“系”两部分构成。“系”有继承、连接义，所以“孙”就是儿子的儿子。

《甲骨文字典》1407 页。古代于先祖之祭坛上，必高悬若干绳结以纪其世系。甲骨文孫字从（参见第十、十四章字源），像绳形。父子相继为世，子之世系于父下，孫之世系于子下。此乃古代结绳遗俗之反映。

甲骨文　　金文　　小篆　　楷体

像丝绞（参见第十章图 2），是华夏先人所能做出的最长物体了。加，说明人们希望自己的后嗣，能像长长的丝线那样，连绵永续。

祭:参考汉典网。会意。甲骨文字形,左边是牲肉,左边是手。金文还在中间放置了一张祭桌。合起来表示以手持肉祭祀神灵的意思。古人杀牲,一是为自己吃,再就是常把牲肉放在祭台上。“祭”字就是有酒肉的祭祀,即牲祭。本义:祭祀。

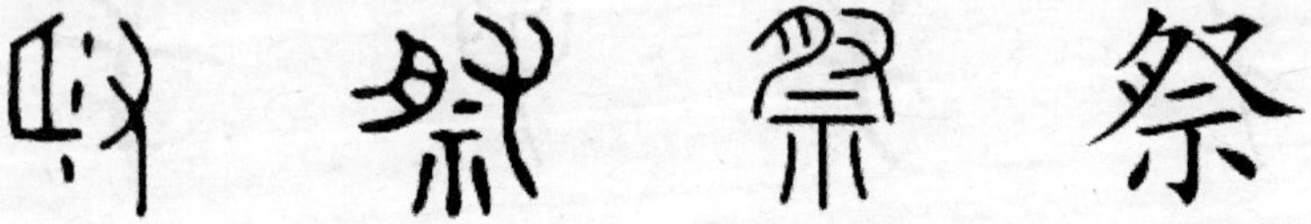

甲骨文　金文　小篆　楷体

示:汉典网。会意。“二”是古文“上”字(参见第七章字源)。金文作“T”,像祭台形。“示”是汉字的一个部首,其义多与祭祀、礼仪有关。

《甲骨文简明词典》28 页。像神祖牌位之形。

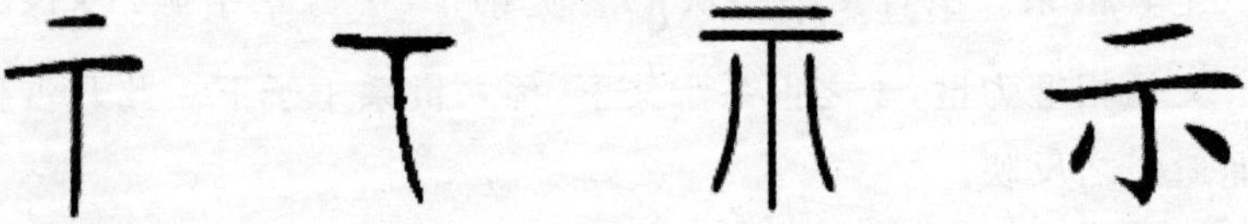

甲骨文　金文　小篆　楷体

第五十五章　赤子:童年取火

含德之厚,比于赤子。蜂虿①虺②蛇不螫③,猛兽不据,攫鸟不搏。骨弱筋柔而握固。

未知牝④牡⑤之合而全作,精之至也。终日号而不嗄⑥,和之至也。

知和曰常,知常曰明。益生曰祥,心使气曰强。物壮则老,谓之不道,不道早已。

[版本]

魏王弼本。

[注释]

①虿 chài:古书上说的蝎子一类的毒虫。

②虺 huǐ:古书上说的一种毒蛇。

③螫 shì:毒虫或毒蛇咬刺。

④牝 pìn:雌。

⑤牡 mǔ:雄。

⑥嗄 shà：嘶哑。

[解读]

符合天赋品德的厚重人生，莫过于大人类童年的钻木取火时期了。有了火，虫蛇不敢螫他，猛兽不敢占据他的山洞，鸷鸟不敢俯冲搏杀他。虽然筋骨比飞禽走兽柔弱得多，一旦掌握了火，他在生物圈中的地位就日趋巩固。

虽然不知道男女交配的前因后果，他总是全神贯注，顺应着阴阳精气的冲动。虽然终日里喊叫，恐吓驱赶动物，嗓门却从不嗄哑，承接着天人和谐的元气。

认知天人和谐，就能保持人与自然的常态。认知人与自然的常态，就能明白人生作为的极限。一旦满溢人生显露出似吉似凶的迹象，就说明他的心术太逞强了。太强壮，就会盛极而衰，走向衰老。所以，盛气凌天，逞强好胜就是不尊天道。不尊天道，大人类就会过早夭折。

[议论]

德国哲学家汉斯·萨克塞（Hans Sachsse）认为，人与自然的关系经历了四个阶段："从敌人到榜样，从榜样到对象，从对象到伙伴。"[①]当原始人为了生存每日与自然搏斗的时候，自然是竞争的敌人；当农民与自然年年打成一片的时候，自然是学习的榜样；当资本一生一世鲸吞自然资源的时候，自然是掠夺的对象。汉斯·萨克塞希望，以后的人类能够把自然当做伙伴。

两千年前的老子没有汉斯·萨克塞那样乐观。他预言，经历

---

① [德]汉斯·萨克塞（Hans Sachsse）：《生态哲学》，北京：东方出版社，1991，33页。

了原始人的“赤子”和农民的“知常”时代，擅长“心使气”的资本主义，驱使人蟄虫蛇，迫使猛兽让出栖息地，唆使人杀鸟取卵，终将导致人类社会“早已”。

人们习惯于把和自己一起活在世界上的同类当做人类，这在原始、农业时代没有什么问题。几百万年来，一个人不仅看不到古人和来者，更不能影响他们的生物性存在。而如今，生活在地球空间上的人类“物壮”，正在导致时间上的人类“早已”。当人科动物跨越世寿走向“千年”时代，人类不仅是我们活着时看到的同类，更是在我们尚未出生或者死后，已经存在和还将存在的智慧物种。如果把人类从诞生到灭亡看成“大人类”的一生，那么，一代人的一世，就像人生中的一分钟。① 当一分钟的利益与一生的利益发生冲突时，当下活在这个世界上的人类打算如何权衡呢？是播种转基因作物来填饱当下人类的肚子，还是坚持天然作物以保证大人类的健康？是建造更多的核电站来满足当下人类的消耗，还是禁止销毁一切核反应堆以确保大人类安然无恙？……

一个人常常要在收敛与放纵、消费与投资、贪食与减肥之间作出选择。由于他在有生之年就可以享受到付出后的成果，所以，只要他足够理智，选择不难作出。然而，一个个只拥有世寿的人所组成的人类，能不能将他的理智跨度从一年百年推广到千年万年呢？

---

① 如果一个人的寿命为 69 年，那么，一个人的一世就有 69×365×24×60＝36 266 400分钟。倘若把一个人的一世看成大人类的一个片段，那么，这个片段可能只相当于 69 年中的 1 分钟。按此比例，大人类的寿命为36 266 400×69＝2 502 381 600年，约 25 亿年，一个可接受的人类寿命数量级。这个数量级与汤因比的想象差不多：“如果人类容许生物圈在预期的未来 20 亿年前一直是生命的栖身之所的话，那么，与此相比，南方古猿将第一块石头打凿成形以来的 200 万年历史，只不过是弹指一挥间。”见阿诺德·约瑟夫·汤因比(Arnold Joseph Tonynbee, 1889—1975)：《人类与大地母亲》(*Mankind and Mother Earth*：*A Narrative History of the world*)，徐波、徐钧尧、龚晓庄译。上海人民出版社，1992，31 页。

人类作为一个物种，有没有可能在他的整个演化生存期里保持理智呢？当人科动物的生活方式跨越了他的寿命界限，他能否视人类为大人类呢？

［字源］

赤：《汉典网》。会意。甲骨文，从大（人）从火。人在火上，被烤得红红的。一说“大火”为赤。本义：火的颜色，即红色。

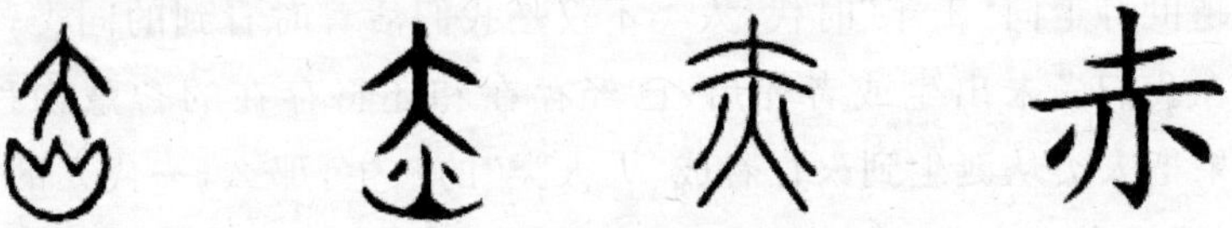

甲骨文　金文　小篆　楷体

周口店北京人。大人类的童年，赤子取火

第五十六章　文明:五光十色

知者不言,言者不知。

塞其兑,闭其门,挫其锐,解其纷,和其光,同其尘。是谓玄同。

故不可得而亲,不可得而疏;不可得而利,不可得而害;不可得而贵,不可得而贱。故为天下贵。

[版本]

以魏王弼本为基础。

将魏王弼本中的“解其分”,改为楚竹简甲本,西汉帛书甲、乙本中的“解其纷”。

[解读]

深知自然的原始人,没有留下只言片语。大言不惭的现代人,却不太知道自然。

堵塞现代人的滔滔不绝,关闭发财者的五花八门,阻挫增长率的锐利势头,消解各国间的纷扰竞争,调和诸文明的五光十色,趋同普天下的尘世规则。如此，人与自然方能和谐同处。

不可得的自然，亲密无间；不可得的万物，自当疏远。不可得的太阳，适当利用；不可得的核能，贻害无穷。不可得的冰川，滴水贵如油；不可得的污水，是人类的自轻自贱。要知道，生物圈乃是天下最为珍贵的。

［议论］

2004年12月26日印度洋海啸给人类生命财产造成了巨大的损失。相比之下，野生动物的先知先觉本领令人羡慕。当时有些游客只是正好坐在大象背上，才随着逃生的大象避开此劫[①]。由此可见，动物在某些要命之处比人聪明，人只是在另一些方面比动物聪明而已。上帝造物看来是公平的，每个物种都有自己的生存之道，每个物种的道法在总体上都是相当的。支撑道的能量气力既能保证物种的生存繁衍，又是有限的。人类在几百万年的演化中，气力渐渐地都用到精神智力上来了，并在最近几百年达到了登峰造极的地步。既然人类喜欢用科学来“科学地”言说自然，以非科学的方法体会自然的本领就退化了。除人以外的众多物种，没有科学来帮助它们认识自然，就只好靠直觉来体会自然了。由于动物是用它们的全部气力来直觉自然的，所以比人类的直觉能力要强得多。可以想象，在几百万年前，人猿一定也能像今天的野生动物那样，能够凭直觉知道海啸的来临。祖先的生存繁衍，靠的是直觉，而不是智力吧。他们不是凭直觉才从树上下到地面上的吗？难道下地是人猿根据科学预测数据所作出的科学决策？科学

① 动物有第六感，海啸前背游客逃生。http://www.1619.com.cn/pet/info.asp?newsid=32352

出自人，而人并不出自科学。

以生存为标准，每个物种的法力都是相同的，没有高低之分。在海啸面前，当今人类是“低能”的高等动物，野生动物则是“高明”的低等动物。低能＋高等，高明＋低等，两个和在总体上没有高低之分。人类偏好智力，气力大都消耗在科学上；动物偏好体力，气力大都消耗在直觉上。上帝真是公平啊，所有物种得到的气力都是不多不少。花在智力上多了，直觉就弱了；花在直觉上多了，科学就不懂了。在人还不会说话的时候，他一定与世界上所有其他不会说话的生物一样，对自然有着自己的知觉。现代人讲道理太多，反而不知道自然是怎么一回事了。

［**字源**］

光：汉典网。会意。甲骨文字形，从火，在人上。本义：光芒，光亮。

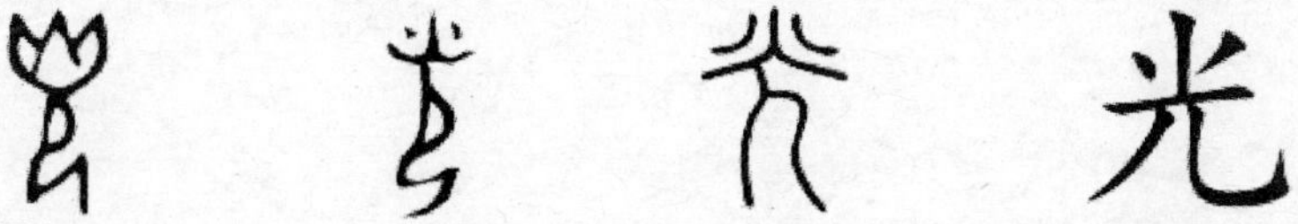

甲骨文　金文　小篆　楷体

北京人高举火把，烧了几十万年，在公元前6世纪迸发出哲理的光芒。几乎在此同时，相隔千山万水的希腊人、印度人，头上也散发出思想的光辉。轴心时代所提出的问题，至今仍然考问着自以为聪明的现代人。当现代文明陷入困境之时，我们不禁要问，人类的智慧之光还能照耀多久？

苏格拉底：希腊文明之光；老子：中国文明之光；释迦牟尼：印度文明之光。轴心时代①的先哲们对世界的开拓性诠释，影响至今。这些思想光辉之所以在世界不同的地方几乎同时产生，很可能源于一个共同的原因：每个文明所依赖的时间单位当年都正经历着第一次骤然膨胀，由“日”到“年”。现代文明所依赖的时间单位也正经历着骤然膨胀，由“世”到“千年”，第一次超过人的尺度

① 在公元前6世纪前后，以老子、孔子为代表的思想启蒙奠定了中华文明的基础，以释迦牟尼为代表的思想启蒙奠定了印度文明的基础，以苏格拉底、柏拉图为代表的思想启蒙奠定了希腊文明的基础。这个先哲辈出的几百年，被德国哲学家卡尔·雅斯贝尔斯称之为轴心时代。

第五十七章　人多伎巧，奇物滋起

以正治国，以奇用兵，以无事取天下。吾何以知其然哉？以此：

天下多忌讳，而民弥贫。民多利器，国家滋昏。人多伎巧，奇物滋起。法令滋彰，盗贼多有。

故圣人云：我无为而民自化，我好静而民自正，我无事而民自富，我无欲而民自朴。

［版本］

魏王弼本。

［解读］

以正常的手段治国，以非常的手段用兵。然而，正常和非常的手段都不用，才能取得天下太平。我何以知其然？根据以下可知其所以然：

天下的规则禁忌愈多，民众就愈贫穷。民间的锐利武器愈多，国家政治就愈昏乱。人们掌握的奇巧淫技愈多，怪事就发生得愈多。法令愈是烦琐苛刻，逼民为盗就愈多。

所以，圣明的人说：我不要手段，民众自然会自我教化。我不争论，民众自然会一步一个脚印走正道。我不折腾，民众自然就富起来了。我无贪欲野心，人民自然淳朴。

［**字源**］

正：汉典网。指事。甲骨文字形，上面的符号表示方向、目标，下面是足（止），意思是向这个方位或目标不偏不斜地走去。本义：不偏斜，平正。

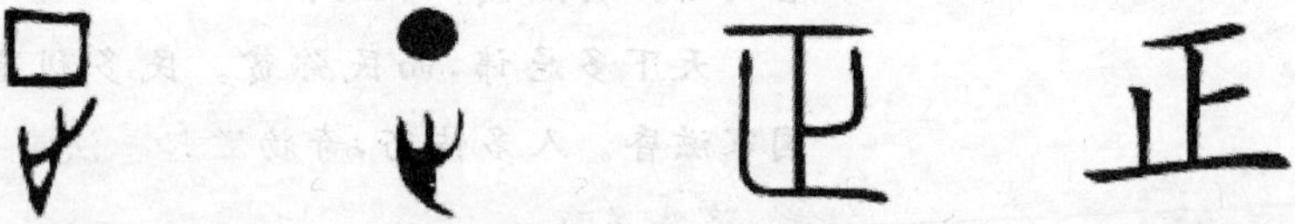

甲骨文　　金文　　小篆　　楷体

一个简简单单的正字，来源于一和止的组合。一从甲骨文的口演化而来，表示正确的方向。止（参见第四章字源）表示脚步，步伐，足迹。正的意思是，方向始终如“一”，步伐坚定，一步一个，一直走下去。

科技解构了几乎所有的传统信仰，自己反而失去了目标，导致现代人的脚步杂乱无章。

富：《汉字演变五百例续编》103页。在一所房屋里有酒器，说明生活富足。

甲骨文　　金文　　小篆　　楷体

粮食富足，方会酿酒。宀藏有畐为富，是一种典型的农业社会思维方式，也说明农业社会的人是很容易知足的。

［**议论**］

有人收购牛奶，就有人往牛奶里掺水。有人用仪器检测牛奶中是否掺水，就有人往牛奶里掺三聚氰胺。……道高一尺，魔高一丈。真与伪的智慧，孰高孰低？人喝牛奶有一万年了吧。现代检测手段是保证了牛奶的蛋白质含量，还是激活了奇巧淫技的智慧？

今天，为什么越来越多的人不愿意走正道来获得财富呢？

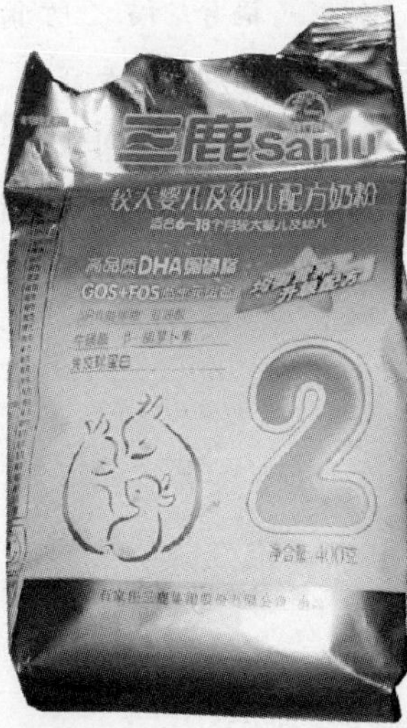

人多伎巧，奇物滋起。2008年9月11日，石家庄三鹿集团股份有限公司发布产品召回声明称，经公司自检发现2008年8月6日前出厂的部分批次三鹿牌婴幼儿奶粉受到三聚氰胺的污染，市场上大约有700吨。卫生部专家指出，三聚氰胺是一种化工原料，可导致人体泌尿系统产生结石

第五十八章　福兮，祸之所伏

其政闷闷，其民淳淳。其政察察，其民缺缺。

祸兮，福之所倚。福兮，祸之所伏。孰知其极，其无正。正复为奇，善复为妖。人之迷，其日固久。

是以圣人方而不割，廉而不刿①，直而不肆，光而不耀。

［版本］

魏王弼本。

［注释］

①刿 guì：本义指刺伤，划伤。

［解读］

有些默默无闻的国家，施政起来闷声闷气，政绩平平，然而其治理下的国度，民心淳厚，民风淳朴，民众的幸福指数甚高。有些政府，天下每一个角落的局势都能明察秋毫，天下每一分钱都在其监察之下，然而它的民众，总是缺乏安全感，缺少现金。

环境灾难的祸端，发源于现代人对物质幸福的无止境追求。自以为是的造福，正潜伏着巨大的灾祸。若要追究祸与福的终极定义，恐怕没有一个正统的解释。因为正统解释常常会演绎成奇谈怪论，尽善尽美的说教常常会蜕变成妖言惑众的邪教。人们对此感到迷惑，已经有着很久的日子了。

所以，圣明的人行事有方而不分割自然，锐意进取而不刺杀生物，直爽率性而不肆意妄为，光明磊落而不自我炫耀。

［**字源**］

福：《甲骨文字典》14 页。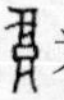为有流之酒器，其形多有讹变，金文讹为。甲骨文福字像以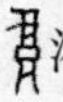灌酒与神前之形。古人以酒象征生活之丰富完备，故灌酒于神为抱神之福或求福之祭。

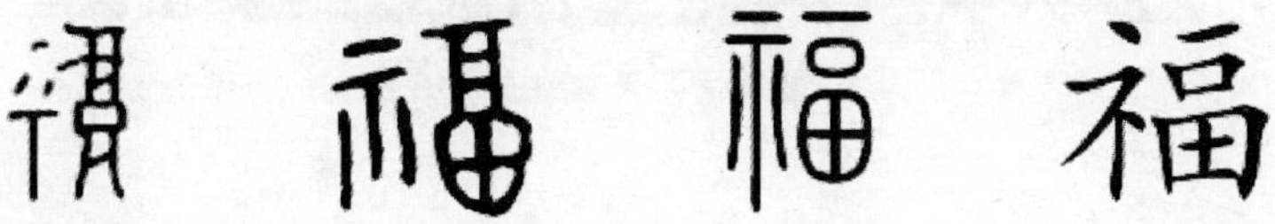

甲骨文　　金文　　小篆　　楷体

［**议论**］

今天，中流出的酒不单灌入人们的口中，还要灌入人们的汽车。越来越多的美国玉米用来酿制生物燃料，越来越多的非洲人就会挨饿。用酒精、生物柴油替代石油，是环保的福音，还是穷人的灾难？

在过去漫长的岁月里，人类只会利用畜力、风力、水力等自然力来创造财富。二百多年前开启的动力革命，将储藏了千万年的太阳能开发出来。煤炭、石油、天然气的恣意滥用，加速了财富的创造，也加速了垃圾的弥漫。

瓦特蒸汽机模型。今天，源源流入内燃机的是什么？动力革命是福还是祸？

瓦努阿图、不丹这些使用石油并不多的国家，为什么人民的幸福指数却很高呢？这恐怕是因为：

粮食产量提高一倍，人们的胃口就增加了十倍。

交通速度提高十倍，人们的出行就增加了百倍。

电脑速度提高百倍，人们的事务就增加了千倍。

财富聚集提高千倍，人们的烦恼就增加了万倍。

第五十九章　啬：文明根基

治人事天，莫若啬。夫唯啬，是谓早服。早服谓之重积德。重积德则无不克，无不克则莫知其极。莫知其极，可以有国。有国之母，可以长久。

是谓深根固柢①，长生久视之道。

［版本］

魏王弼本。

［注释］

①柢 dǐ：树根，根柢。

［解读］

治理百姓，侍奉天道，最要紧的就是遵循农时，辛勤耕作，收获谷物，颗粒归仓。只要粮草充足，最基本的事情就早早地准备服帖了。粮草早备，表明施政倚重积蓄的品德。倚重积蓄的品德，就没有什么困难不能攻克。攻无不克者，他人无法知晓其力量的极限。他人摸不清你的力量到底有多大，你就可以建立国家了。有了国家的护佑，文明就可以长久。

所以，文明的根深蒂固、长治久安，在于粮食。

［**字源**］

嗇 sè：简体字为“啬”。汉典网。会意。甲骨文字形，像粮食收入谷仓形。小篆从來从㐭，“來”是小麦，“㐭”(lǐng)是仓库。本义：收获谷物。

《甲骨文简明词典》275页。从來从㐭，表示粮食成熟而收藏起来，有收获之意，为会意字。

参考《甲骨文字典》611页。甲骨文字体一：从來从㐭。甲骨文字体二：，从从㐭，像藏禾麦于㐭之形。甲骨文字体三：，从从田，会田禾成熟可收嗇之意。

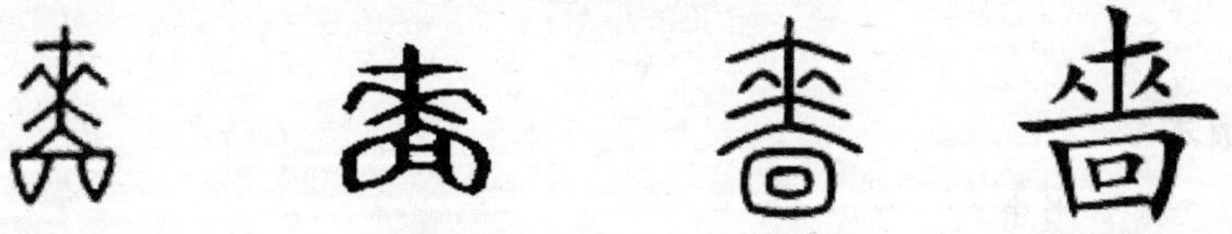

甲骨文　　金文　　小篆　　楷体

嗇的金文图形，禾麦、粮仓亦很明显。

來：简体字为“来”。《汉典网》。象形。甲骨文字形。像麦子形。本义：麦。

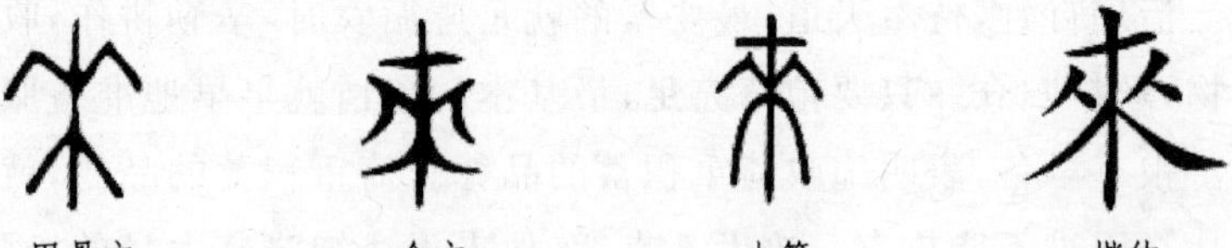

甲骨文　　金文　　小篆　　楷体

在一万年前，当别人每日劳动均有收获的时候，有些民族凭着对时间单位的信仰，在田地里埋下了种子。即使当天得不到回报，他们仍然天天辛勤耕作。可以想象，他们最盼望的，是收获的到。

啬，像粮食收入谷仓。这个世界所吝惜的啬，其实就是粮草

[议论]

，特别是和，与第三十章字源，有着一个共同的元素：。一个“啬”字，或许可以揭示中华文明延续五千年的奥秘：粮食的生产和积蓄。勤劳智慧的中国农民，精耕细作，单位面积耕田所能养活的人口，在世界上一直名列前茅。今天，中国以不足世界10%的耕地，养活了占世界21%的人口。中国粮食的库存消费比接近40%，远高于国际公认的17%至18%的警戒线。中国人的“啬”传统，延续至今。

粮食生产一直制约着人类文明的发展。今天，它仍然是可持续发展的头号难题。所谓能源危机，说到底也还是粮食问题。为了开发可再生能源和减少碳排放，美国正把越来越多的粮食转换成生物能源。转换得越多，世界粮价就越高。世界粮价越高，非洲的饥民就越多。

所谓生物多样性锐减，就是因为太多的耕地占据了众多生物的栖息地。所谓生态足迹赤字，就是生物圈在每多承受一个人的时候，显得愈来愈吝啬了。这个世界所吝惜的啬，其实就是粮草。

第六十章　烹小鲜，若治大国

治大国，若烹小鲜。

以道莅①天下，其鬼不神。非其鬼不神，其神不伤人。非其神不伤人，圣人亦不伤人。夫两不相伤，故德交归焉。

［版本］

魏王弼本。

［注释］

①莅 lì：治理，统治，管理。

［解读］

治理大国，如同烹煎小鱼。

以天道治理天下，所有天灾人祸就无法神通广大。并非鬼斧无神工，而是天道神祇（qí）不伤人。并非鬼神不伤人，而是遵循天道的统治者不装神弄鬼、大动干戈、劳民伤财。人道与天道互不伤害，天赋品德就会回归人心。

［议论］

从前，一户人家杀鸡宰猪、钓鱼射燕、挑水砍柴、拉屎撒尿、生儿育女……只是这家人的普通事家务事，与整个国家、偌大的地球没有多大干系。今天，每个人的一名一姓、一饭一菜、一鱼一肉、一屎一尿、一衣一裤、一房一厅、一出一进、一病一药、一生一死……都被现代化整合成了复杂事天下事，与整个国家、偌大的地球息息相关。在全球化的今天，每事每物的每时每刻，都在芸芸众生的生命中沉淀了不可承受之轻。

人道与天道的冲突，已经到了最危险的时候。

今天，每个普通人的普通事，都与治国平天下的大事息息相关

［字源］

國：简体字为“国”。《古代汉语字典》272 页。國来自或。周朝时，或被借用作代词，于是在“或”外又加义符口，成为國。

甲骨文　　金文　　小篆　　楷体

与相比，更强调国家的边界。其实，不仅国家有边界，整个天下也是有边界的。当人道膨胀到国家和天下的边界时，每一件小事都会伤及国事天下事。烹小鲜，若治大国。

或：《古代汉语字典》327 页。会意字，由口、一和戈三部分组成。口表示城，一表示疆界，戈表示保卫，三部分合起来表示士兵手拿武器守卫的国土。或的本义指邦国或疆域。

汉典网。会意。甲骨文字形从口（像城形），从戈（以戈守之）。表示以戈卫国。本义：国家。

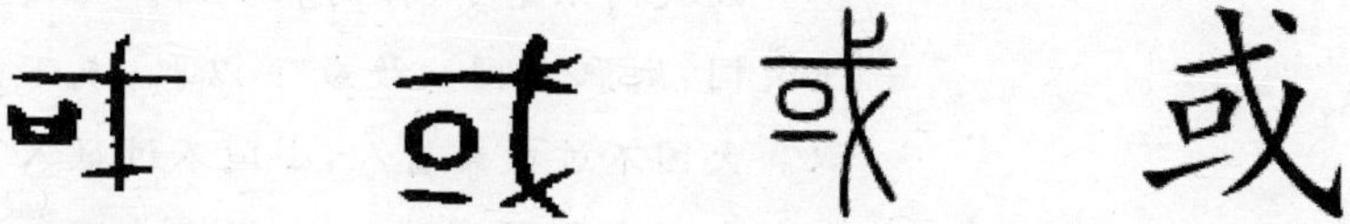

甲骨文　　金文　　小篆　　楷体

第六十一章　大小：各取所需

大国者下流。天下之交，天下之牝。牝常以静胜牡，以静为下。

故大国以下小国，则取小国。小国以下大国，则取大国。故或下以取，或下而取。大国不过欲兼畜人，小国不过欲入事人。夫两者各得其所欲，大者宜为下。

［版本］

魏王弼本。

［解读］

江河越往下流，越是宽大。姿态越是谦下，越像大国。天下各国的交往，决定着天下各国的繁衍生息。繁衍兴旺的国家常常以清静无为克服雄心勃勃，文明延续的秘诀在于保持清静的谦下姿态。

大国以谦下的姿态与小国交往，就可以争取小国的归附。小国以谦下的姿态与大国相处，就可能获取大国的援助。所以，或是谦下以争取扩张，或是谦下而获取援助。大国不过是想扩大势力范围，小国不过是想背靠大树好乘凉。欲两全其美，各自如愿，关键是大国的姿态要谦下。

［**议论**］

老子身后的中华帝国朝贡体系，实现了他老人家“大国不过欲兼畜人，小国不过欲入事人”的构想。到了15世纪上半叶，中华帝国将“大国以下小国”的外交政策发挥到了淋漓尽致的程度。庞大的郑和船队途经各国，宣扬天朝国威，赏赐散财，却没有侵占任何一个小国，表现了一个超级大国的谦下姿态：虽有称霸之术，却无称霸之心。

大国以下小国。1405—1433年，郑和率大明船队七下西洋，人数最多的一次达27000人。这张明朝所绘制的航海图显示，郑和船队远达伊朗

2009年，全球军费支出达13355亿美元[①]，与整个大洋洲的GDP[②]相当。如果今天世界上的大国小国都能接受老子的构想，和平将成为常态。由此节省下来的军费开支将大大减少军工生产对自然资源的消耗，从而减轻人类文明对生物圈的压力。

---

① http://www.china.com.cn/military/txt/2011—05/16/content_22572703.htm

② 2010年，大洋洲的GDP为13912亿美元。http://wenku.baidu.com/view/73dddc8783d049649b6658cb.html

［字源］

取：汉典网。会意。从又，从耳。甲骨文字形。左边是耳朵，右边是手（又），合起来表示用手割耳朵。古代作战，以割取敌人尸体首级或左耳以计数献功。本义：（捕获到野兽或战俘时）割下左耳。

甲骨文　　金文　　小篆　　楷体

如果世界上的大国和小国，都能用老子的"取"来取代的本义，那么世界各国就可以"各得其所欲"。

参见第四十九章字源：耳。

又：汉典网。象形。甲骨文字形，像右手形。从"又"的字多与手的动作有关。本义：右手。

甲骨文　　金文　　小篆　　楷体

第六十二章　欲贵：变本加厉

道者，万物之奥，善人之宝，不善人之所保。

美言可以市，尊行可以加人。人之不善，何弃之有？故立天子，置三公，虽有拱璧以先驷马，不如坐进此道。

古之所以贵此道者何？不曰以求得，有罪以免邪？故为天下贵。

［版本］

魏王弼本。

［解读］

天道是万物存在的奥妙所在。善于理解天道的人，将其当做法宝。不懂天道的人，将其当做保障。

赞美天道的言辞，他拿来交易富贵。尊崇天道的行为，他用来强加于人。可见不懂天道的人，何曾舍弃过天道的好处呢？每当天子即位、大封功臣之时，那些忙着敬献美玉宝马的人，不如他的一句话：得天道者得天下。

古往今来，精通此道者何其多也。不过是应验了那句话：求官可以得，有罪可以免。所以，天底下就属这号人显贵。

［字源］

加：汉典网。会意。从力，从口。本义：添枝加叶说假话、虚报。

《古代汉语字典》348 页。加是会意字，由表示有力的力和表示言语的口两部分组成，合起来表示能够震撼人或伤害人的言语。加的本义指污蔑的、不实的话。

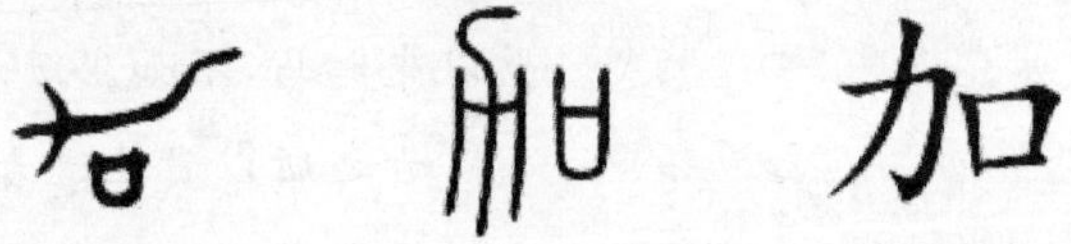

金文　　小篆　　楷体

“加”字的重点落在“口”，而不是“力”上，有点出乎意料。

参见第四十一章字源：力。

［议论］

加原来是个贬义字。成语“欲加之罪，何患无辞”中的加，很能体现加的本义：言辞是可以用来强加于人的。

杭州岳飞庙中的秦桧夫妇跪像。秦桧以莫须有的罪名陷害岳飞。其“欲加之罪，何患无辞”的恶劣行径，遭到世人唾弃

同理，如果按照加的本义来理解成语“变本加厉”，那么，“变本”就是改变了天道的根本，“加厉”就是说假话套话厉害。

第六十三章　事：多易必多难

为无为，事无事，味无味。

大小多少，报怨以德。图难于其易，为大于其细。天下难事，必作于易。天下大事，必作于细。是以圣人终不为大，故能成其大。

夫轻诺必寡信，多易必多难。是以圣人犹难之，故终无难矣。

［版本］

魏王弼本。

［解读］

人的作为，应当对自然无所作为。人的事业，应该对环境无所事事。人的品位，应当对财富索然无味。

大事由小事组成，多事由少事聚集，怨恨由美德消解。解决困难，从它的容易处着手。成就大事，从它的细微处入手。这是因为，天下难事，都起源于易事；天下大事，都起源于小事。所以，圣明的人看起来从不做大事，却能够成就大事。

轻易的承诺，必定会失信。看上去愈容易的事，其实愈难做成。圣明的人总是把事情看得很难，所以最终能够克服困难。

［字源］

事：《甲骨文简明词典》219页。释为史，释为事均可。像手持，表示某一种器物，当为史或事之本义。这种器物可以树立。从卜辞来看，事这种器物一树立，即可聚集众人。卜辞时代，事的词义已经逐步抽象、概括，由指称具体之器物虚化为指称某一类事。后来，由于用各有当，史和事方分而为二。

甲骨文

金文

小篆

楷体

的图象结构表明，人手把控是"事"的基本属性。所以，事专属于人，不属于万物。万物中有动物植物，却没有事物。

［议论］

有了汽车，交通易了，停车难了。

有了手机，通信易了，沟通难了。

有了空调，舒服易了，健康难了。

有了遥控，选择易了，选定难了。

有了电脑，计算易了，思考难了。

有了键盘，输入易了，写字难了。

有了数码，拍照易了，整理难了。

有了网络，信息易了，信念难了。

这种器物一树立，即可聚集众人

有了大坝，发电易了，江河难了。
有了农药，庄稼易了，野草难了。
有了石油，动力易了，减碳难了。
有了工厂，生产易了，生态难了。

有了科技，增长易了，和谐难了。
有了金钱，消费易了，降解难了。
有了财富，现代易了，后代难了。
有了智慧，人类易了，万物难了。

第六十四章　学:始于爻变

其安易持,其未兆易谋。其脆易泮,其微易散。为之于未有,治之于未乱。

合抱之木,生于毫末;九层之台,起于累土;千里之行,始于足下。

为者败之,执者失之。是以圣人无为,故无败;无执,故无失。

民之从事,常于几成而败之。慎终如始,则无败事。

是以圣人欲不欲,不贵难得之货。学不学,复众人之所过。以辅万物之自然,而不敢为。

[版本]

魏王弼本。

[解读]

局面安定的时候容易把持,乱象未起的时候容易谋划。脆弱的事物容易化解,细微的事物容易消散。准备工作要做在事情发生之前，治理工作要做在混乱出现之先。

合抱粗的大树，生于一棵小萌芽。九层高的楼台，起于第一筐泥土。千里远的行程，始于脚下第一步。

有作为，就会有失败。有把持，就会有丧失。圣明的人无所作为，也就不会有失败；无所把持，也就不会有丧失。

民众做事，常常是在几乎要成功的当口而失败。愈是到了快要成功的最后关头，愈是要谨慎如初，才能避免功败垂成。

所以，圣人欲达到的状态，是不存欲念；世上的难得财货，他不稀罕。圣人学习的，是别人不屑学的；他经常复习的，是众人的自负过失。依附着万物的自然而然，他不敢有所作为。

［字源］

學：简体字为“学”。《甲骨文简明词典》367 页。从卜辞内容来看，商代的有教的意义。

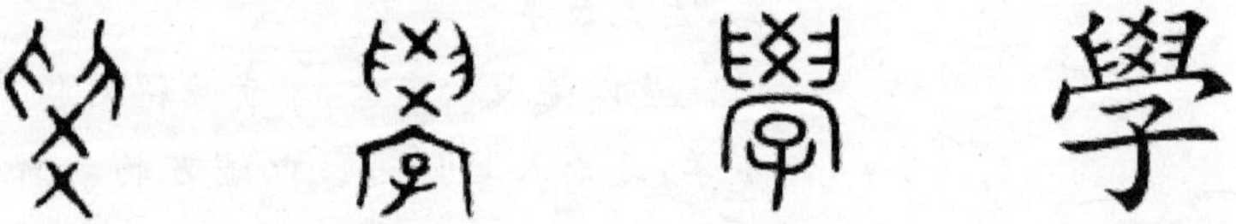

甲骨文　　金文　　小篆　　楷体

远古，伏羲氏画先天八卦。殷商末年，周文王被囚禁期间，根据伏羲氏的先天八卦，演绎出了后天八卦，并推演出六十四卦，从而形成了《易经》。甲骨文像双手在摆弄爻。金文则进一步表现出了校舍和学童。

爻 yáo：汉典网。象形。本义：组成八卦的长短横道。卦的变化取决于爻的变化，故爻表示交错和变动的意义。

甲骨文

金文

小篆

楷体

爻是卦的组成符号。一个长道“—”代表阳，为阳爻，相当于二进制中的1；两个短道“－－”代表阴，为阴爻，相当于二进制中的0。阴阳演绎，组成八卦。01演算，形成电算。由此可见，中的，延续至今，仍是学习的主要内容

五：参考《甲骨文简明词典》254页。甲骨文通常写作，偶尔也写作。从现有的考古材料来看，先是写作，然后才变写为。

甲骨文　　金文　　小篆　　楷体

［议论］

《甲骨文简明词典》认为，从卜辞内容来看，商代的𦥯有教的意义。教的甲骨文为教（参见第四十三章字源），两个字的共同点在于爻。可见老师教的和学生学的都与爻密切相关。

今天，在香港的乡村集市上，偶尔还会看到用㐅表示数字五的商品价格牌。所以，爻也可能是两个五，可教小孩用十个手指头做算术。如果说，爻所组成的易经八卦代表了最初的语文，那么，两个五所构成的爻就代表了最初的算术。

㐅也很像英文字母 X。在代数中，X 特指有待求解的未知数。这个约定推广到其他学科，就在习惯上把 X 当做有待探求的知识。所以，说英语的孩子如果看到教，应该很容易理解那个爻的含义：一个 X 是算术，另一个 X 是语文吧。教中的老师手持教鞭，对着学童，或在讲授算术，或在督促作文，好一幅有教有學的生动场景。

学习知识，是人类的天性。可是，今天的学习，似乎有点变味。在简体字“学”中，除了学生还在学校里，學习的内涵𦥯，已经被水货”取代了。怪不得学生抱怨，学不到东西；学校抱怨，学生不爱学习。学习，学生，学校，究竟哪儿出了错？学什么？怎么学？为什么学？在知识爆炸的今天，我们仍要面对古人曾经面对的问题。

第六十五章　明智，不如愚钝

古之善为道者，非以明民，将以愚之。民之难治，以其智多。故以智治国，国之贼；不以智治国，国之福。

知此两者，亦稽式①。常知稽式，是谓玄德。玄德深矣、远矣，与物反矣，然后乃至大顺。

［版本］

魏王弼本。

［注释］

①稽式：楷式，法式，准则。

［解读］

古时候，善于遵循天道的人，不去开发民众的聪明才智，而是要求民众保持愚钝的本色。

民众之所以难以治理，就是因为其智谋太多了。所以，提倡以智谋为治国之本的，国之祸贼。反对以智谋为治国之本的，国之福星。

知晓这两种治国方法的利弊,也就认识了治国的规律。把治国规律牢记在心,天之道与人之德就可以相辅相成。天人合一的道德意义深邃,目标远大,与追求物欲的智谋截然相反,它把顺其自然作为人类社会的理想境界。

［议论］

万物生长遵循天之道,并不听命于人之道。现代人,特别是现代城市里的人正好相反,每个人的衣食住行与人际关系的规则密切相关,与天道自然却不直接相关。例如,当一个人登上高速列车,表明他(她)对人类社会所搭建的规则网充满信心。高速列车的运行,要依靠多少人的工作,而他们又要依据多少规则啊。安全便捷直接依赖于社会成员之间的关系,以及调节人际关系的规则、行业标准、法律……所有这些东西都是人为的、精神的产物,它们的目标指向都是:明智。

中国高速列车和谐号,依赖人类社会所搭建的规则网。2011 年 7 月 23 日 20 点 31 分,两辆动车在温州双屿路段下岙路发生追尾

前现代社会与此有很大的不同。狩猎采集、农耕畜养的生活方式，直接依赖的是森林、土地、下雨等自然状态。那时的人与动物一样，是靠天吃饭的。靠天吃饭反映了人科动物的动物性。而家庭、氏族等人际关系，则是人们的主要精神寄托，反映了人科动物的人性。

在现代城市里，电能、电讯、电脑、交通、医院……的生活方式，让人们觉得规则是生存的主要依靠。发电输电、互联网、汽车飞机、吃药打针、汇率利息、法律规章等所涉及的庞大规则体系，与每一个人的生存状况密切相关。靠规则吃饭反映了人科动物的人性。而领略自然风光，则成为人们的主要精神寄托，反映了人科动物的动物性。

人科动物的人性与动物性

	生活方式	个体生存依赖	个体精神寄托	个体与自然
前现代	狩猎采集 农耕畜养	人与自然关系 （森林土地） 动物性	人际关系 （家庭氏族社会） 人性	直接关系
现代	机器资本 规则法律	人际关系 （规则法律社会） 人性	自然风光 （行山旅游） 动物性	间接关系

由于每个现代人的人际关系成为其生存状况的关键，所以，他下意识地疏远了与自然的关系。回归自然，只是他从人际关系社会中挣到钱后，慰劳一下他的动物性而已。爱护自然，居然成了现代人的觉悟。而愚钝的古人，其实早就自然了。

［字源］

明：汉典网。会意。甲骨文以“日、月”发光表示明亮。本义：明亮，清晰明亮。

甲骨文

楷体

参见第二十三章字源：日、月。

順：简体字为“顺”。《古代汉语字典》743 页。会意字。由表示头的頁和表示毛发的川两部分组成。合起来指头发。顺的本义指梳理头发。

甲骨文

金文

小篆

楷体

人的头脑与山川大地和谐相处，为大順。

頁：简体字为“页”。参考汉典网。象形。甲骨文字形。上面是“首”，下面是“人”，头的本字。本义：人头。

参考《甲骨文字典》991 页。像人之头及身、头上有发之形。以人身映衬头部特点，表示人之头颅，故与省略身形之字实同。

甲骨文

小篆

楷体

参见第二十五章字源：首。

第六十六章　不争，莫能与之争

江海所以能为百谷王者，以其善下之，故能为百谷王。

是以欲上民，必以言下之；欲先民，必以身后之。是以圣人处上而民不重，处前而民不害，是以天下乐推而不厌。以其不争，故天下莫能与之争。

［版本］

魏王弼本。

［解读］

大江大海之所以能成为百川的归宿，在于其海拔愈来愈低下。百溪汇成川，百川汇江海，所以大江大海是百川之王。

因此，欲统治人民，必下问人民的意愿；欲领导人民，必置身于人民利益之后。圣明的人身居高位，而人民不感到重负；目标前瞻，而人民不感到危害。天下百姓都乐于推举他，从不厌烦。由于他不与人争，所以天下没人能与他争。

［议论］

图 1　(明)王仲玉“陶渊明像”。陶渊明(376—427),以其不争,故天下莫能与之争

［字源］

爭:简体字为“争”。参照汉典网。会意。甲骨文字形,上为爪,下为手,中间表示某一物体,像两人争一样东西。本义:争夺。

甲骨文

小篆

楷体

篆体字形所表现的争意似乎更加明显:上为爪,下为手

，所争物体为 。由此可见，繁体字“爭”很好地继承了甲骨文、篆体所表达的争意。特别是从篆体到楷体爭，内容与形式的传承近乎完美。在“爭”字中，爪、手、物三项元素一个都不少，而简体字“争”，则是得不偿失，没有得到多少简化，却在很大程度上丧失了争字的珍贵会意。

图 2　拔河。左边的和右边的，紧握 ，奋力竞

第六十七章　慈:宝中宝

天下皆谓我道大,似不肖。夫唯大,故似不肖。若肖,久矣。

其细也夫,我有三宝,持而保之。一曰慈,二曰俭,三曰不敢为天下先。慈,故能勇;俭,故能广;不敢为天下先,故能成器长。

今舍慈且勇,舍俭且广,舍后且先,死矣。

夫慈,以战则胜,以守则固。天将救之,以慈卫之。

[版本]

魏王弼本。

[解读]

天下人都说,我讲的天道太宏大、太宽泛了,似乎不像那么一回事。其实,正是因为天道的宏大宽泛,它才不像任何一件事物。若它像某一件具体的事物,那早就是那件事物了。

如果一定要详细地阐述天道,我可以说,天道有三个法宝,持久地保存在天地之间。第一是慈爱后代,第二是耗费从俭,第三是不敢为天下先。对后代的慈爱，激励生物英勇顽强。个体耗费资源从俭，使得种群广布天下。没有一个物种敢在生物圈中领先称王，万物并育而不相害，故每个物种都能积厚成器，茁壮成长。

如今有一个物种，不惜危害后代也要勇猛赚钱，消耗靡费且广布大地，舍弃退路而领先于天下万物。看来他是死定了。

只有慈爱后代的物种，竞争才能获胜，退守才能坚固。天道若要拯救一个物种，保持它的慈爱就可以了。

［**议论**］

2011 年 3 月，台湾卫生署食品药物管理局的一名 52 岁普通检测员，在给某公司益生菌做例行稽查检测时，意外发现该益生菌食品中的塑化剂含量，超标 583 倍。截止 2011 年 7 月 29 日，台湾地区已发现 317 家厂商所生产的 878 种产品受到塑化剂污染。[①]舍慈且勇，已经登峰造极。

根据百度百科的解释，塑化剂可能引起男性内分泌紊乱，导致精子数量减少、生殖能力下降等。儿童比成人更易受到伤害。特别是尚在母亲体内的男性婴儿通过孕妇血液摄入塑化剂，产生的危害更大。有研究表明，孕妇血液中的塑化剂浓度越高，产下的男婴有越高的风险发生阴茎变细、肛门与生殖器距离变短、睾丸下降不全等症状。[②]

媒体报道，台湾食品业使用塑化剂已近 30 年。在这个全球化的时代，塑化剂食品的影响范围已经远远超出台湾的范围。香港、大陆、菲律宾、马来西亚、美国等国家和地区，纷纷采取措施，严防塑化剂食品危害居民健康。

---

① http://jckspaqj.aqsiq.gov.cn/rdgz/201106/t20110603_186489.htm

② http://baike.baidu.com/view/1651080.htm

［字源］

寶:简体字为“宝”。汉典网。甲骨文字形,像房子里有贝和玉,表示家里藏有珍宝。会意。在西周金文里,又加上一个声符“缶”。本义:珍宝。

甲骨文　　金文　　小篆　　楷体

图1　良渚文化时期(BC3300－BC2200)的九节琮(cóng),与甲骨文中的象形。琮的本义:瑞玉。琮中的直通空心圆柱,在中有明显的表现。该琮身的齿状饰达九节之多,简化为五节

金文、小篆、繁体字的寶字用了三件宝来表示宝：代表钱财的“貝”，代表文化的“缶”，和两者兼之的“玉”。由于玉既是财富的象征，又具有文化品位，故兼有“貝”与“缶“的含义。由此可见，“宝”是一个比较成功的简体字。

参见第三章字源：貝。

参见第二十二章字源：称王为玉。

缶 fǒu：《汉字演变五百例》86 页。字形是一个盛液体的瓦器的样子，上部是盖子，下部是容器。“缶”又是一种古乐器。

甲骨文　　金文　　小篆　　楷体

图 2 （春秋）蟠虺(huǐ)纹铜缶

在缶的三个古体字中，小篆像有盖的容器；金文像打击乐器，；甲骨文两者兼之。既像容器，也像鼓；既像盖子，也像系有两条飘带的鼓棰。

图3　北京奥运鼓，原型为战国早期的曾侯乙铜鉴缶

第六十八章　配：韬光养晦

善为士者不武，善战者不怒，善胜敌者不与，善用人者为之下。

是谓不争之德。是谓用人之力，是谓配天，古之极。

［版本］

魏王弼本。

［解读］

善为勇士者，不诉诸武力。善于征战者，不轻易动怒。善于胜敌者，不与其格斗。善于用人者，礼贤下士。

这就是不争强、不争雄、不争斗、不争论的品德。谋事在人，成事在天，自古以来就是这个道理。

［字源］

配：《汉字演变五百例》244 页。一个人跪坐在酒坛旁边，正在调配酒料。字的本义是配酒。

汉典网。本义:用不同的酒配制而成的颜色。

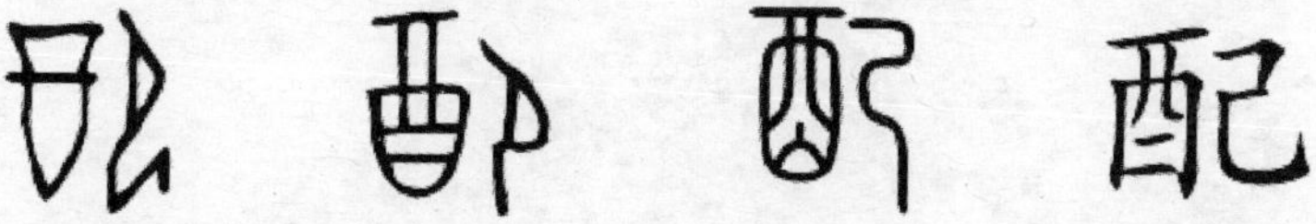

甲骨文　　金文　　小篆　　楷体

参见第十五章字源:猶、酉,第五十一章字源:尊,第五十七章字源:富。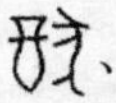、、、与的共同之处在于。

参见第三十五章字源:即。左边有一个放在平底座上的食器,与中的尖底酒坛有着明显的区别。

[议论]

“配”字的本义说明,五千前的中国人就擅长调酒。鸡尾酒的发明权,应该属于中国人。当今世界上,中国是否还是一个出色的调酒师?联合国安理会决议,通常是一杯由白、黄、黑、红、绿等各种颜色的酒所配成的鸡尾酒,五味杂陈。

一个人,一群人,一个国家,之所以采取“不武、不怒、不与”的政策,在于“武、怒、与”并不一定能成事。成事光靠人之力不够,要与天时、地利、人和相配合,才能达到目的。

20 世纪 80 年代末以后，中国的外交政策可以概括为：冷静观察，稳住阵脚，沉着应付，韬光养晦，善于守拙，绝不当头，有所作为

第六十九章　执无兵，温兵器

用兵有言，吾不敢为主而为客，不敢进寸而退尺。是谓行无行，攘无臂，扔无敌，执无兵。

祸莫大于轻敌，轻敌几丧吾宝。故抗兵相若，哀者胜矣。

［版本］

以魏王弼本为基础。

将魏王弼本中的“相加”，改为西汉帛书甲、乙中的“相若”。

［解读］

运用这种兵器的人说，与其战场上为主，不如广场上为客；与其阵地上前进一寸，不如大地上后退万尺。在这个兵器时代，行动，无行军；挥刀，无臂膀；扔弹，无敌军；执掌，无兵器。

最大的祸根莫过于轻敌，轻敌几乎丧失了制胜法宝。所以，两军相抗，往往是哀怨的一方获胜。

［字源］

兵：《汉字演变五百例》17 页。兵的本义是武器。字的上部是

“斤”字，就是一把斧状的武器；下部是两只握武器的手。

甲骨文　　金文　　楷体

一个普通人，左右手紧握武器，就成了一个兵。

兵的本义是武器，武器就是兵器。按照这个解释，兵器的重心不在于兵，而在于器。这个器，就是斤。

斤：《汉典网》。象形。甲骨文字形，上面是横刃，下为曲柄，像斧斤形。本义：斧子一类的工具。

甲骨文　　金文　　楷体

斤是冷兵器。其实，执掌冷兵器的兵，武功还是很重要的。

热兵器时代，武器愈来愈重要，武功愈来愈不重要。

温兵器时代，武器和武功都不重要，重要的是那颗温暖的心。

［**议论**］

2008 年 11 月底，十几名武装分子在印度孟买发动恐怖袭击，造成 188 人死亡。据报道，此次孟买袭击给印度经济造成的经济损失约为 1000 亿美元，而恐怖行动的成本只有 10 万至 20 万美元。此等战绩堪比 7 年前的 911。在那次大规模恐怖袭击中，19 名劫机者实施的自杀式攻击共造成 2998 名平民死亡。据估算，911 给美国造成的经济损失高达 2000 亿美元，而基地组织的行动成本只有区区 50 万美元。

行动，无行军；挥刀，无臂膀；扔弹，无敌军；执掌，无兵器。175 号航班飞机正撞向世界贸易中心北塔，美国纽约，2001 年 9 月 11 日

为什么恐怖袭击的成本与“效益”相差如此悬殊呢？对于这种得失不成比例的战绩，总觉得有点似曾相识。1860 年发生在通州的八里桥之战，法国军队以阵亡 12 人的代价，消灭了 5000 名“英勇”的蒙古骑兵。电影《火烧圆明园》所再现的这一战争场景，给人的震撼不亚于电视画面中纽约双子星座的坍塌景象。在西方文明向全球扩张的过程中，此情此景比比皆是。1532 年，一支人数仅为 168 人的西班牙军队，打败 8 万印加武士，一举俘获了这个黄金古国的国王。这样的故事还有很多很多。

所有类似的故事都有一个共同点：战胜者的兵器与战败者的兵器不属于同一个时代。前者依仗的是热兵器时代的船坚炮利，后者掌握的是冷兵器时代的大刀长矛。如果说，这些历史故事中的战争赢家获得暴利、输家赔尽血本的直接原因是由于兵器的时代差别。那么，在今天的恐怖袭击中，导致双方盈亏悬殊的原因有没有可能还是兵器的时代差别呢？

核武器作为热兵器的极品，爆炸时的温度已与太阳相当。难道还有什么更高的温度可以成为另一个兵器时代的标志吗？人类已经经历了冷、热兵器时代，难道世界上还有什么温度有别于由冷到热吗？如果一定要有，也许只有一种可能，那就是介于冷度与热度之间的“温”度。在这个世界上，有没有一个明确的、对战争至关重要的、不冷也不热的“温”度呢？

回答非常简单，这个温度就是人的37℃体温。以人体作为兵器，很可能是恐怖主义的制胜法宝。从自杀式攻击到人肉炸弹，攻击者以自己的身体为武器，挑战人类社会的天然底线：生存者一定是求生存的。飞机上的邻座旅客、巴士上的身边乘客，现代社会都假定他（她）是想生存的。一旦有人违背常理，现代社会系统各环节所蕴藏的巨大能量以及各个环节之间的环环相扣，就会转化成难以想象的破坏力。破坏的结果令人恐怖，实施破坏的兵器令人更加恐怖。就像当年，令蒙古骑兵和印加武士感到真正恐怖的可能并不是战争结果，而是新奇兵器的大规模杀伤力。

虽然恐怖袭击者有时仍然要用炸药等热兵器作为攻击的武器，但是很显然，他们所使用的热兵器无论从质还是量上来说都是很有限的。911之后，小布什马上把反恐定义成一场战争。然而战争的对象是谁呢？恐怖分子手中那些热兵器简直无法与对方所拥有的高端热兵器相比拟，几乎没有资格成为正规战争的一方。在阿富汗、伊拉克进行的所谓反恐战争中，美国所使用的高科技武器如同好莱坞大片中的摄影技巧，让世人看得眼花缭乱。可是，推翻塔利班、萨达姆政权只是传统意义上的胜利战争，恐怖主义并没有收敛的迹象，反而大有愈演愈烈之势。恐怖袭击的威力在于：攻击者以人体为武器，使得整个日常社会的每一地每一处每一分每一秒都有可能处在巨大的危险之中。让敌人陷入人民战争汪洋大海的时代似乎已经过去，今天则是汪洋大海般的人民陷入了恐怖分子的威胁之中。恐怖分子所使用的热兵器并不影响恐怖袭击的“温”度，就像热兵器时代也有以身体为武器的情景，但起决定作用的武器还是热兵器本身。无论是董存瑞黄继光的英勇，还是神风突击队的疯狂，都不会改变兵器的时代性质。同样，热兵器时代也有拼刺刀的时候，但冷冷的刺刀并不能降低兵器时代的热度。

武器原是武士手中之器，如今却异化成了平民的身体。受过现代科技教育的飞机驾驶者、五星级宾馆的住客、哀怨的黑寡妇、妙龄的女大学生……在他（她）们行动以前、甚至在行动过程中，都被社会看成是平民。无处不在的安检系统，尽管可以检测到各种冷热兵器，却无法探究人体中那颗温暖的心。

每个人都有一颗温度相同的心，每个人也都有可能成为恐怖主义的武器。恐怖分子不仅以平民的身份进行攻击，而且把受攻击的真正平民也当做重要的武器。在911的飞机上、在莫斯科的剧院里、在别斯兰的小学礼堂中，大批平民人质作为恐怖分子手中的筹码，对现代社会的威胁程度远远超过恐怖分子手中的热兵器。2004年3月11日，西班牙马德里火车站发生爆炸。仅仅过了4天，以撤出伊拉克战争为竞选纲领的萨帕特罗就取代了坚持派兵的阿兹纳尔首相。世界舆论为之哗然，媒体甚至以“萨帕特罗：被恐怖分子‘推’上西班牙首相宝座”为题发出报道。区区6名恐怖分子的行动居然可以让一个国家的军队撤兵？恐怖主义伎俩居然可以打退侵略者？对此，近代以来饱受外国侵略的中国人更是大跌眼镜。抗战初期，当处于严重军事劣势的中国冒险派出两架战机飞临日本长崎等地时，投下的不是炸弹，而是向日本平民呼吁和平的温情传单。中国人的以德报怨似乎很难暖化当时的日本民心，恐怖的炸弹却促使今天的西班牙民意转向了撤兵。看来恐怖分子并不一定要把人质掌握在手中，全体国民也有可能在一定程度上被“绑架”。于是，恐怖分子以自己的身体和被攻击者的身体为武器，把所有37℃恒温人体都变成了恐怖主义的潜在温兵器。

当一个范畴的顶级兵器不足以抵御另一个范畴的普通兵器时，后者很可能代表着一个新的兵器时代。冷兵器时代的最强者，抵不过手持热兵器的普通一兵。骑兵武士终生练就的武功，抵不过军火生产线上的一分钟产出。修筑了千年的万里长城，想抵挡手持冷兵器的千军万马，却挡不了飞机大炮。热兵器时代的长城已经修到天上去了。企图覆盖全球的导弹防御系统，可挡导弹，却挡不了人肉炸弹。想当年，面对热兵器的挑战，义和团聚众攻打使领馆。看如今，面对温兵器的挑战，小布什派兵攻打伊拉克。大刀长矛不抵洋枪洋炮，激光制导炸弹就能摧毁人肉炸弹？

在温暖的人体上绑上炸药，还把它（他、她）当做一种系统的武器，如此违反天理的荒唐事实表明，兵器演化已经走到了尽头。人体本身都成了武器，兵器还能走向何方？如果温兵器果真代表一个兵器时代，“行无行，攘无臂，扔无敌，执无兵”，应该是人类社会最后一个兵器时代了。

第七十章　万变:不离其宗

吾言甚易知,甚易行。天下莫能知,莫能行。

言有宗,事有君。夫唯无知,是以不我知。

知我者希,则我者贵。是以圣人被褐①怀玉。

[**版本**]

魏王弼本。

[**注释**]

①褐 hè:粗布或粗布衣服。

[**解读**]

我的话很容易懂,也很容易实行。天下的人就是不理解,也不愿实行。

其实,这些话万变不离其宗,实行起来也有根有据。可是,由于不理解,人们不知道我在说些什么。

知我者实在是稀罕,认同我的准则更是难能可贵。身披粗布的圣明之人,为什么世人看不到你心中的璧玉呢?

［议论］

宇宙间的演化，千变万化，唯独不变的是：时间。天底下的道理，千条万条，根本的一条是：时间单位。日出日落、一年四季的准则，甚易知，甚易行。为什么文明愈发达，就愈莫能知，莫能行呢？

［字源］

宗：《甲骨文字典》811 页。从宀从，像祖庙中有神主之形。即神主。

甲骨文　　金文　　小篆　　楷体

参见第五十四章字源：示。

图 1　砖雕土地庙。像祖庙中有神主之形

则：简体字为“则”。汉典网。会意。金文从鼎，从刀。古代的法律条文曾刻铸在鼎上，以便让人遵守。本义：准则，法则。

金文　小篆　楷体

参见第三十六章字源：刀。

鼎：汉典网。象形。甲骨文字形，上面的部分像鼎的左右耳及鼎腹，下面像鼎足。本义：古代烹煮用的器物。

甲骨文　金文　小篆　楷体

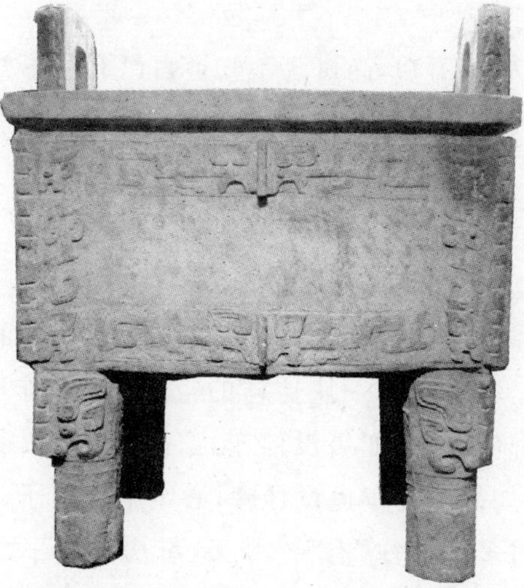

图2　2011年3月，司母戊鼎正式更名为“后母戊鼎”

第七十一章　不知有病，病矣

知不知，尚矣。不知不知，病矣。是以圣人之不病，以其病病，是以不病。

［版本］

西汉帛书甲本。

［解读］

知道自己有所不知，尚可。不知道自己有所不知，病态。圣明的人之所以不出毛病，在于他把病态看成是一种毛病。因此，他不会犯这种毛病。

［议论］

在儿时的记忆中，一块块无房无花无草无庄稼的空地，是没有价值的。今天，城区中每一块这样的空地，都被画上了框线；即使没有框线，也都停着车；如果没停车，必定挂着“私家车位”、“消防通道”的牌子；如果没停车也没挂牌，必定围着桩子、拦着链子。从前，无房无车时多么向往“有”。今天，有房有车了，难觅“无”。抬眼望去，整个城市中最令人窒息的就是那见缝插针、挤满空地的财富结晶了。

今天，不仅是空地，每一个人，每一滴水，每一口气，每一草一木，每一鸟一兽，每一沙一石……每一个普通人的每一份时空，都在被挤压。

每一部手机，都被广告；
每一个邮箱，都被垃圾；
每一次出门，都被 I C；
每一份空闲，都被停车。

科学常常会带来许多“不科学”的后果。科学有没有可能也是一种病态？现代文明有没有病？现代人知不知道自己得了什么病？

美国芝加哥停车楼细部(左图)，俗称玉米楼(右图)。一个停车位不仅是一份空间，更是以时间计费的。时空愈窄逼，计费愈昂贵。现代人的每一份时空，都异化成了停车位。病矣

［字源］

病：《汉字演变五百例续编》27 页。甲骨文字形像一个人躺在床上出汗的样子（人和床都竖着写）。古代称轻病为“疾”，重病为“病”。

甲骨文　小篆　楷体

这张床很像部首“疒”的左面部分“丬”。部首“丬”的繁体形式为“爿”，与甚为相像。

第七十二章　民不畏威，则大威至

民不畏威，则大威至。

无狎其所居，无厌其所生。夫唯不厌，是以不厌。是以圣人自知不自见，自爱不自贵。故去彼取此。

［版本］

魏王弼本。

［解读］

民众不畏惧统治者的威权，就会有巨大的威胁来临。

对民众的居所不可掉以轻心，对民众的生计不可抑制压迫。统治者只有不压迫民众，才不会被民众所厌恶。所以，圣明的统治者具有自知之明，不固执己见；爱惜声誉，不做权贵。也就是说，摈弃固执己见和高高在上，保持自知之明和良好声誉。

[议论]

图 1　1989 年 11 月 11 日，西柏林民众聚集在波茨坦广场附近一处拆除中的柏林墙前。民不畏威，则大威至

[字源]

威:《汉字演变五百例续编》368 页。一个弱小的女人面对着一把巨大的兵器，受到了严重的威慑。威的本义为震慑。

金文

楷体

戌 xū:《汉字演变五百例》388 页。原是古代一种武器的名称。字形是一把长柄的斧子，有宽刃。后来假借为干支名，本义不存。

甲骨文

金文

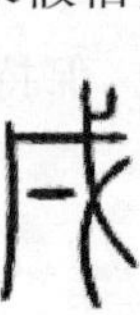

小篆

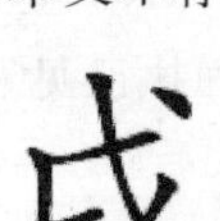

楷体

女：汉典网。象形。甲骨文字形，像一个敛手跪着的人形。本义：女性，女人。

《甲骨文字典》1299页。像屈膝交手之人形。妇女活动多在室内，屈膝交手为其于室内居处之常见姿态，故取以为女性之特征，以别于力田之为男性特征也。

甲骨文　金文　小篆　楷体

图2 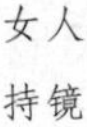像一个跪坐着的女人正在用双手操弄着什么。女人在室内居处最喜欢操弄的，恐怕就是打扮了。持镜仕女，河南沁阳北朝石刻线画

第七十三章　超禀赋，陷天网

勇于敢者则杀，勇于不敢者则活。知此两者，或利或害。天之所恶，孰知其故？

天之道，不战而善胜，不言而善应，不召而自来。弹而善谋。天网恢恢，疏而不失。

［版本］

西汉帛书甲本。

［解读］

敢于突破天然禀赋的那些物种，易被绞杀。不敢突破天然禀赋的那些物种，容易存活。从这两类物种的命运可知，何种勇敢有利于物种的延续，何种勇敢有害于物种的延续。大自然之所以厌恶淘汰某些物种，可知什么缘故？

万物遵循天之道，尽情地施展着天然禀赋：不挑战极限的，善于在生存竞争中胜出；不花言巧语的，善于回应成长中的难题；不召唤智慧的，巧妙自会恰如其分地到来。生存空间的弹性，每个物种都善于谋划。所有物种的生存空间，组合成天地间的网络，网眼看上去稀疏，其实是环环相扣，容不得丝毫漏失。

［字源］

网：《汉字演变五百例》342 页。古文的字形是一张捕鸟兽的网，在两根木棍之间用绳索交叉编织而成。

《甲骨文简明词典》340 页。像网张开之形，即网之本字。甲骨文用作动词，为以网捕捉禽兽之义。

甲骨文　　　　小篆　　　　楷体

人用有形的网捕捉各种动物，各种动物组成的无形网络又在捕捉谁呢？

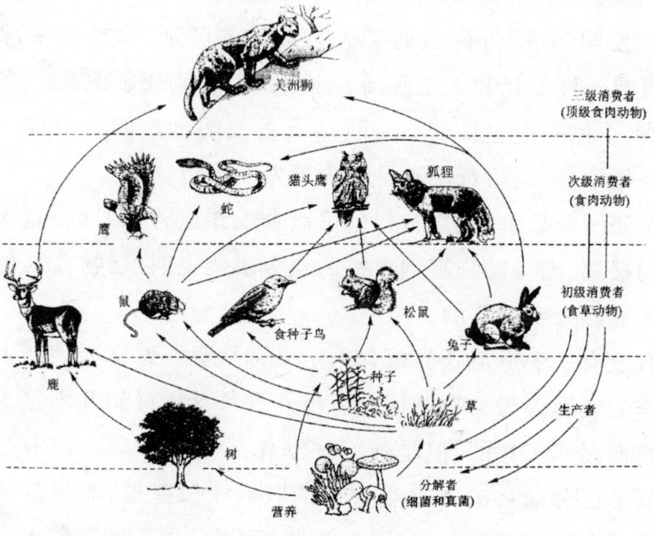

图 1　食物网。① 天然禀赋不是一个确定的值，而是一个弹性区间。

---

① 奥德姆(Odum, E. P.)，巴雷特(Barrett, G. W.)：《生态学基础》，北京：高等教育出版社，2009，97 页。

区间来自每个物种的生物潜能与环境阻力之间的动态波动(参见第四章图2)。看上去,弹性区间愈大,食物网的空隙就愈大。其实,网络的空隙愈大,张力就愈大,就愈不容漏失

[议论]

按照圣经故事的说法,第十八章的议论将人类获得智慧解释为原罪的缘由。智慧究竟为何物?为什么有着这样大的能耐?先知们为什么如此计较人类获得的智慧呢?

《辞海》对智慧的解释是:“对事物能认识、辨析、判断处理和发明创造的能力。”根据这个定义,很难说智慧只是人类的专利,动物在一定程度上也具有上述能力。黑帽悬猴能认识棕果,辨析它的生熟,判断晾干所需要的时间,并用石块砸开它的外壳以便食用。[①]“发明创造”也许强调了人与动物的区别,但是许多动植物面对自然条件变化和人工环境的挑战,大大改变了原来一贯的生存方式,不能不说也具有一定程度上的发明创造能力。每一个物种的进化本身,也很难说不是一项项发明创造。

按照圣经故事的说法,智慧可以令人知道善恶。但是,善待动物得到报恩、虐待动物遭到报复的众多事例说明,动物在某种程度上也是能够分辨善恶的。

有没有一个更清晰的概念来定义智慧呢?恩格斯把能否制作工具作为区别人与动物的标准。虽然人科动物最初并不是为了获得智慧而制作工具的,但是他们在制作工具的劳动过程中“意外”地得到了比劳动目的本身更重要的收获——智慧,而智慧又引导人类制造出效率更高的工具,由此循环反复,步步推进着人类文明的发展。

---

① 参见BBC《生命》第一集。

人为什么要制作工具呢？答案很简单，为了克服人科动物天然禀赋的局限性。论凶猛，人比不上虎和狼；论奔跑，人比不上马和豹；论水性，人比不上鱼和鸭；论飞翔，人比不上鸟和虫……可以说，许多物种，至少在某一方面，具有超过人科动物在该方面的生物潜能。但是，人科动物运用智慧所制作的工具，不仅可以弥补自己的弱点，而且能够大大超过动物的特长。凭借长矛枪弹，他比虎狼更凶猛；凭借弓箭汽车，他比马豹的速度更快；凭借木舟铁船，他从陆地扩展到了所有水域；凭借气球飞机，他比鸟虫飞得更高更快……动植物的“智慧”只能引导它们运用其天然禀赋适应生存环境，而人类智慧则能够克服其天然禀赋的局限性，并以此改造自然环境。

图2　猎豹是世界上奔跑速度最快的动物，最高时速可达90公里/小时。天道赋予人科动物的奔跑德性，百米不可能超过9秒(40公里/小时)。但是，凭借智慧，人可以突破自己的天然禀赋。“猎豹”汽车的最高时速可达160公里/小时

任何一个动植物个体，在它短暂的生命周期内，其天然禀赋的改变可能性是微不足道的，该天然禀赋所规定的局限性也是不可突破的。地球诞生以来创造首飞纪录的第一只鸟儿，其飞行动作

一定来源于该物种在长期的进化过程中所获得的飞翔天然禀赋。而第一个飞上天空的人，并没有获得任何飞翔的天然禀赋，他只是利用智慧所发明创造的飞行器，突破了自身不能飞翔的天然禀赋。

没有智慧，就不能够突破自身的天然禀赋。只有获得智慧，才能突破自身的天然禀赋。获得智慧的物种，出于本能，一定会突破其天然禀赋，以克服生存挑战。智慧是突破天然禀赋的充分必要条件。所以，如果把"能够突破天然禀赋的局限性"作为智慧的定义，就把动物对自然界的适应本能排除在智慧之外了。在从动物到人的进化过程中，是否具有克服天然禀赋局限的智慧，可以作为区别动物与人的界限。

第七十四章　民不畏死，奈何以死惧之

民不畏死，奈何以死惧之。若使民常畏死，而为奇者，吾得执而杀之，孰敢？

常有司杀者杀。夫代司杀者杀，是谓代大匠斫①。夫代大匠斫者，希有不伤其手矣。

［版本］

以魏王弼本为基础。

将魏王弼本中的“斲 zhuó”，改为西汉帛书甲、乙本中的“斫”。

［注释］

①斫 zhuó：用刀斧等砍劈。

［解读］

到了民众连死都不怕的地步，用死来恐吓他们又有什么用呢？若要使民众经常畏惧死亡，可以对那些罪大恶极的歹徒执行死刑，谁还敢为非作歹呢？

一个正常的社会，有常设的司法机构审理案件，执行死刑。取代司法机构行使斩杀权力，就如同替木匠劈砍木头。替木匠劈砍木头，少有不伤及自己手的。

［议论］

据媒体报道，2010年12月17日，突尼斯南部一名26岁的街头小贩遭到城市警察的粗暴对待。该青年大学研究生毕业后，因经济不景气无法找到工作。在家庭经济负担的重压下，无奈摆摊谋生。遭到粗暴对待后，该青年自焚抗议，因伤势过重，不治身亡。这名青年的过世，激起了突尼斯人的同情心，同时也激起了突尼斯人长期以来对失业率高涨、物价上涨以及政府腐败的怒火。

突尼斯抗议民众。夫代司杀者杀，导致局势严重到民不畏死的地步

事发后，当地居民与突尼斯国民卫队发生冲突。接着，冲突蔓延到全国多处，形成全国范围内的大规模社会骚乱，并造成多人伤亡。最终，在该小贩自焚后的第29天，总统本·阿里不得不放弃

这个自己统治了 23 年的国家，于 2011 年 1 月 14 日深夜飞往沙特。

［**字源**］

司：参考《古代汉语字典》745 页。会意字，像用匙向口中进食之意。

参考《甲骨文字典》998 页。从从，像倒置之柶（sì，古代舀取食物的礼器，像勺子，多用角做成），柶所以取食。以倒置柶覆于口上，会意为进食，自食为司。氏族社会中食物为共同分配，主持食物分配者亦称司。

汉典网。指事。甲骨文字形，表示一个人用口发布命令，有统治、管理义。本义：职掌，主管。

甲骨文　　金文　　小篆　　楷体

司杀者，是职掌杀人的机构。一个正常的社会，只有司法机构拥有此等权力。行政长官的口，不能替代司法机构发布杀人的命令。

第七十五章　民之轻死，奈何？

民之饥，以其上食税之多，是以饥。

民之难治，以其上之有为，是以难治。

民之轻死，以其上求生之厚，是以轻死。

夫唯无以生为者，是贤于贵生。

［版本］

以魏王弼本为基础。

遵从通行版本，将魏王弼本中的“以其求生之厚”，改为“以其上求生之厚”。

［解读］

民众陷于饥饿，是因为统治者收税太多。

民众难以治理，是因为统治者铺张妄为。

民众轻易赴死，是因为统治者奢求永生。

其实，正是那些不奢求永世长存的人，其生命的意义往往超过寿命的奢求者。

［字源］

民:《古代汉语字典》537 页。甲骨文、金文的民字,像用锥刺眼的形状。民的本义指奴隶。

《汉字演变五百例续编》248 页。现代人可能想象不到“民”的本义竟是奴隶,而且是奴隶主用尖器刺盲俘虏的左眼之后强迫他们为奴隶。金文的字形证明了这史实。后来指百姓。

甲骨文　　金文　　楷体

［议论］

2009 年 11 月 13 日,成都市金牛区城管执法局对一处违章建筑进行强拆,唐福珍往自己身上倾倒汽油并自行点燃。16 天后,唐福珍因伤势过重,经抢救无效死亡。

这种“民之轻死”的行为,引发了全社会的关注。2009 年 12 月 7 日,北京大学 5 名法学教授建议对《城市房屋拆迁管理条例》进行审查。在这份 3000 余字的建议书中,5 名法学教授提出,国务院 2001 年颁布、施行并沿用至今的《城市房屋拆迁管理条例》,与《宪法》、《物权法》、《房地产管理法》保护公民房屋及其他不动产的原则和具体规定存在抵触。

2011 年 1 月 21 日,国务院颁布《国有土地上房屋征收与补偿条例》,即日起实行。

第七十六章　强大处下，柔弱处上

人之生也柔弱，其死也坚强。万物草木之生也柔脆，其死也枯槁。故坚强者死之徒，柔弱者生之徒。

是以兵强则不胜，木强则兵。强大处下，柔弱处上。

［版本］

魏王弼本。

［解读］

人活着的时候，身体是柔弱的；人死去以后，身体是坚硬的。草木活着的时候，枝叶是柔脆的；草木死去以后，枝叶就枯槁了。所以，坚强趋于死的走向，柔弱趋于生的走向。

用兵强硬，则不易取胜；树木强壮，则易遭砍伐。强大的，处于下风；柔弱的，处于上风。

［议论］

在“兵强则不胜，木强则兵”中，第一个“兵”为名词，军队的意思；第二个兵为动词，用斧子砍伐的意思，参见第六十九章字源：兵、斤。

在自然界中，木强则兵的情景比比皆是。看上去坚挺强硬的，往往是四面树敌，处于下风；看上去柔软弱小的，往往是游刃有余，处于上风。例如，强大的恐龙灭亡了，比恐龙还早产生亿年的弱小蟑螂却活到了今天。

图 1　强大处下。恐龙约在 2 亿 3500 万年以前产生，支配全球陆地生态系统超过 1 亿 6000 万年，可谓强大。6500 万年前灭亡

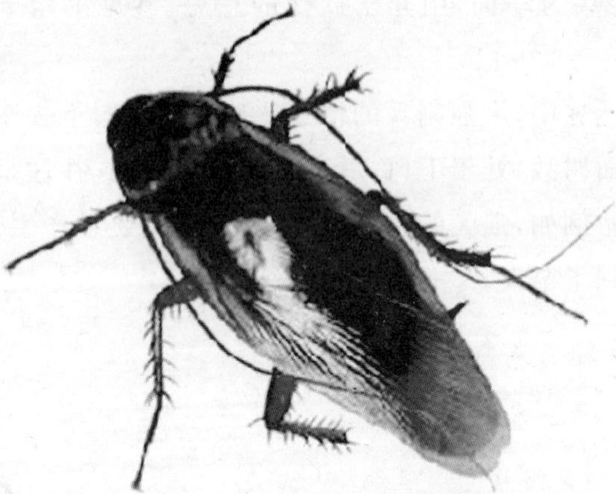

图 2　柔弱处上。化石证据显示，原始蟑螂约在 4 亿年前的志留纪出现于地球上。蟑螂化石或者是从煤炭和琥珀中发现的蟑螂，与各家橱柜中的蟑螂并没有多大的差别

［字源］

徒：参考《汉字演变五百例》332 页。本义是步行。甲骨文“徒”字上半是土，下半是止(足形)。金文以后又加一个形旁“彳”(行走的意思)，更明显地表义。

甲骨文　　　　金文　　　　　　　　楷体

参见第四章字源：止。

土：汉典网。象形。甲骨文字形，上像土块，下像地面。金文

中空廓变填实，小篆又变为线条。本义：泥土，土壤。

甲骨文　　金文　　小篆　　楷体

第七十七章　缺奉余，达极限

天之道，其犹张弓与。高者抑之，下者举之；有余者损之，不足者补之。

天之道，损有余，而补不足。人之道则不然，损不足，以奉有余。

孰能有余以奉天下？唯有道者。是以圣人为而不恃，功成而不处，其不欲见贤。

［版本］

魏王弼本。

［解读］

自然法则，如同拉弓射箭。觉得射点会高于目标，抑制一下仰角；觉得射点会低于目标，举起一点仰角。弓拉得太满，放松一点；弓拉得不足，补一点力。

自然界的法则正是如此：种群规模扩张时，增加的环境阻力会减损多余的部分；种群规模收缩时，减弱的环境阻力会补充不足的部分。人界的法则恰好相反:剥夺资源不足者,供奉绰绰有余者。

谁能将多余的财富奉还天下?唯独有道德的人才能做到。所以,圣明的人有所作为而不自恃有功,成功聚财而不与其相处,更不愿为此张扬自己的贤能。

[**议论**]

按照圣经故事的逻辑,偷吃智慧之果以前的人,是“性本善”的。没有智慧的人类祖先,充其量只是人科动物而已。同理,不仅人科动物,造物主创造的所有存在,包括所有动植物,各种元素物质,昼夜四季电闪雷鸣等自然现象,由于都不具备智慧,所以都是性本善的。也就是说,在人科动物获得智慧以前,整个地球处于自然的原善状态。

自然界的原善是一种动态平衡。当某一种动植物的生物潜能略高于环境阻力的时候,它的扩张欲望可以得到相当的满足。而正是这种扩张,加剧了该物种与环境之间的紧张关系,使得该物种的生物潜能与环境阻力的关系发生逆转。环境阻力略高于生物潜能的局面造成该物种生物量的收缩,缓解了该物种与环境之间的紧张关系,为其生物潜能再次高于环境阻力创造了条件……(参见第四章图 2)老子将此自然之道概括为:“高者抑之,下者举之;有余者损之,不足者补之。”每一次循环,该物种与自然环境的张力都得到了一次清零。所有动植物之所以都服从它与生存环境之间这种“损有余而补不足”的负反馈关系,关键在于它们有限的生物禀赋无法克服因扩张而带来的环境阻力上升。

人正是在这个关键点上,与所有的动植物不同。当人的扩张导致他与自然环境的关系紧张时,人并不是仅凭生物禀赋来回应环境阻力的上升。如果那样做，人就永远不可能扩张到地球生物圈的极限。人类用智慧突破自己的生物禀赋，克服环境阻力，来满足他的扩张欲望。克服环境阻力后所形成的再扩张，造成环境阻力进一步增大，于是人依靠智慧进一步突破生物禀赋的局限，来克服更大的阻力……特别是进入现代化以后，人类依靠智慧突破生物禀赋局限的可能性几乎是无穷无尽的。突破的水平提升一分，带来的环境阻力就会提高十分；而现代人具有足够的智慧把突破的水平再提升百分……道高一尺，魔高一丈，人与自然的较量不断循环上升，张力急剧增长。终于有一天，科技所支撑的生物禀赋与环境阻力之间的正反馈关系，把人类带到了地球生物圈所能承受的极限状态。

数百万年以来，人们处心积虑的是如何突破生物禀赋，却很少意识到突破的成就会达到、甚至超过生物圈的承受极限。人们吃力地砍伐参天大树，从未想到无边无际的原始森林会变成沙漠；人们辛勤地引水灌田，从未想到滔滔江河会断流；人们勇敢地划着独木舟在江河湖海里捕鱼，从未想到茫茫水域中的鱼类会濒临绝种。在人们的潜意识中，物种的生生不息和资源的绵绵不断，就像太阳一定会在黑夜之后冉冉升起、春天一定会在寒冬之后姗姗而来那样，是天经地义的。人们历来相信大自然有着自我修复的功能。

工业革命以来，人类突飞猛进地突破其生物禀赋，而依据星辰运行规律所形成的生态韵律并没有改变。油锯砍树的效率比石斧铁斧强十倍，可树木的生长速度依旧；抽水机的效率比手提肩挑大百倍，可生物圈中水循环的节律未变；声纳拖网的捕鱼效率比独木舟高千倍，可鱼虾的成长规模照常。今天，人类向大自然的索取速度已经超过了自然韵律。根据世界生态足迹网络（Global Footprint Network)提供的数据，人类在 21 世纪的生态足迹已经达到地球生态系统承受能力的 1.5 倍。这表明，现代人对生态系统的掠夺，已经超出地球生态系统的承受极限。

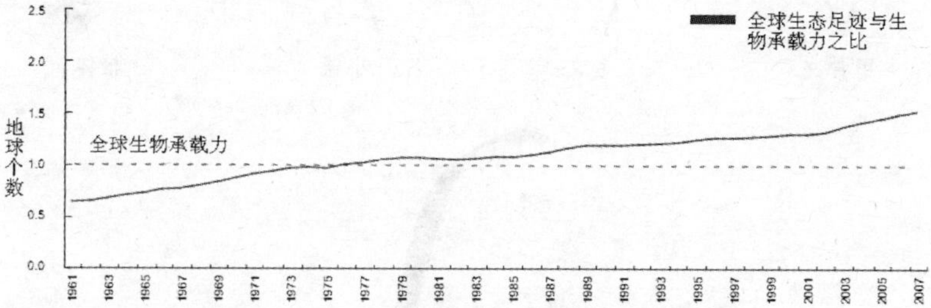

图 1　全球生态足迹(Global footprint，1961—2007)。[①] 该图希望告诉人们，20 世纪 70 年代中期以后，人类文明的压力已经达到了生物圈的承受极限

时至今日，获得智慧(参见第十八章)、突破禀赋(参见第七十三章)的成就，已经使“损不足以奉有余”的人之道达到了荒唐的地步。说近的，现代文明正在用稀缺的资源，满足人们的多余需求。也就是，损万物之不足，以奉人类之有余。看远的，现代人的财富愈多，财富的边际效用就愈低，直至趋于零；现代人的财富愈多，后代人为此所付出的边际成本就愈高，直至趋于无穷大。正所谓，损后代之不足，以奉现代之有余。

[**字源**]

弓：汉典网。象形。甲骨文字形，像弓形，有弓背和弓弦，后省去弓弦，只剩下弓背，隶变后变成现在的“弓”字。

① 世界自然基金会(WWF)：《中国生态足迹报告 2010》。

《甲骨文简明词典》184 页。像弓张弦之形,当为象形字。

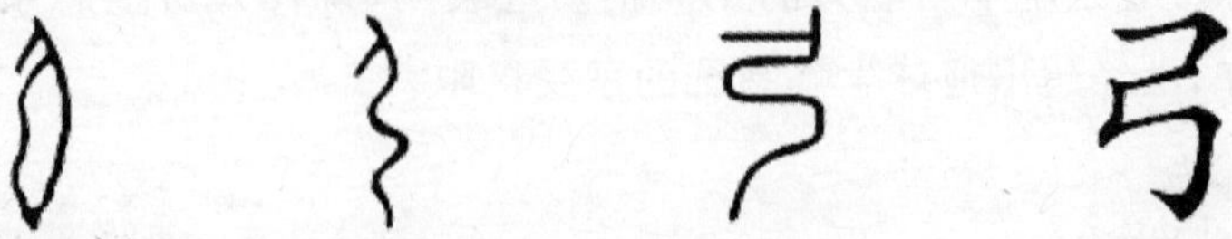

甲骨文　金文　小篆　楷体

图 2　战国早期弓,湖北随州曾侯乙墓出土,湖北省博物馆藏

第七十八章　弱胜强，柔胜刚

天下莫柔弱于水，而攻坚强者莫之能胜，其无以易之。弱之胜强，柔之胜刚，天下莫不知，莫能行。

是以圣人云，受国之垢①，是谓社稷主；受国不祥，是为天下王。

正言若反。

［版本］

魏王弼本。

［注释］

①垢 gòu：污秽。

［解读］

天下之柔弱，莫过于水。而攻克坚强者，没有什么力量可以胜过水，没有什么力量可以替代水。弱胜强，柔胜刚，这个天下无人不知的道理，却没有什么人能实行。

所以圣明的人说，忍受举国之重辱，才能成为社稷的主人；承受举国之大难，才能成为天下的王者。

正确的道理，往往与想当然相反。

［议论］

图1 天下之柔弱，莫过于笔墨。而跨越历史者，没有什么力量可以胜过文字，没有什么力量可以替代《史记》。水滴石穿，墨滴史传。司马迁，历史的王者

［字源］

受：汉典网。会意。甲骨文字形，像两手中间有一只舟，表示传递东西。本义：接受；承受。

《汉字演变五百例》311页。一只手把盘子（后来讹变成舟状）交到另一个人的手里，表示给予，也表示接受。后来分化为受、授二字。

《甲骨文简明词典》334 页。。从两手从舟（即盘），表示授予、接受之意。

甲骨文　　　　金文　　　　小篆　　　　楷体

图 2　一只手把盘子交到另一个人的手里，表示给予，也表示接

第七十九章　彻:分得一杯羹

和大怨,必有余怨,安可以为善?

是以圣人执左契,而不责于人。有德司契,无德司彻。

天道无亲,常与善人。

[版本]

魏王弼本。

[解读]

调和深仇大怨,必会留下残余的怨恨,这怎么能算处置妥善呢?

所以,圣明的统治者宁愿手执借契,而不去讨债结怨。有德的政府,救助于人,管好借契。无德的官府,非但不救济穷人,还要从百姓的饭锅里分得一杯羹。

天道公平,善有善报。

[字源]

徹:简体字为“彻”。《汉字五百例续编》41 页。甲骨文字形,一边是手，一边是食具鬲，表示吃完把食具撤去。

《甲骨文字典》332 页。从从，像手形，为食具。像以手徹去食具之形，会食毕之意。

《甲骨文简明词典》87 页。……后来，变为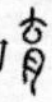，变作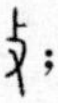；又由于借用为通徹之意而增加一个形符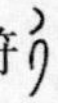，于是变成了小篆的，楷化写作徹。

《辞海》2090 页。⑥周代的租赋制度。“周法什一而税，谓之彻，彻，通也，为天下之通法。”

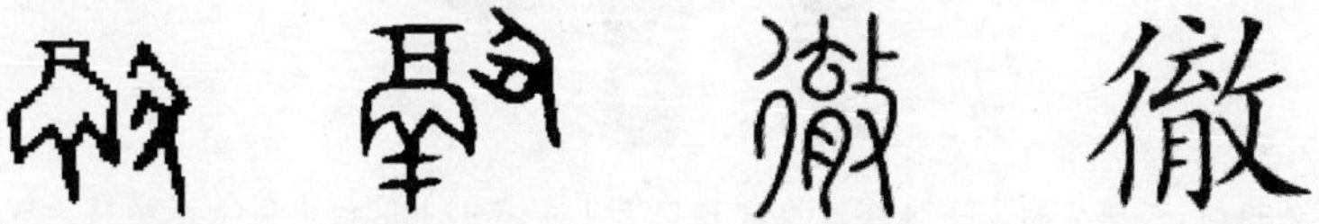

甲骨文　　金文　　小篆　　楷体

从甲骨文的图形来看，税赋似乎比食毕更符合的原意。在老百姓看来，税赋是舀走了锅里煮熟的饭。本想用自己的来盛饭，不料，税官的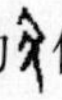伸得更快更长。

鬲 lì:《汉典网》。象形。甲骨文、金文字形，像饮食器具形。本义:古代炊器。用于烧煮或烹炒的锅，特指类似于鼎状的炊具。

甲骨文　　金文　　小篆　　楷体

伯矩鬲，西周早期。1974 年北京琉璃河 251 号墓出土。伯矩鬲上下铸造大大小小的 7 个牛头，盖内及颈部内铭文相同，盖内 4 行 15 个字，颈内壁 5 行 15 字。释读为："才(在)戊辰匽侯赐伯矩贝用作父乙宝尊彝。"现藏于首都博物馆

[议论]

根据《辞海》404 页的解释，古代契约分为左右两联，双方各执其一。左券即左联，常用为索偿的凭证。

2007—2008 年，引发全球金融海啸的美国次贷危机，就是现代左券——各种各样的金融衍生产品出了问题。

根据国家外汇局网站公布的数据，截止 2011 年 6 月，中国的外汇储备总额达 31974.91 亿美元。[1] 中国手中持有大量欧洲债券、美国国债的左券，并多次表态，不责于人。中国要当圣人乎？能否善有善报？

---

① http://www.safe.gov.cn/model_safe/tjsj/tjsj_detail.jsp?ID=110400000000000000,22&id=5

第八十章　全球化，成负担

小邦寡民。使十百人之器毋用，使民重死而远徙。有车舟无所乘之，有甲兵无所陈之，使民复结绳而用之：甘其食，美其服，乐其俗，安其居。

邻邦相望，鸡狗之声相闻，民至老死，不相往来。

［版本］

西汉帛书甲本。

［解读］

城邦要小，人口要少。即使有能力制造十倍百倍于人们实际需要的产品，也不用把它们生产出来。人们珍惜生命而远离迁徙的念头。虽然有车船等交通工具，除非必需，一般不去使用。虽然有国防常备军，但目的是维护和平，而不是制造战争。鼓励民众向往远古的结绳记事时代，将其简单幸福的原则用于日常生活：蔬食香甜，布衣得体，习俗康乐，居所安适。

邻邦之间互相遥望，鸡鸣狗吠彼此听得见，民众直到老死也不互相交换产品，没有物流往来。

［议论］

在人类出现以前，地球上物种之间的关系可以自动达到平衡。每个物种都有扩张的欲望，过剩的繁殖。由于每个物种的生物禀赋都具有局限性，一部分个体要么被天敌当做食物，要么在与同类竞争食物过程中被淘汰。对于每个存活于生物圈中的物种来说，个体的生存竞争虽有成败，但作为一个整体却总是成功的。因为正是大量的个体失败，才保证了幸存者享有生物圈中有限的食物，延续后代。物种之间的彼此吞噬，此消彼长，此长彼消，保证了每个物种的生物量在自然界中始终不会超过它的阈值：消不会低于最低可生存量，长不会高于生态系统所能承受的极限。每个生物的天生扩张“恶”欲，通过生物圈的调节，都结成了为生物圈作贡献的“善”果。没有智慧的无数欲望总和，形成了千万个物种之间的最优配比，从而达到地球生态系统“万物并育而不相害”的和谐状态：原善。

没有智慧的生物之所以具有公私兼顾的“觉悟”，原因在于它们都无法突破造物主为其所规定的生物禀赋和由该生物禀赋所决定的生物量阈值。在生物量阈值内，任何私欲的满足不仅不会让生物圈付出代价，反而滋养了生物圈。

市场经济制度被亚当·斯密总结出同样的功效：每个人出于自私的扩张“恶”欲，希望以尽可能高的价格出售自己的产品或劳务，通过竞争，市场只接受那些价格性能比最优的商品，淘汰效率低的产品及其企业，从而使社会最有效地利用资源，实现为社会成员提供最大福利的“善”果。市场经济制度化恶为善的魔力，使得率先实行该制度的国家发达起来。

从结绳记事到工业革命前夕，人类经历了漫长的岁月。在此期间，由于人类智慧对自然的扰动还没有达到生物圈的承受极限，每一个前现代人的一生存在并不会对生物圈造成过度的负担。老百姓砍一棵树，钓一条鱼，捕一只鸟，打一桶水，弃一杂物，生一孩子……与偌大生物圈的健康，又有什么关系？

图1 印加王国的结绳记事。老子、恩格斯、汤因比等哲人，似乎都有一点“使民复结绳”的情结①

① 参见第十六章的议论和字源“复”。

即使是秦始皇的横征暴敛，也没有对生物圈造成损害，更没有损害后世人的自然环境。秦始皇的暴政并不能害天害地害草害木，只能迫害与他同时在世的人，更不能损害你我的利益。

然而，当人类社会的全球化达到自然生态系统所能承受的极限时，你我今天平平常常的生活，每用一张纸，每冲一次马桶，每买一瓶瓶装酱油……每一分钟存在，都成了生物圈的负担，都在销蚀着无数后代人赖以生存的生物圈。每一个现代人都要为不可更新资源的耗尽、可更新资源的衰竭、天然物种的灭绝、难以降解的垃圾而负责。

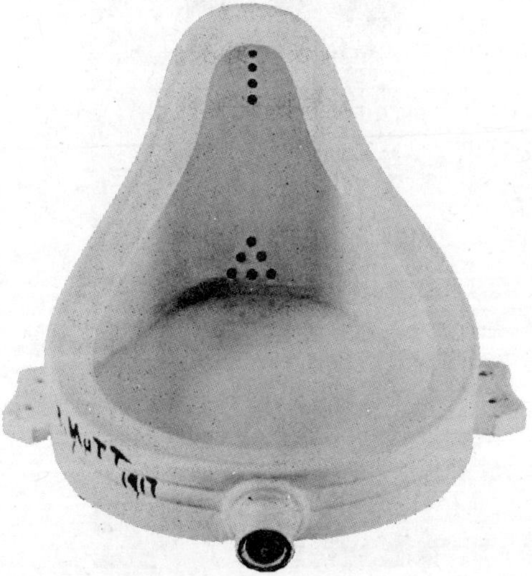

图 2　杜尚：泉。现代人的每一次如厕，都是生物圈的负担

一个个具有投票权的现代人的福祉，是以损害无数不能在今天投票的后代人的利益为代价的。如果把暴君定义成一个人对绝大多数人的残酷剥削压迫，那么，秦始皇迫害的只是与他同时在世

的那些有限的人，而今天每一个普通百姓损害的却是无限的后代人。现代民主社会消灭了个别暴君，却把每一个平民变成了暴君。如果两者有什么区别，那就是，个别暴君还知道自己的凌驾地位；全民暴君却似乎还陶醉在自由平等博爱的美好感觉之中。全民暴君几乎没有察觉到，一个个追求平等的现代人，正在以前所未有的残暴方式，剥夺后代人享受完美生物圈的天赋权利。

在人与自然的关系上，现代危机与以往冲突有着根本的不同。以往冲突是自然对人类施加的抑制。自然作为万物和人类的母体，在冲突中没有损伤。人类只要根据自然条件的变化调整自己的行为，就可以继续繁衍生存。而现代人与自然的冲突，使得人类对自己母体所进行的摧残已经危害到人类自身的存在。现代化打通了人界与自然界“弃恶从善”的逻辑环节，使得两个独立存在的“善”果发生逆转。以个人利益极大化（恶）为出发点，通过市场竞争而得到的高效率经济系统（善），疯狂吸吮地球生物圈（善）中的自然资源并排放它难以承受的垃圾，从而导致每个人乃至整个人类的利益受到致命损害（恶）。两个分别看来是“恶—善”的环节，被现代化打破天机，竟成了“恶—善—善—恶”的因果关系。

当人类成功地克服其生物禀赋局限而大量地繁殖起来以后，他遇到了生物量阈值的局限：地球生物圈已经无法承受如此多的人口了。滴滴答答的世界人口钟每时每刻地告诫我们，抚养每一个新生儿不再仅仅是他（她）所在的家庭、城市、国家的事，而是整个世界所要负担的责任。人均耕地、人均粮食、人均绿地、人均水资源、人均能源消耗、人均住房面积……这些简单的算术平均值告诉每一个世人，正是每一个普通人的总和，形成了这个巨大的分母。任何一个人都没有权利说，我只是七十亿分之一，我这个不起眼的人能影响到这么大的事吗？当世界人口数量达到、甚至超出自然生态系统所能承受的极限之后，每增加一个人，不仅加重了他（她）在世时的生物圈负担，还可能对他（她）不在世时的生物圈造成永久的伤害。每一个超出自然承受能力而出生的婴儿，在人与自然关系的意义上来说，都是多余的，尽管在道义上他（她）与我们是平等的。与其说，这种平等体现了社会的文明，不如说，在生物圈承受能力的意义上，他（她）与我们是平等的。在他（她）出生以前，我们已经是“多余”的了。我们就像一个1立方千米的气球。如果最后打进这个气球的1立方毫米气体引爆了气球，那么，不仅最后1立方毫米气体要负责，原有的1立方千米气体同样要负责。

没有什么要比“多余”更加符合原罪的含义了。其实，人的原罪在圣经意义上还没有严重到不该降生的地步。出生者只要信仰上帝，就可以赎罪。如果已经有了70亿个赎罪者，上帝并不会认为第70亿零1个赎罪者是多余的。

一个新生儿在诞生之前，他（她）并不知道自己是出生在千年、万年前还是公元21世纪，因而是无罪的。可是现在天使一旦落地，还没有任何作为，就成了生物圈的负担，就要销蚀生物圈的原善。所以，现代人的“原”罪，是生来具有的，名副其实的。过去，当任何一个人都是生物圈可承受的时候，许多人认为自己是有原罪的；今天，当每个人、特别是那些当年虔诚地相信自己有原罪的人的后裔都成了生物圈的最大负担时，人们反而更加相信人的天然生存权。世俗人权赋予每个人的天赋生存权与他（她）在生物圈意义上的“多余”，每个人诞生前的天真与落地后的原罪所形成的巨大反差，造成了现代人格的本质分裂。

人要生存，天生就要消耗物质财富。口要吃饭，身要穿衣，是从来没有负罪感的。在前现代社会，消耗财富的负罪感，只在人与人的关系中才存在。抢夺财物，是罪；穷奢极欲，是恶；浪费衣食，是过。自食其力，对己对人对天对地都不造成损害，所以是美德。然而，在人类经济活动的速度和规模达到甚至超过了地球生态承受能力的极限之后，这些简单的道理，就变了味。以往提倡节约，是因为财富太少；今天讲节约，是因为财富太多。从前，人们只能将非常有限的自然资源转变成人工产品，财富少，所以要节约。而现在，人们把自然资源转变成人工产品和垃圾的速度已经超过了自然生态系统资源供给和废物降解的速度。所以，减少自然资源转化成财富以及废物的速度，成了现代人的节约宗旨。过去讲节约，是为了生存；今天讲节约，是为了赎罪。同样是讲节约，其内涵之所以有如此大的改变，原因在于：今天每一个享受着汽车空调电视电脑互联网等现代化设施的公民，即使一辈子行善守法，每一个行为也都直接和生物圈的衰竭发生关系。他穿着化纤服装，食用基因改良食品，住在曾为森林的土地上，行则耗油排碳。不偷不抢不敛财不浪费，只要一分钟一分钟地活着，就在销蚀着生物圈的原善，这真是每一个现代人的“不可承受之轻”啊。所以，老子说：“圣人不仁，以百姓为刍狗。”

现代人之原罪，亦有三个层次的“原”意。首先，存在方式违反了生物圈“万物并育而不相害”的原理；其次，对生物圈造成负担起始于生命的原点；最后，只要生存就是生物圈衰竭的原因。

作为生物圈中第一个、也是唯一一个获得智慧的物种（参见第十八章议论），人类凭借智慧突破了生物禀赋的局限性（参见第七十三章议论）。近几百年来，突破的成就达到甚至超过了地球生态系统所能承受的极限（参见第七十七章议论），打破了大自然的原善状态，从而使得每一个现代人一出生以及一生的存在都成了生物圈的负担。获得智慧，突破禀赋，达到极限，成为负担，这就是人类原罪从信仰演变成现实的逻辑。违背造物主意愿而获得的智慧，终于引导人类背叛了造物主本身——生物圈。

［字源］

邦：《汉字演变五百例》6 页。甲骨文“邦”字由“田”、“丰”构成：“田”表示人们赖以生活的地方，“丰”表声。金文把“田”换成“邑”，“邑”是人们的聚居地。

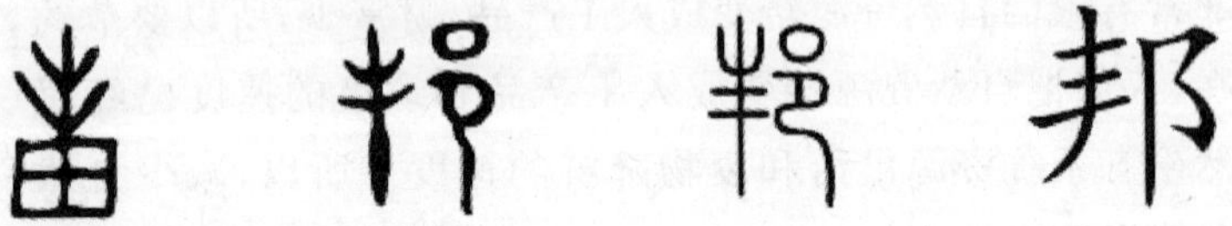

甲骨文　金文　小篆　楷体

像田地里长着庄稼。与第二十一章“甫”的甲骨文相比，的枝叶明显多了。枝叶茂盛，庄稼成熟，丰收在望。种植使人们依赖农业，在农田边建“邑”定居下来，成为。可见，邦的左边，其实是个“丰”字偏旁。

丰：繁体字为“豐”。《古代汉语字典》202 页。丰在甲骨文中是象形字，像一株培好土的树。丰的本义是指草木茂盛。

《甲骨文简明词典》157 页。丰。像树立树木为疆界之形。后代写作封。

《甲骨文字典》689 页。从从○，○像土形，故像封土成堆，植木其上之形，为封之初文。古代植树于土堆之上以为封域，丰字正像其形。

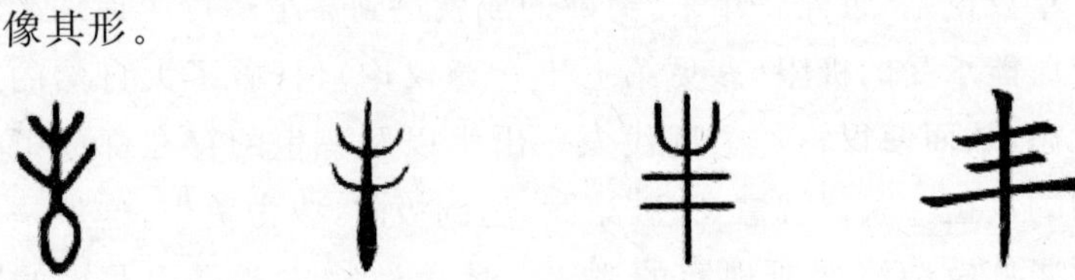

甲骨文　金文　小篆　楷体

与“學”字不同，“豐”这个繁体字，一点没有恢复的必要。繁体字比简体字更能表达字意，并非定律。一般来说，较早采用的简单笔画字，往往比后来的繁体字更能表达字意。

邑：《汉典网》。会意。甲骨文字形。上为囗（wéi），表疆域，下为跪着的人形，表人口。合起来表城邑。“邑”是汉字的一个部首，变体为右耳旁。从“邑”的字多和地名、邦郡有关。本义：国。

甲骨文　　金文　　小篆　　楷体

丰、邑、邦，三个字，形相似，意相近。

第八十一章 天之道，人之道

信言不美，美言不信。善者不辩，辩者不善。知者不博，博者不知。

圣人不积，既以为人，己愈有；既以与人，己愈多。

天之道，利而不害。圣人之道，为而不争。

［版本］

魏王弼本。

［解读］

真切的言辞不美丽，美丽的言辞不真切。善良的人不用辩解，辩解者往往心怀不善。真知灼见不要求博学，博学者不一定有真知灼见。

圣明的人不积蓄财富。愈是为他人，自己愈是富有。愈是给予他人，自己愈是获益良多。

自然秩序，万物并育而不相害。社会秩序，有所作为而不相争。

［字源］

言:《汉典网》。甲骨文字形,下面是“舌”字,上面一横表示言从舌出。“言”是张口伸舌讲话的象形。本义:说,说话。

甲骨文

金文

楷体

舌:《古代汉语字典》706页。象形字,像从口中吐出舌头的样子。

甲骨文

金文

小篆

楷体

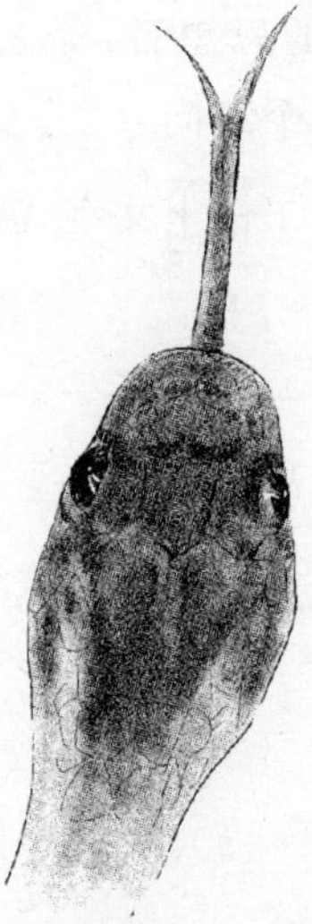

舌头原本是用来帮助进食的,蛇更是将用到极致。

古人也许感慨蛇的舌头功能,才以其形象造字

［议论］

先人不知何时开始用头说话的？嚎叫变成语言，乃是天下一大奇迹。舌头说出来的语，就是前的那“一”横。这一个音符，或是一对音符，或是一串音符，不知经过了怎样的约定，才成为一句话的？直到甲骨文出现，我们才窥见祖先 5000 年前的约定。手写的文字，反过来进一步帮助舌头说话。这才有了延续至今的汉语汉字。

先有语言，还是先有智慧？人借助语言进行思索，还是思索催生了语言？人类从上帝那里偷来智慧，语言又是从哪儿得来的呢？

思索无止境的人，就好像一个有寿命限制的上帝。上帝以无限的存在达到无止境，思想者以有限的存在趋于无止境。与思索无止境相比，无限存在与有限存在的差异似乎不那么重要。如果老子就是一个思索无止境的思想者，那么，承接汉字 5000 年传统的每一个读者，都加入了这个趋向。

老子的智慧，正是借助于语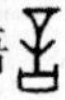文字，流传至今。

附录1 版本，读本

读《老子》所遇到的第一个问题是：读哪个《老子》？本书实际上是一份读书笔记。以下各个《老子》版本，记录了我的阅读过程：将《老子》每一章的各个时期版本，按时间先后进行研读，了解该章的传承和全貌，从中挑选合适的版本作为解读对象。鉴于王弼本流传时间长，影响大，一般情况下尽量选择王弼本作为我的读本。在许多书籍中，《老子》竹简本和帛书本的章节都是根据原本顺序排列的。读者若要对照某一章的各个时期版本，颇为不便。为此，按照王弼本的章节顺序，附录1将竹简本和帛书本的文字对章入座。这样，每章的各个时期版本，可一目了然。

由于本人不具备古籍整理的专业能力，所以，下列竹简本和帛书本的文字均来源于陈鼓应《老子今注今译》，北京：商务印书馆，2003年12月第1版。竹简本和帛书本中的所有异体字、假借字、错字、残缺字、补文，均以该书的修订为准。甲乙丙后面的数字为该书的页码，以便了解陈鼓应先生的修订过程。

王弼本的文字来源于楼宇烈《王弼集校释》(上册)，北京：中华书局，1980。

章	楚郭店竹简 (BC4—BC3 世纪) 1993年湖北 荆门郭店 出土 1998年5月 文物出版社 刊行《郭店 楚墓竹简》	西汉马王堆 汉墓帛书 (BC3—BC2世纪) 1973年12月马王堆3号墓 出土 1974年文物出版社线装本 《马王堆汉墓帛书老子》		魏王弼本 (3世纪) 三国·魏 (220—265) 王弼 (226—249)	我的读本 (21世纪) 2011
	甲、乙、丙本	甲本 (BC206—BC195)	乙本 (BC194—BC180)		
1		道，可道也，非恒道也。名，可名也，非恒名也。无名万物之始也。有名万物之母也。故恒无欲也，以观其妙；恒有欲也，以观其所嗷(jiào)。两者同出，异名同谓。玄之又玄，众妙之门。(西汉帛甲407) 嗷(jiào)：同"叫"。	道，可道也，非恒道也。名，可名也，非恒名也。无名万物之始也。有名万物之母也。故恒无欲也，以观其妙；恒有欲也，以观其所曒(jiǎo)。两者同出，异名同谓。玄之又玄，众妙之门。(西汉帛乙422) 曒 jiǎo： 1. 光亮洁白。 2. 分明，清晰。	道可道，非常道；名可名，非常名。无名天地之始，有名万物之母。故常无欲，以观其妙；常有欲，以观其徼(jiào)。此两者同出而异名，同谓之玄，玄之又玄，众妙之门。 徼 jiào：边界。	道可道，非常道。名可名，非常名。无名，天地之始。有名，万物之母。故常无，欲以观其妙。常有，欲以观其徼。此两者，同出而异名，同谓之玄。玄之又玄，众妙之门。 (魏王弼本)
2	天下皆知美之为美也，恶已；皆智知善，其不善已。有亡之相生也，难易	天下皆知美为美，恶已；皆知善，斯不善矣。有、无之相生也，难、易之相成也，长、短之	天下皆知美之为美，恶已。皆知善，斯不善矣。有、无之相生也，难、易之相成也，	天下皆知美之为美，斯恶已；皆知善之为善，斯不善已。故有无相生，难易相	天下皆知美之为美，斯恶已；皆知善之为善，斯不善已。故有无相生，难易相成，长

续表

	之相成也，长短之相形也，高下之相盈也，音声之相和也，先后之相随也。是以圣人居亡为之事，行不言之教。万物作而弗始也，为而弗恃也，成而弗居。夫唯弗居也，是以弗去也。（楚竹简甲433）	相形也，高、下之相盈也，音、声之相和也，先、后之相随，恒也。是以圣人居无为之事，行不言之教。万物作而弗始也，为而弗恃也，成功而弗居也。夫唯弗居，是以弗去。（西汉帛甲407）	长、短之相形也，高、下之相盈也，音、声之相和也，先、后之相随，恒也。是以圣人居无为之事，行不言之教。万物作而弗始，为而弗恃也，成功而弗居也。夫唯弗居，是以弗去。（西汉帛乙422）	成，长短相较，高下相倾，音声相和，前后相随。是以圣人处无为之事，行不言之教。万物作焉而不辞，生而不有，为而不恃，功成而弗居。夫唯弗居，是以不去。	短相形，高下相倾，音声相和，前后相随。是以圣人处无为之事，行不言之教。万物作焉而不辞，生而不有，为而不恃，功成而弗居。夫唯弗居，是以不去。 （以魏王弼本为基础。将魏王弼本中的“相较”，改为楚竹简甲本、西汉帛书甲、乙本中的“相形”。）
3		不上贤，使民不争。不贵难得之货，使民不为盗。不见（xiàn）可欲，使民不乱。是以圣人之治也：虚其心，实其腹，弱其志，强其骨。恒使民无知无欲也。使夫知不敢，弗为而已，则无不治矣。（西汉帛甲407）	不上贤，使民不争。不贵难得之货，使民不为盗。不见可欲，使民不乱。是以圣人之治也，虚其心，实其腹；弱其志，强其骨。恒使民无知无欲也。使夫知不敢弗为而已，则无不治矣。（西汉帛乙423）	不尚贤，使民不争；不贵难得之货，使民不为盗；不见可欲，使民心不乱。是以圣人之治，虚其心，实其腹；弱其志，强其骨。常使民无知无欲，使夫智者不敢为也。为无为，则无不治。	不尚贤，使民不争。不贵难得之货，使民不为盗。不见可欲，使民心不乱。是以圣人之治，虚其心，实其腹，弱其志，强其骨。常使民无知无欲，使夫智者不敢为也。为无为，则无不治。 （魏王弼本）

续表

		见 xiàn："现"的古字。意思为显现；出现；实现。			
4		道冲，而用之有弗盈也。渊呵似万物之宗。挫其锐，解其纷，和其光，同其尘。湛呵似或存。吾不知谁子也，象帝之先。（西汉帛甲407）	道冲，而用之有弗盈也。渊呵似万物之宗。挫其锐，解其纷，和其光，同其尘。湛呵似或存。吾不知其谁之子也，象帝之先。（西汉帛乙423）	道冲而用之或不盈，渊兮似万物之宗。挫其锐，解其纷，和其光，同其尘。湛兮似或存，吾不知谁之子，象帝之先。	道冲，而用之或不盈。渊兮，似万物之宗。挫其锐，解其纷，和其光，同其尘。湛兮，似或存。吾不知谁之子，象帝之先。 （魏王弼本）
5	天地之间，其犹橐(tuó)籥(yuè)与？虚而不屈，动而愈出。（楚竹简甲434） 橐 tuó： 1. 口袋。 2. 风箱。 籥 yuè： 1. 一种用竹管制成的古乐器，似排笛的前身，有三孔、六孔、七孔之别。 2. 用来吹火的竹筒。	天地不仁，以万物为刍狗。圣人不仁，以百姓为刍狗。天地之间，其犹橐籥与？虚而不淈(qū)，动而愈出。多闻数穷，不若守于中。（西汉帛甲407） 淈 qū：通“屈”。竭尽，竭力。	天地不仁，以万物为刍狗。圣人不仁，以百姓为刍狗。天地之间，其犹橐籥与？虚而不屈，动而愈出。多闻数穷，不若守于中。（西汉帛乙423）	天地不仁，以万物为刍狗；圣人不仁，以百姓为刍狗。天地之间，其犹橐籥乎？虚而不屈，动而愈出。多言数穷，不如守中。	天地不仁，以万物为刍狗。圣人不仁，以百姓为刍狗。天地之间，其犹橐籥乎？虚而不屈，动而愈出。多言数穷，不如守中。 （魏王弼本）

续表

6		谷神不死，是谓玄牝(pìn)。玄牝之门，是谓天地之根。绵绵呵若存，用之不勤。(西汉帛甲408) 牝 pìn：雌性的禽兽。	谷神不死，是谓玄牝。玄牝之门，是谓天地之根。绵绵呵，其若存，用之不勤。(西汉帛乙423)	谷神不死，是谓玄牝，玄牝之门，是谓天地根。绵绵若存，用之不勤。	谷神不死，是谓玄牝。玄牝之门，是谓天地根。绵绵若存，用之不勤。 (魏王弼本)
7		天长，地久。天地之所以能长且久者，以其不自生也，故能长生。是以圣人退其身而身先，外其身而身存。不以其无私与？故能成其私。(西汉帛甲408)	天长，地久。天地之所以能长且久者，以其不自生也，故能长生。是以圣人退其身而身先，外其身而身先，外其身而身存。不以其无私与？故能成其私。(西汉帛乙423)	天长地久。天地所以能长且久者，以其不自生，故能长生。是以圣人后其身而身先，外其身而身存。非以其无私邪？故能成其私。	天长地久。天地所以能长且久者，以其不自生，故能长生。是以圣人后其身而身先，外其身而身存。非以其无私邪？故能成其私。 (魏王弼本)
8		上善似水。水善利万物而有争，居众之所恶(wù)，故几(jī)于道矣。居善地，心善渊，予善信，政善治，事善能，动善时。夫唯不争，故无尤。(西汉帛甲408)	上善如水。水善利万物而有争，居众人之所恶，故几于道矣。居善地，心善渊，予善天，言善信，政善治，事善能，动善时。夫唯不争，故无尤。(西汉帛乙423)	上善若水。水善利万物而不争，处众人之所恶，故几于道。居善地，心善渊，与善仁，言善信，政善治，事善能，动善时。夫唯不争，故无尤。	上善若水。水善利万物而不争，处众人之所恶，故几于道。居善地，心善渊，与善仁，言善信，政善治，事善能，动善时。夫唯不争，故无尤。 (魏王弼本)

续表

9	朱而盈之，不不若已。湍(tuān)而群之，不可长保也。金玉盈室，莫能守也。贵福骄，自遗咎也。功遂身退，天之道也。(楚竹简甲436)	殖而盈之，不若其已。揣(zhuī)而□之□之，□可长葆之。金玉盈室，莫之守也。贵富而骄，自遗咎也。功遂身退，天之道也。(西汉帛甲408) 揣 zhuī:捶击。	殖而盈之，不若其已。揣而允之，不可长葆也。金玉盈室，莫之能守也。贵富而骄，自遗咎也。功遂身退，天之道也。(西汉帛乙424)	持而盈之，不如其已。揣而棁(zhuō)之，不可长保。金玉满堂，莫之能守。富贵而骄，自遗其咎。功遂身退，天之道。 棁 zhuō: 1、木杖。 2、梁上的短柱。	持而盈之，不如其已。揣而锐之，不可长保。金玉满堂，莫之能守。富贵而骄，自遗其咎。功遂身退，天之道。 (以魏王弼本为基础。将魏王弼本中的"揣而棁之"，改为"揣而锐之"。)
10		戴营魄抱一，能毋离乎？抟(tuán)气至柔，能婴儿乎？脩(xiū)除玄鉴，能毋疵乎？爱民活国，能毋以知乎？天门启阖(hé)，能无雌乎？明白四达，能毋以知乎？生之，畜之，生而弗有，长而弗宰，是谓玄德。(西汉帛甲408) 抟 tuán:把东西捏聚成团。 脩 xiū: 1. 干肉。	戴营魄抱一，能毋离乎？抟气至柔，能婴儿乎？脩除玄览，能毋有疵乎？爱民活国，能毋以知乎？天门启阖，能为雌乎？明白四达，能毋以知乎？生之，畜之。生而弗有，长而弗宰也，是谓玄德。(西汉帛乙424)	载营魄抱一，能无离乎？专气致柔，能婴儿乎？涤除玄览，能无疵乎？爱民治国，能无知乎？天门开阖，能无雌乎？明白四达，能无为乎？生之、畜之，生而不有，为而不恃，长而不宰，是谓玄德。	载营魄抱一，能无离乎？专气致柔，能婴儿乎？涤除玄览，能无疵乎？爱民治国，能无为乎？天门开阖，能为雌乎？明白四达，能无知乎？生之畜之，生而不有，为而不恃，长而不宰，是谓玄德。 (以魏王弼本为基础。 1. 将魏王弼本中的"爱民治国，能无知乎"，改为"爱

续表

		2. 假借为“修”。 阖 hé：门扇。			民治国，能无为乎”。 2. 将魏王弼本中的“能无雌乎”，改为西汉帛书乙本中的“能为雌乎”。 3. 参考西汉帛甲、乙本，将魏王弼本中的“明白四达，能无为乎”，改为“明白四达，能无知乎”。）
11		卅辐同一轂(gǔ)，当其无，有车之用也。埏(yán)埴为器，当其无，有埴器之用也。凿户牖(yǒu)，当其无，有室之用也。故有之以为利，无之以为用。（西汉帛甲408） 埏 yán：用水和土。 埴：泥土。	卅辐同一轂，当其无有，车之用也。埏埴而为器，当其无有，埴器之用也。凿户牖，当其无有，室之用也。故有之以为利，无之以为用。（西汉帛乙424）	三十辐共一轂，当其无，有车之用。埏埴以为器，当其无，有器之用。凿户牖以为室，当其无，有室之用。故有之以为利，无之以为用。	三十辐共一轂，当其无，有车之用。埏埴以为器，当其无，有器之用。凿户牖以为室，当其无，有室之用。故有之以为利，无之以为用。 （魏王弼本）

续表

12		五色使人目盲，驰骋田猎使人心发狂。难得之货，使人之行妨，五味使人之口爽，五音使人之耳聋。是以圣人之治也，为腹不为目，故去彼取此。（西汉帛甲408）	五色使人目盲，驰骋田猎使人心发狂，难得之货使人之行妨。五味使人之口爽，五音使人之耳聋。是以圣人之治也，为腹而不为目。故去彼而取此。（西汉帛乙424）	五色令人目盲，五音令人耳聋，五味令人口爽，驰骋畋(tián)猎令人心发狂，难得之货令人行妨。是以圣人为腹不为目，故去彼取此。 畋 tián：在田野中打猎。	五色令人目盲，五音令人耳聋，五味令人口爽，驰骋畋猎令人心发狂，难得之货令人行妨。是以圣人为腹不为目，故去彼取此。 （魏王弼本）
13	人宠辱若惊，贵大患若身。何谓宠辱？宠为下也。得之若惊，失之若惊，是谓宠辱惊。□□□□□若身？吾所以有大患者，为吾有身。及吾亡身，何□□□□□□□为天下，若可以讬天下矣。爱以身为天下，若何以迲天下矣。（楚竹简乙437） 讬 tuō：同“托”。	宠辱若惊，贵大患若身。何谓宠辱若惊？宠之为下，得之若惊，失之若惊，是谓宠辱若惊。何谓贵大患若身？吾所以有大患者，为吾有身也。及吾无身，有何患？故贵为身于为天下，若可以托天下矣；爱以身为天下，女何以寄天下？（西汉帛甲409）	宠辱若惊，贵大患若身。何谓宠辱若惊？宠之为下也，得之若惊，失之若惊，是谓宠辱若惊。何谓贵大患若身？吾所以有大患者，为吾有身也。及吾无身，有何患？故贵为身于为天下，若可以托天下矣；爱以身为天下，女可以寄天下矣。（西汉帛乙424）	宠辱若惊，贵大患若身。何谓宠辱若惊？宠，为下得之若惊，失之若惊，是谓宠辱若惊。何谓贵大患若身？吾所以有大患者，为吾有身，及吾无身，吾有何患！故贵以身为天下，若可寄天下；爱以身为天下，若可讬天下。	宠辱若惊，贵大患若身。何谓宠辱若惊？宠为下，得之若惊，失之若惊，是谓宠辱若惊。何谓贵大患若身？吾所以有大患者，为吾有身。及吾无身，吾有何患？故贵以身为天下，若可寄天下。爱以身为天下，若可托天下。 （以魏王弼本为基础。将魏王弼本中的“若可讬天下”，改为“若可托天下”。）

续表

14		视之而弗见，名之曰微。听之而弗闻，名之曰希。捪(mín)之而弗得，名之曰夷。三者不可致诘(jié)，故卣而为一。一者，其上不攸，其下不忽。寻寻呵，不可名也，复归于无物。是谓无状之状，无物之象。是谓忽恍。随而不见其后，迎而不见其首。执今之道，以御今之有。以知古始，是谓道纪。(西汉帛甲409) 捪 mín：抚。 诘 jié：追问。谴责，问罪。	视之而弗见，命之曰微。听之而弗闻，命之曰希。捪之而弗得，命之曰夷。三者不可致诘，故混而为一。一者，其上不谬，其下不忽。寻寻呵，不可命也，复归于无物。是谓无状之状，无物之象，是谓忽恍。随而不见其后，迎而不见其首。执今之道，以御今之有。以知古始，是谓道纪。(西汉帛乙425)	视之不见名曰夷。听之不闻名曰希。搏之不得名曰微。此三者不可致诘，故混而为一。其上不皦(jiǎo)，其下不昧，绳(mǐn)绳不可名，复归于无物，是谓无状之状，无物之象。是谓惚(hū)恍(huǎng)。迎之不见其首，随之不见其后。执古之道，以御今之有，能知古始，是谓道纪。 皦 jiǎo：古同“皎”，洁白，明亮。 绳 mǐn 绳：犹漠漠；恍惚。 惚 hū 恍 huǎng：1. 混沌不分；隐约不清。2. 迷迷糊糊。多指神志方面。3. 游移不定。	视之而弗见，命之曰微。听之而弗闻，命之曰希。捪之而弗得，命之曰夷。三者不可致诘，故混而为一。一者，其上不谬，其下不忽。寻寻呵，不可命也，复归于无物。是谓无状之状，无物之象，是谓忽恍。随而不见其后，迎而不见其首。执今之道，以御今之有。以知古始，是谓道纪。 (西汉帛书乙本。帛书甲、乙本中的“一者”，在解读中起重要作用。甲本原文中缺“道纪”这两个关键的字，并且文中有生僻字，故用乙本。)

续表

15	长古之善为士者，必微溺玄远，深不可识，是以为之容：豫乎若冬涉川，犹乎其若畏四邻，严乎其若客，涣乎其若释，屯乎其若朴，坉(dùn)乎其若浊。孰能浊以静者，将徐清。孰能庀(pǐ)以迬者，将徐生。保此道者不欲尚盈。（楚竹简甲432） · 坉 dùn：古同“沌”。 庀 pǐ： 1. 具备。 2. 治理。	古之善为道者，微妙玄达，深不可识。夫唯不可识，故强为之容，曰：与呵其若冬涉水，犹呵其若畏四邻，严呵其若客，涣呵其若凌释，□呵其若朴，湷呵其若浊，湴呵其若谷。浊而静之，徐清。女以动之，徐生。保此道不欲盈。夫唯不欲盈，是以能敝而不成。（西汉帛甲409）	古之□为道者，微妙玄达，深不可识。夫唯不可识，故强为之容，曰：与呵其若冬涉水，犹呵其若畏四邻，严呵其若客，涣呵其若凌释，沌呵其若朴，湷呵其若浊，湴呵其若谷。浊而静之，徐清。安以动之，徐生。保此道者不欲盈。是以能敝而不成。（西汉帛乙425）	古之善为士者，微妙玄通，深不可识。夫唯不可识，故强为之容。豫焉若冬涉川，犹兮若畏四邻，俨兮其若容，涣兮若冰之将释，敦兮其若朴，旷兮其若谷，混兮其若浊。孰能浊以静之徐清？孰能安以久动之徐生？保此道者不欲盈，夫唯不盈，故能蔽不新成。	古之善为士者，微妙玄通，深不可识。夫唯不可识，故强为之容：豫焉若冬涉川，犹兮若畏四邻，俨兮其若容，涣兮若冰之将释，敦兮其若朴，旷兮其若谷，混兮其若浊。孰能浊以静之徐清？孰能安以久动之徐生？保此道者不欲盈。夫唯不盈，故能蔽不新成。 （魏王弼本）
16	至虚，恒也。守中，笃也。万物旁作，居以须复也。天道员员，各复其根。（楚竹简甲434）	致虚，极也；守静，表也，万物并作，吾以观其复也。天物芸芸，各复归于其根，曰静。静，是谓复命。复命，常也。知常，明也。不知常，妄，妄	致虚，极也；守静，督也。万物并作，吾以观其复也。夫物芸芸，各复归于其根。曰静。静，是谓复命。复命，常也。知常，明也。不知	致虚极，守静笃，万物并作，吾以观复。夫物芸芸，各复归其根。归根曰静，是谓复命。复命曰常，知常曰明，不知常，	致虚极，守静笃。万物并作，吾以观复。夫物芸芸，各复归其根。归根曰静，是谓复命。复命曰常，知常曰明。不知常，妄作，凶。知常容，

续表

		作凶。知常容,容乃公,公乃王,王乃天,天乃道,道乃久,没身不怠。(西汉帛甲409)	常,妄,妄作凶。知常容,容乃公,公乃王,王乃天,天乃道,道乃久,没身不怠。(西汉帛乙425)	妄作,凶。知常容,容乃公,公乃王,王乃天,天乃道,道乃久。没身不殆。	容乃公,公乃王,王乃天,天乃道,道乃久。没身不殆。 (魏王弼本)
17	太上下知有之,其次亲誉之,其次畏之,其次侮之。信不足,安有不信。犹乎其贵言也。成事遂功,而百姓曰我自然也。(楚竹简丙439)	太上下知有之。其次亲誉之,其次畏之。其下侮之。信不足,案有不信。犹呵其贵言也。成功遂事,而百姓谓我自然。(西汉帛甲409)	太上,下知有之;其次,亲誉之,其次,畏之,其下,侮之。信不足,安有不信。犹呵其贵言也。成功遂事,而百姓谓我自然。(西汉帛乙425)	太上,下知有之。其次,亲而誉之。其次,畏之。其次,侮之。信不足,焉有不信焉。悠兮其贵言,功成事遂,百姓皆谓我自然。	太上,不知有之。其次,亲而誉之。其次,畏之。其次,侮之。信不足焉,有不信焉。悠兮其贵言,功成事遂。百姓皆谓:我自然。 (以魏王弼本为基础。将魏王弼本中的“下知有之”,改为“不知有之”。)
18	故大道废,安有仁义。六亲不和,安有孝慈。邦家昏□,安有正臣。(楚竹简丙439)	故大道废,案有仁义。智慧出,案有大伪。六亲不和,案有孝慈。邦家昏乱,案有贞臣。(西汉帛甲410)	故大道废,安有仁义。智慧出,安有大伪。六亲不和,安有孝慈。国家昏乱,安有贞臣。(西汉帛乙426)	大道废,有仁义;慧智出,有大伪;六亲不和,有孝慈;国家昏乱,有忠臣。	大道废,有仁义。智慧出,有大伪。六亲不和,有孝慈。国家昏乱,有忠臣。 (以魏王弼本为基础。将魏王弼本中的“慧智”,改为西汉帛书甲、乙本中的“智慧”。)

续表

19	绝知弃辩，民利百倍。绝巧弃利，盗贼亡有。绝伪弃虑，民复孝慈。三言以为辨不足，或令之或乎属。视素保朴，少私寡欲。（楚竹简甲431）	绝圣弃智，民利百倍。绝仁弃义，民复孝慈。绝巧弃利，盗贼无有。此三言也，以为文未足，故令之有所属。见素抱朴，少私寡欲。（西汉帛甲410）	绝圣弃知，而民利百倍。绝仁弃义，而民复孝慈。绝巧弃利，盗贼无有。此三言也，以为文未足，故令之有所属。见素抱朴，少私而寡欲。（西汉帛乙426）	绝圣弃智，民利百倍；绝仁弃义，民复孝慈；绝巧弃利，盗贼无有。此三者，以为文不足，故令有所属，见素抱朴，少私寡欲。	绝智弃辩，民利百倍。绝巧弃利，盗贼亡有。绝伪弃虑，民复孝慈。三言以为辨，不足，或令之或乎属：视素保朴，少私寡欲。 （楚竹简甲本。将陈鼓应先生修订的“绝知”，改为竹简本的原文“绝智”。在本章的四个版本中，短语顺序搭配各有不同，取楚竹简甲本。）
20	绝学亡忧。唯与呵，相去几何？美与恶，相去何若？人之所畏，亦不可以不畏。（楚竹简乙437）	绝学无忧。唯与诃（hē），其相去几何？美与恶，其相去何若？人之所畏，亦不可以不畏。恍呵其未央哉！众人熙熙，若飨（xiǎng）于大牢，而春登台。我泊焉未兆，若婴儿未咳。累呵如无所	绝学无忧。唯与呵，其相去几何？美与恶，其相去何若？人之所畏，亦不可以不畏人。恍呵，其未央哉！众人熙熙，若飨于大牢，而春登台。我泊焉未兆，若婴儿未咳。累呵似无所归。众	绝学无忧。唯之与阿，相去几何？善之与恶，相去若何？人之所畏，不可不畏。荒兮其未央哉！众人熙熙，如享太牢，如春登台。我独泊兮其未兆，如婴儿之未孩。傫（lěi）傫兮	绝学无忧。唯之与诃，相去几何？善之与恶，相去若何？人之所畏，不可不畏。荒兮，其未央哉！众人熙熙，如享太牢，如春登台。我独泊兮，其未兆，如婴儿之未孩。傫傫兮，若无所归。众人皆

续表

		归。众人皆有余，我独遗。我愚人之心也，惷(chǔn)惷呵。俗人昭昭，我独若昏呵。俗人察察，我独闷闷呵。忽呵其若海，恍呵其若无所止。众人皆有以，我独顽以俚。吾欲独异于人，而贵食母。(西汉帛甲410) 诃 hē：大言而怒也。 飨 xiǎng：乡人相聚宴饮。 惷 chǔn：乱也。	人皆有余。我愚人之心也，湷湷呵。俗人昭昭，我独若昏呵。俗人察察，我独闵闵呵。忽呵，其若海。恍呵，若无所止。众人皆有以，我独顽以鄙。吾欲独异于人，而贵食母。(西汉帛乙426) 闵 mǐn：吊唁。	若无所归。众人皆有余，而我独若遗。我愚人之心也哉！沌沌兮！俗人昭昭，我独昏昏；俗人察察，我独闷闷。澹(dàn)兮其若海。飂(liù)兮若无止。众人皆有以，而我独顽似鄙。我独异于人，而贵食母。 儽 lěi：儽儽，古同"累累"，颓丧。 澹 dàn：水波摇动的样子。 飂 liù：《辞海》4016页。犹飘。	有余，而我独若遗。我愚人之心也哉！沌沌兮！俗人昭昭，我独昏昏。俗人察察，我独闷闷。澹兮，其若海。飂兮，若无止。众人皆有以，而我独顽似鄙。我独异于人，而贵食母。 (以魏王弼本为基础。参考西汉帛书甲本，将魏王弼本中的"唯之与阿"，改为"唯之与诃"。)
21		孔德之容，唯道是从。道之物，唯恍唯忽。忽呵恍呵，中有象呵。恍呵忽呵，中有物呵。幽呵冥呵，中有精呵。其精甚真，其中有信。自今	孔德之容，唯道是从。道之物，唯恍唯忽。忽呵恍呵，中有象呵。恍呵忽呵，中有物呵。窈呵冥呵，其中有精呵。其精甚真，其中有信。	孔德之容，惟道是从。道之为物，惟恍惟惚。惚兮恍兮，其中有象；恍兮惚兮，其中有物。窈兮冥兮，其中有精；其精甚	孔德之容，惟道是从。道之为物，惟恍惟惚。惚兮恍兮，其中有象。恍兮惚兮，其中有物。窈兮冥兮，其中有精。其精甚真，其中有信。

续表

		及古，其名不去，以顺众父。吾何以知众父之然？以此。（西汉帛甲410）	自今及古，其名不去，以顺众父。吾何以知众父之然也？以此。（西汉帛乙426）	真，其中有信。自今及古，其名不去，以阅众甫。吾何以知众甫之状哉？以此。	自今及古，其名不去，以阅众甫。吾何以知众甫之状哉，以此。（魏王弼本）
22		曲则全，枉则正，洼则盈，敝则新，少则得，多则惑。是以圣人执一，以为天下牧。不自示故明，不自见故章，不自伐故有功，弗矜故能长。夫唯不争，故莫能与之争。古之所谓曲全者，几语哉？诚全归之。（西汉帛甲411）	曲则全，枉则正；洼则盈，敝则新；少则得，多则惑。是以圣人执一，以为天下牧。不自示故章，不自见也故明，不自伐故有功，弗矜故能长。夫唯不争，故莫能与之争。古之所谓曲全者，几语哉？诚全归之。（西汉帛乙427）	曲则全，枉则直，洼则盈，敝则新，少则得，多则惑。是以圣人抱一，为天下式。不自见故明，不自是故彰，不自伐故有功，不自矜故长。夫唯不争，故天下莫能与之争。古之所谓曲则全者，岂虚言哉！诚全而归之。	曲则全，枉则直，洼则盈，敝则新，少则得，多则惑。是以圣人抱一，为天下式。不自见故明，不自是故彰，不自伐故有功，不自矜故长。夫唯不争，故天下莫能与之争。古之所谓曲则全者，岂虚言哉！诚，全而归之。（魏王弼本）
23		希言自然。飘风不终朝，暴雨不终日。孰为此？天地而弗能久，又况于人乎？故从事而道者同于道，德者同于德，失者同于失。同德者，道亦德之。同	希言自然。飘风不终朝，暴雨不终日。孰为此？天地而弗能久，又况于人乎？故从事而道者同于道，德者同于德，失者同于失。同于德者，道亦德之。	希言自然。故飘风不终朝，骤雨不终日。孰为此者？天地。天地尚不能久，而况于人乎？故从事于道者，道者同于道，德者同于德，失者	希言，自然。飘风不终朝，暴雨不终日，孰为此？天地而弗能久，又况于人乎？故从事而道者，同于道；德者，同于德；失者，同于失。同德者，道亦德之。

		于失者，道亦失之。（西汉帛甲 411）	同于失者，道亦失之。（西汉帛乙 427）	同于失。同于道者，道亦乐得之；同于德者，德亦乐得之；同于失者，失亦乐得之。信不足，焉有不信焉。	同于失者，道亦失之。 （西汉帛书甲本。与其他版本相比，西汉帛书甲本简洁明了。）
24		炊者不立，自示不章，自见者不明，自伐者无功，自矜者不长。其在道，曰：“馀食赘形。”物或恶之，故有欲者弗居。（西汉帛甲 410）	炊者不立，自示者不章，自见者不明，自伐者无功，自矜者不长。其在道也，曰：“余食、赘形。”物或恶之，故有欲者弗居。（西汉帛乙 427）	企者不立，跨者不行，自见者不明，自是者不彰，自伐者无功，自矜者不长。其在道也，曰馀食赘形。物或恶之，故有道者不处。	企者不立，跨者不行，自见者不明，自是者不彰，自伐者无功，自矜者不长。其在道也。曰：馀食赘形，物或恶之。故有道者不处。 （魏王弼本）
25	有𤖯蟲成，先天地生，敓（duó）穆，独立不改，可以为天下母。未知其名，字之曰道，吾强为之名曰大。大曰□，□曰远，远曰返。天大，地大，道大，王亦大。国中有四大安，王居一安。人法地，地法天，	有物混成，先天地生。寂呵寥呵，独立而不改，可以为天地母。吾未知其名，字之曰道。吾强为之名曰大。大曰逝，逝曰远，远曰反。道大，天大，地大，王亦大。国中有四大，而王居一焉。人法地，地法天，天法道，道	有物混成，先天地生。寂呵寥呵，独立而不改，可以为天地母。吾未知其名也，字之曰道。吾强为之名曰大。大曰逝，逝曰远，远曰反。道大，天大，地大，王亦大。国中有四大，而王居一焉。人法地，地法天，天法道，道	有物混成，先天地生，寂兮寥兮，独立不改，周行而不殆，可以为天下母。吾不知其名，字之曰道，强为之名曰大。大曰逝，逝曰远，远曰反。故道大、天大、地大、王亦大。域中有四大，而王居其一焉。	有状混成，先天地生。寂兮寥兮，独立不改，周行而不殆，可以为天下母。吾不知其名，强字之曰道，强为之名曰大。大曰逝，逝曰远，远曰返。故道大、天大、地大、人亦大。域中有四大，而人居其一焉。人法地，

续表

	天法道，道法自然。（楚竹简甲 434） 蟲：竹简原文。简体字为“虫”。 敓 duó：夺。	法自然。（西汉帛甲 411）	法自然。（西汉帛乙 427）	人法地，地法天，天法道，道法自然。	地法天，天法道，道法自然。 （以魏王弼本为基础。 1.参考楚竹简甲本，将魏王弼本中的“有物”，改为“有狀”。 2.将魏王弼本中的“远曰反”，改为楚竹简甲本中的“远曰返”。 3.遵从通行版本，将魏王弼本中的“字之曰道”，改为“强字之曰道”。 4.遵从通行版本，将魏王弼本中的“王亦大”，改为“人亦大”。 5.遵从通行版本，将王弼本中的“王居其一”，改为“人居其一”。）
26		重为轻根，静为躁君。是以君子终日行，不离其辎重。虽有环馆，燕	重为轻根，静为躁君。是以君子终日行，不远其辎重。虽有环馆，燕	重为轻根，静为躁君，是以圣人终日行不离辎重。虽有荣观，燕	重为轻根，静为躁君。是以君子终日行，不离辎重。虽有荣观，燕处

续表

		处则昭若。若何万乘之王而以身轻于天下？轻则失本，躁则失君。（西汉帛甲411）	处则昭若。若何万乘之王而以身轻于天下？轻则失本，躁则失君。（西汉帛乙427）	处超然。奈何万乘之主，而以身轻天下？轻则失根，躁则失君。	超然。奈何万乘之主，而以身轻天下？轻则失根，躁则失君。 （以魏王弼本为基础。将魏王弼本中的“圣人终日行”，改为西汉帛书甲、乙本中的“君子终日行”。）
27		善行者无辙迹，善言者无瑕谪(zhé)，善数者不以筹策，善闭者无关籥而不可启也，善结者无纆约而不可解也。是以圣人恒善救人，而无弃人，物无弃物，是谓忡(chōng)明。故善人，善人之师；不善人，善人之资也。不贵其师，不爱其资，虽智乎大迷。是谓妙要。（西汉帛甲411）	善行者无达迹，善言者无瑕谪，善数者不以筹策，善闭者无关籥而不可启也，善结者无纆(mò)约而不可解也。是以圣人恒善救人，而无弃人，物无弃物，是谓曳(yè)明。故善人，善人之师；不善人，善人之资也。不贵其师，不爱其资，虽智乎大迷。是谓妙要。（西汉帛乙428）	善行无辙迹，善言无瑕谪，善数不用筹策，善闭无关楗而不可开，善结无绳约而不可解。是以圣人常善救人，故无弃人；常善救物，故无弃物，是谓袭明。故善人者，不善人之师；不善人者，善人之资。不贵其师，不爱其资，虽智大迷，是谓要妙。	善行无辙迹，善言无瑕谪，善数不用筹策，善闭无关楗而不可开，善结无绳约而不可解。是以圣人常善救人，故无弃人；常善救物，故无弃物，是谓袭明。故善人者，不善人之师；不善人者，善人之资。不贵其师，不爱其资，虽智大迷，是谓要妙。 （魏王弼本）

续表

		谪 zhé:有意指摘,责备。 关篇:用帛书甲原文。 忡 chōng:忧愁的样子。	关篇:用帛书乙原文。 纆 mò:绳索。 曳 yè:拖,牵引。		
28		知其雄,守其雌,为天下溪。为天下溪,恒德不离。恒德不离,复归婴儿。知其白,守其辱,为天下谷。为天下谷,恒德乃足。德乃足,复归于朴。知其白,守其黑,为天下式。为天下式,恒德不忒(tè)。恒德不忒,复归于无极。朴散则为器,圣人用则为官长,夫大制无割。(西汉帛甲 412) 忒 tè:差误。	知其雄,守其雌,为天下溪。为天下溪,恒德不离。恒德不离,复归于婴儿。知其白,守其辱,为天下谷。为天下谷,恒德乃足。恒德乃足,复归于朴。知其白,守其黑,为天下式。为天下式,恒德不忒。恒德不忒,复归于无极。朴散则为器,圣人用则为官长,夫大制无割。(西汉帛乙 428)	知其雄,守其雌,为天下谿(xī)。为天下谿,常德不离,复归于婴儿。知其白,守其黑,为天下式。为天下式,常德不忒,复归于无极。知其荣,守其辱,为天下谷。为天下谷,常德乃足,复归于朴。朴散则为器,圣人用之则为官长。故大制不割。 谿 xī:山沟,山谷。	知其雄,守其雌,为天下谿。为天下谿,常德不离,复归于婴儿。知其白,守其黑,为天下式。为天下式,常德不忒,复归于无极。知其荣,守其辱,为天下谷。为天下谷,常德乃足,复归于朴。朴散则为器,圣人用之则为官长。故大制不割。 (魏王弼本)
29		将欲取天下而为之,吾见其弗得已。天下,神器也,非可为者也。为者败之,执者失之。物或行	将欲取天下而为之,吾见其弗得已。夫天下,神器也,非可为者也。为之者败之,执之者失之。物	将欲取天下而为之,吾见其不得已。天下神器,不可为也。为者败之,执者失之。故物或	将欲取天下而为之,吾见其不得已。天下神器,不可为也。为者败之,执者失之。故物或行或随、

续表

		或随，或热或吹，或强或挫，或培或堕。是以圣人去甚、去大、去奢。（西汉帛甲412）	或行或随，或热，或硙，或培，或堕。是以圣人去甚、去大、去奢。（西汉帛乙428）	行或随、或歔（xū）或吹、或强或羸、或挫或隳（huī）。是以圣人去甚、去奢、去泰。 歔 xū：叹息。 隳 huī：毁坏。	或歔或吹、或强或羸、或挫或隳。是以圣人去甚、去奢、去泰。 （魏王弼本）
30	以道佐人主者，不欲以兵强于天下。善者果而已，不以取强。果而弗伐，果而弗骄，果而弗矜，是谓果而不强。其事好。（楚竹简甲432）	以道佐人主，不以兵强于天下。其事好还，师之所居，楚棘生之。善者果而已矣，毋以取强焉。果而毋骄，果而毋矜，果而毋伐，果而毋得已居，是谓果而不强。物壮而老，是谓之不道，不道早已。（西汉帛甲412）	以道佐人主，不以兵强于天下。其事好还，师之所处，荆棘生之。善者果而已矣，毋以取强焉。果而毋骄，果而毋矜，果而毋伐，果而毋得已居。是谓果而强。物壮而老，谓之不道，不道早已。（西汉帛乙428）	以道佐人主者，不以兵强天下，其事好还。师之所处，荆棘生焉。大军之后，必有凶年。善有果而已，不敢以取强。果而勿矜，果而勿伐，果而勿骄，果而不得已，果而勿强。物壮则老，是谓不道，不道早已。	以道佐人主者，不以兵强天下，其事好还。师之所处，荆棘生焉。大军之后，必有凶年。善有果而已，不敢以取强。果而勿矜，果而勿伐，果而勿骄，果而不得已，果而勿强。物壮则老，是谓不道，不道早已。 （魏王弼本）
31	君子居则贵左，用兵则贵右。故曰兵者□□□□□□得已而用之。铦（xiān）縩为上，弗美也。美之，是乐杀	夫兵者，不祥之器也。物或恶之，故有欲者弗居。君子居则贵左，用兵则贵右。故兵者非君子之器也。兵者不祥之器也，不	夫兵者，不祥之器也。物或恶之，故有欲者弗居。君子居则贵左，用兵则贵右。故兵者非君子之器。兵者不祥之器也，不得	夫佳兵者，不祥之器。物或恶之，故有道者不处。君子居则贵左，用兵则贵右。兵者，不祥之器，非君子之器。不	夫兵者，不祥之器，物或恶之。故有道者不处。君子居则贵左，用兵则贵右。兵者，不祥之器，非君子之器，不得已而用之，

	人。夫乐□□□以得志于天下，故吉事上左，丧事上右。是以偏将军居左，上将军居右。言以丧礼居之也。故□□，则以哀悲莅（lì）之，战胜则以丧礼居之。（楚竹简丙440） 铦 xiān：锋利。 莅 lì：走到近处察看。	得已而用之，铦袭为上，勿美也。若美之，是乐杀人也。夫乐杀人，不可以得志于天下矣。是以吉事上左，丧事上右；是以偏将军居左，上将军居右；言以丧礼居之也。杀人众，以悲哀莅之；战胜，以丧礼处之。（西汉帛甲412）	已而用之，铦恍为上，勿美也。若美之，是乐杀人也。夫乐杀人，不可以得志于天下矣。是以吉事尚左，丧事尚右；是以偏将军居左，而上将军居右，言以丧礼居之也。杀人众，以悲哀莅之；战胜而以丧礼处之。（西汉帛乙429）	得已而用之，恬淡为上，胜而不美。而美之者，是乐杀人。夫乐杀人者，则不可以得志于天下矣。吉事尚左，凶事尚右。偏将军居左，上将军居右，言以丧礼处之。杀人之众，以哀悲泣之。战胜，以丧礼处之。	恬淡为上，胜而不美。而美之者，是乐杀人。夫乐杀人者，则不可以得志于天下矣。吉事尚左，凶事尚右。偏将军居左，上将军居右，言以丧礼处之。杀人之众，以悲哀泣之。战胜，以丧礼处之。 （以魏王弼本为基础。 1.将魏王弼本中的“夫佳兵者”，改为西汉帛书甲、乙本中的“夫兵者”。 2.将魏王弼本中的“哀悲”，改为西汉帛书甲、乙本中的“悲哀”。）
32	道恒亡名，朴虽微，天地弗敢臣，侯王如能守之，万物将自宾。天地相合也，以逾甘露。民	道恒无名，朴虽小而天下弗敢臣，侯王若能守之，万物将自宾。天地相合，以俞甘露。民莫之令，	道恒无名，朴虽小而天下弗敢臣，侯王若能守之，万物将自宾。天地相合，以俞甘露。民莫之令	道常无名，朴虽小，天下莫能臣也。侯王若能守之，万物将自宾。天地相合以降甘露，民莫	道常无名，朴。虽小，天下莫能臣也。侯王若能守之，万物将自宾。天地相合，以降甘露，民莫之

续表

	莫之令而自均安。始制有名。名亦既有,夫亦将知止,知止所以不殆。譬道之在天下也,犹小谷之与江海。(楚竹简甲 434)	而自均焉。始制有名。名亦既有,夫亦将知止,知止所以不殆。譬道之在天下也,犹小谷之与江海也。(西汉帛甲 412)	而自均焉。始制有名,名亦既有,夫亦将知止,知止所以不殆。譬道之在天下也,犹小谷之与江海也。(西汉帛乙 429)	之令而自均。始制有名,名亦既有,夫亦将知止。知止可以不殆。譬道之在天下,犹川谷之于江海。	令而自均。始制有名,名亦既有,夫亦将知止。知止可以不殆。譬道之在天下,犹川谷之于江海。(魏王弼本)
33		知人者,智也。自知者,明也。胜人者,有力也。自胜者,强也。知足者,富也。强行者,有志也。不失其所者,久也。死不忘者,寿也。(西汉帛甲 413)	知人者,智也。自知,明也。胜人者,有力也。自胜者,强也。知足者,富也。强行者,有志也。不失其所者,久也。死而不忘者,寿也。(西汉帛乙 429)	知人者智,自知者明。胜人者有力,自胜者强。知足者富,强行者有志,不失其所者久,死而不亡者寿。	知人者智,自知者明。胜人者有力,自胜者强。知足者富,强行者有志。不失其所者久,死而不亡者寿。(魏王弼本)
34		道,汎呵其可左右也,成功遂事而弗名有也。万物归焉而弗为主,则恒无欲也,可名于小。万物归焉而弗为主,可名于大。是以圣人之能成大也,以其不为大也,故能成大。(西汉帛甲 413) 汎:泛的异体字	道,汎呵,其可左右也,成功遂事而弗名有也。万物归焉而弗为主,则恒无欲也,可名于小。万物归焉而弗为主,可名于大。是以圣人之能成大也,以其不为大也,故能成大。(西汉帛乙 429)	大道氾兮,其可左右。万物恃之而生而不辞,功成不名有。衣养万物而不为主。常无欲,可名于小;万物归焉而不为主,可名为大。以其终不自为大,故能成其大。 氾:泛的异体字	大道氾兮,其可左右。万物恃之而生而不辞,功成不名有。衣养万物而不为主,常无欲,可名于小。万物归焉而不为主,可名为大。以其终不自为大,故能成其大。(魏王弼本)

续表

35	执大象，天下往。往而不害，安平大。乐与饵，过客止。故道□□□，淡呵其无味也。视之不足见，听之不足闻，而不可既也。（楚竹简丙440）	执大象，天下往。往而不害，安平大。乐与饵，过客止。故道之出言也，曰：淡呵其无味也。视之，不足见也。听之，不足闻也。用之，不可既也。（西汉帛甲413）	执大象，天下往。往而不害，安平大。乐与饵，过客止。故道之出言也，曰：淡呵其无味也。视之，不足见也。听之，不足闻也。用之，不可既也。（西汉帛乙430）	执大象，天下往；往而不害，安平太。乐与饵，过客止。道之出口，淡乎其无味，视之不足见，听之不足闻，用之不足既。	执大象，天下往。往而不害，安平大。乐与饵，过客止。故道之出言也，曰：淡呵其无味也。视之，不足见也。听之，不足闻也。用之，不可既也。 （西汉帛书甲本。西汉帛书甲本中的“不可既”与魏王弼本中的“不足既”，意思好象正相反。根据上文的两个“不足”，采用“不可既”比较符合逻辑。）
36		将欲翕之，必固张之。将欲弱之，必固强之。将欲去之，必固与之。将欲夺之，必固予之。是谓微明。柔弱胜强。鱼不脱于渊，邦利器不可以示人。（西汉帛甲413）	将欲翕（xī）之，必固张之。将欲弱之，必固强之。将欲去之，必固与之。将欲夺之，必固予之。是谓微明。柔弱胜强。鱼不可脱于渊，国利器不可以示人。（西汉帛乙430）	将欲歙（xì）之，必固张之；将欲弱之，必固强之；将欲废之，必固兴之；将欲夺之，必固与之，是谓微明。柔弱胜刚强。鱼不可脱于渊，国之利器不可以示人。	将欲歙之，必固张之。将欲弱之，必固强之。将欲废之，必固兴之。将欲夺之，必固与之。是谓微明：柔弱胜刚强。鱼不可脱于渊，国之利器不可以示人。 （魏王弼本）

续表

			翕 xī：本义：闭合；收拢。	歙 xì：《辞海》4006页。 1. 收敛。 2. 吸进。 3. 通"翕"。 《现代汉语字典》851 页。 歙 xī：吸气。	
37	道恒亡为也，侯王能守之，而万物将自化。化而欲作，将镇之以亡名之朴。夫亦将知足，知以静，万物将自定。（楚竹简甲 433）	道恒无名，侯王若守之，万物将自化。化而欲作，吾将镇之以无名之朴，镇之以无名之朴，夫将不辱。不辱以静，天地将自正。（西汉帛甲 413）	道恒无名，侯王若能守之，万物将自化。化而欲作，吾将镇之无名之朴，镇之以无名之朴，夫将不辱。不辱以静，天地将自正。（西汉帛乙 430）	道常无为而无不为，侯王若能守之，万物将自化。化而欲作，吾将镇之以无名之朴。无名之朴，夫亦将无欲。不欲以静，天下将自定。	道常无为，而无不为。侯王若能守之，万物将自化。化而欲作，吾将镇之以无名之朴。无名之朴，夫亦将无欲。不欲以静，天下将自定。 （魏王弼本）
38		上德不德，是以有德。下德不失德，是以无德。上德无为，而无以为也。上仁为之，而无以为也。上义为之而有以为也。上礼为之而莫之应也，则攘臂而扔之。故失道。失道矣	上德不德，是以有德。下德不失德，是以无德。上德无为而无以为也。上仁为之而无以为也。上义为之而有以为也。上礼为之而莫之应也，则攘臂而扔之。故失道而后德，失德	上德不德，是以有德；下德不失德，是以无德。上德无为而无以为，下德为之而有以为。上仁为之而无以为，上义为之而有以为，上礼为之而莫之应，则攘臂而扔之。	上德不德，是以有德。下德不失德，是以无德。上德无为，而无以为也。上仁为之，而无以为也。上义为之，而有以为也。上礼为之，而莫之应也，则攘臂而扔之，故失道。

续表

		而后德，失德而后仁，失仁而后义，失义而后礼。夫礼者，忠信之薄也，而乱之首也。前识者，道之华也，而愚之首也。是以大丈夫居其厚而不居其薄，居其实不居其华。故去彼取此。（西汉帛甲 398）	而后仁，失仁而后义，失义而后礼。夫礼者，忠信之薄也，而乱之首也。前识者，道之华也，而愚之首也。是以大丈夫居其厚不居其薄，居其实而不居其华。故去彼而取此。（西汉帛乙 414）	故失道而后德，失德而后仁，失仁而后义，失义而后礼。夫礼者，忠信之薄而乱之首。前识者，道之华而愚之始。是以大丈夫处其厚，不居其薄；处其实，不居其华。故去彼取此。	失道矣而后德，失德而后仁，失仁而后义，失义而后礼。夫礼者，忠信之薄也，而乱之首也。前识者，道之华也，而愚之首也。是以大丈夫居其厚，而不居其薄；居其实，不居其华。故去彼取此。 （西汉帛书甲本。帛书甲本中“失道”的重复，很好地联系了上下文。）
39		昔之得一者，天得一以清，地得一以宁，神得一以灵，谷得一以盈，侯王得一而以为正。其致之也，谓天毋已清将恐裂，谓地毋已宁将恐发，谓神毋已灵将恐歇，谓谷毋已盈将恐竭，谓侯王毋	昔得一者，天得一以清，地得一以宁，神得一以灵，谷得一盈，侯王得一以为天下正。其至也，谓天毋已清将恐裂，地毋已宁将恐发，神毋已灵将恐歇，谷毋已盈将竭，侯王毋已贵以高将恐	昔之得一者，天得一以清，地得一以宁，神得一以灵，谷得一以盈，万物得一以生，侯王得一以为天下贞。其致之。天无以清将恐裂，地无以宁将恐发，神无以灵将恐歇，谷无以盈将	昔之得一者，天得一以清，地得一以宁，神得一以灵，谷得一以盈，万物得一以生，侯王得一以为天下正。其致之：天无以清将恐裂，地无以宁将恐发，神无以灵将恐歇，谷无以盈将恐竭，

续表

		已贵以高将恐蹶。故必贵而以贱为本，必高矣而以下为基。夫是以侯王自谓曰孤寡不谷，此其贱之本与，非也？故致数舆无舆。是故不欲禄禄若玉，硌(luò)硌若石。(西汉帛甲399) 硌 luò：坚硬。	蹶。故必贵以贱为本，必高矣而以下为基。夫是以侯王自谓孤寡不谷，此其贱之本与，非也？故至数舆无舆。是故不欲禄禄若玉，硌硌若石。(西汉帛乙414) 舆：陈鼓应先生将帛书乙本中的“舆”，修订为“与”。现仍采用帛书原文。	恐竭，万物无以生将恐灭，侯王无以贵高将恐蹶。故贵以贱为本，高以下为基。是以侯王自谓孤寡不谷。此非以贱为本邪？非乎？故致数舆无舆。不欲琭琭如玉，珞(luò)珞如石。 琭琭：玉坚貌。 珞 luò 珞：石坚貌。	万物无以生将恐灭，侯王无以贵高将恐蹶。故贵以贱为本，高以下为基。是以侯王自谓孤寡不谷。此非以贱为本邪？非乎？故致数舆无舆。不欲琭琭如玉，珞珞如石。 (以魏王弼本为基础。参考西汉帛书甲、乙本，将魏王弼本中的“天下贞”，改为“天下正”。)
40	返也者，道动也。弱也者，道之用也。天下之物生于有，生于亡。(楚竹简甲436)	反也者，道之动也。弱也者，道之用也。天下之物生于有，有生于无。(西汉帛甲399)	反也者，道之动也。弱也者，道之用也。天下之物生于有，有生于无。(西汉帛乙415)	反者，道之动；弱者，道之用。天下万物生于有，有生于无。	返者道之动，弱者道之用。天下万物生于有，有生于无。 (以魏王弼本为基础。参考楚竹简甲本，将王弼本中的“反者”，改为“返者”。此改动与第二十五章相似。)

41	上士闻道，勤能行于其中。中士闻道，若闻若亡。下士闻道，大笑之。弗大笑，不足以为道矣。是以建言有之：明道如孛(bó)，夷道□□□道若退。上德德如谷，大白如辱，广德如不足，建德如□□真如愉。大方亡隅(yú)，大器曼成，大音祇(zhī)声，天象亡形，……。(楚竹简乙438) 孛 bó：变色。 隅（yú）：角落。引申指旁，边。 祇（zhī）：恭敬。	上士闻道，勤能行之。中士闻道，若存若亡。下士闻道，大笑之。弗笑，不足以为道。是以建言有之曰：明道如费，进道如退，夷道如类。上德如谷，大白如辱，广德如不足。建德如偷，质真如渝，大方无隅，大器晚成，大音希声，天象无形，道褒无名。夫唯道，善始且善成。（西汉帛甲399）	上士闻道，勤能行之。中士闻道，若存若亡。下士闻道，大笑之。弗笑，不足以为道。是以建言有之曰：明道如费，进道如退，夷道如类。上德如谷，大白如辱，广德如不足，建德如偷，质真如渝。大方无隅，大器晚成，大音希声，大象无形，道褒无名。夫唯道，善始且善成。（西汉帛乙414）	上士闻道，勤而行之；中士闻道，若存若亡；下士闻道，大笑之，不笑不足以为道。故建言有之：明道若昧，进道若退，夷道若颣(lèi)。上德若谷，大白若辱，广德若不足，建德若偷，质真若渝。大方无隅，大器晚成，大音希声，大象无形。道隐无名。夫唯道善贷且成。 颣 lèi： 1.丝上的结。 2.缺点。 3.疙瘩；颗粒。 4.花苞。 5.不平。	上士闻道，勤而行之。中士闻道，若存若亡。下士闻道，大笑之。不笑不足以为道。故建言有之：明道若昧，进道若退，夷道若颣。上德若谷，大白若辱，广德若不足。建德若偷，质真若渝。大方无隅，大器晚成，大音希声，大象无形。道隐无名。夫唯道，善贷且成。 （魏王弼本）

续表

42		道生一，一生二，二生三，三生万物。万物负阴而抱阳，中气以为和。天下之所恶，唯孤寡不谷，而王公以自名也。物或损之而益，益之而损。故人之所教，亦议而教人。故强梁者不得死，我将以为学父。（西汉帛甲399）	道生一，一生二，二生三，三生万物。万物负阴而抱阳，冲气以为和。人之所恶，唯孤寡不谷，而王公以自称也。物或益之而损，损之而益。人之所教，亦议而教人。强梁者不得其死，吾将以为学父。（西汉帛乙415）	道生一，一生二，二生三，三生万物。万物负阴而抱阳，冲气以为和。人之所恶，唯孤寡不谷，而王公以为称。故物，或损之而益，或益之而损。人之所教，我亦教之，强梁者不得其死，吾将以为教父。	道生一，一生二，二生三，三生万物。万物负阴而抱阳，冲气以为和。人之所恶，唯孤寡不谷，而王公以为称。故物，或损之而益，或益之而损。人之所教，我亦教之，强梁者不得其死，吾将以为教父。（魏王弼本）
43		天下之至柔，驰骋于天下之至坚。无有入于无间，吾是以知无为之有益也。不言之教，无为之益，天下希能及之矣。（西汉帛甲399）	天下之至柔，驰骋乎天下之至坚。出于无有，入于无间。吾是以知无为之有益也。不言之教，无为之益，天下希能及之矣。（西汉帛乙415）	天下之至柔，驰骋天下之至坚，无有入无间，吾是以知无为之有益。不言之教，无为之益，天下希及之。	天下之至柔，驰骋天下之至坚。无有入无间，吾是以知无为之有益。不言之教，无为之益，天下希及之。（魏王弼本）
44	名与身孰亲？身与货孰多？得与亡孰病？甚爱必大费，厚藏必多亡。故知足不辱，知止不殆，可以长久。（楚竹简甲436）	名与身孰亲？身与货孰多？得与亡孰病？甚爱必大费，多藏必厚亡。故知足不辱，知止不殆，可以长久。（西汉帛甲400）	名与身孰亲？身与货孰多？得与亡孰病？是故甚爱必大费，多藏必厚亡。故知足不辱，知止不殆，可以长久。（西汉帛乙415）	名与身孰亲？身与货孰多？得与亡孰病？是故甚爱必大费，多藏必厚亡。知足不辱，知止不殆，可以长久。	名与身孰亲？身与货孰多？得与亡孰病？是故甚爱必大费，多藏必厚亡。知足不辱，知止不殆，可以长久。（魏王弼本）

续表

45	大成若缺，其用不敝。大盈若盅，其用不穷。大巧若拙，大成若诎(qū)，大直若屈。燥胜沧，清胜热，清静为天下正。（楚竹简乙438） 诎 qū：言语钝拙。	大成若缺，其用不敝。大盈若冲，其用不窘。大直如屈，大巧如拙，大赢如柄。躁胜寒，静胜热，清静，可以为天下正。（西汉帛甲400）	大成如缺，其用不敝。大盈如冲，其用不穷。大直如诎，大巧如拙，大辩如讷(nè)，大赢如绌(chù)。躁胜寒，静胜热。知清静，可以为天下正。（西汉帛乙415） 绌 chù：屈服。	大成若缺，其用不弊；大盈若冲，其用不穷。大直若屈，大巧若拙，大辩若讷。躁胜寒，静胜热，清静为天下正。	大成若缺，其用不弊。大盈若冲，其用不穷。大直若屈。大巧若拙。大辩若讷。躁胜寒，静胜热。清静为天下正。 （魏王弼本）
46	罪莫厚乎甚欲，咎末憯乎欲得，祸莫大乎不知足。知足之为足，此恒足矣。（楚竹简甲432） 憯 cǎn：悲痛，伤心。	天下有道，却走马以粪。天下无道，戎马生于郊。罪莫大于可欲，祸莫大于不知足，咎莫憯于欲得。故知足之足，恒足矣。（西汉帛甲400）	天下有道，却走马以粪。无道，戎马生于郊。罪莫大可欲，祸莫大于不知足，咎莫憯于欲得。故知足之足，恒足矣。（西汉帛乙415）	天下有道，却走马以粪；天下无道，戎马生于郊。祸莫大于不知足，咎莫大于欲得，故知足之足，常足矣。	天下有道，却走马以粪。天下无道，戎马生于郊。祸莫大于不知足，咎莫大于欲得。故知足之足，常足矣。 （魏王弼本）
47		不出于户，以知天下。不窥于牖(yǒu)，以知天道。其出也弥远，其知弥少。是以圣人不行而知，不见而名，弗为而成。（西汉帛甲400）	不出于户，以知天下。不窥于牖，以知天道。其出弥远者，其知弥鲜。是以圣人不行而知，不见而名，弗为而成。（西汉帛乙415）	不出户，知天下；不窥牖，见天道。其出弥远，其知弥少。是以圣人不行而知，不见而明。不为而成。	不出户，知天下；不窥牖，见天道。其出弥远，其知弥少。是以圣人不行而知，不见而明，不为而成。 （魏王弼本）

续表

48	学者日益，为道者日损。损之或损，以至亡为也，亡为而亡不为。（楚竹简乙437）	为学者日益，闻道者日损。损之又损，以至于无为，无为而无不为。将欲取天下也，恒无事，及其有事也，又不足以取天下矣。（西汉帛甲400）	为学者日益，闻道者日损，损之又损，以至于无为，无为而无不为矣。将欲取天下，恒无事。及其有事也，又不足以取天下矣。（西汉帛乙416）	为学日益。为道日损。损之又损，以至于无为，无为而无不为。取天下常以无事，及其有事，不足以取天下。	为学日益，为道日损。损之又损，以至于无为。无为而无不为。取天下常以无事。及其有事，不足以取天下。 （魏王弼本）
49		圣人恒无心，以百姓之心为心。善者善之，不善者亦善之，得善也。信者信之，不信者亦信之，得信也。圣人之在天下，歙歙焉，为天下浑心，百姓皆属耳目焉，圣人皆咳之。（西汉帛甲400） 歙 xì：收敛。 咳： 1. hái 名词，通“孩”，小儿。 2. ké 动词，小儿笑。	圣人恒无心，以百姓之心为心。善者善之，不善者亦善之，得善也。信者信之，不信者亦信之，得信也。圣人之在天下也，歙歙焉；为天下浑心，百姓皆注其耳目焉，圣人皆咳之。（西汉帛乙416）	圣人常无心，以百姓心为心。善者，吾善之；不善者，吾亦善之，德善。信者，吾信之；不信者，吾亦信之，德信。圣人在天下歙歙，为天下浑其心。圣人皆孩之。	圣人常无心，以百姓心为心。善者，吾善之；不善者，吾亦善之，德善。信者，吾信之；不信者，吾亦信之，德信。圣人在天下，歙歙。为天下浑其心，圣人皆孩之。 （魏王弼本）

续表

50		出生，入死。生之徒十有三，死之徒十有三，而民生生，动皆之死地之十有三。夫何故也？以其生生也。盖闻善执生者，陵行不辟兕(sì)虎，入军不被甲兵。兕无所揣其角，虎无所措其爪，兵无所容其刃，夫何故也？以其无死地焉。（西汉帛甲400） 兕 sì：象形。犀牛。	出生，入死。生之徒十有三，死之徒十有三，而民生生，动皆之死地之十有三。夫何故也？以其生生。盖闻善执生者，陵行不辟兕虎，入军不被兵革。兕无所揣其角，虎无所措其爪，兵无所容其刃，夫何故也？以其无死地焉。（西汉帛乙416）	出生入死。生之徒十有三，死之徒十有三。人之生动之死地，亦十有三。夫何故？以其生生之厚。盖闻善摄生者，陆行不遇兕虎，入军不被甲兵。兕无所投其角，虎无所措其爪，兵无所容其刃。夫何故？以其无死地。	出生入死。生之徒十有三，死之徒十有三。人之生，动之死地，亦十有三。夫何故？以其生生之厚。盖闻善摄生者，陆行不遇兕虎，入军不被甲兵。兕无所投其角，虎无所措其爪，兵无所容其刃。夫何故？以其无死地。 （魏王弼本）
51		道生之而德畜之，物形之而器成之。是以万物尊道而贵德。道之尊，德之贵也，夫莫之爵，而恒自然也。道生之，畜之，长之，遂之，亭之，□之，养之，覆之。生而弗有也，为而弗恃也，长	道生之，德畜之，物形之，而器成之。是以万物尊道而贵德。道之尊也，德之贵也，夫莫之爵也，而恒自然也。道生之，畜之，长之，育之，亭之，毒之，养之，覆之。生而弗有，为而弗恃，长而弗	道生之，德畜之，物形之，势成之。是以万物莫不尊道而贵德。道之尊，德之贵，夫莫之命而常自然。故道生之，德畜之：长之、育之、亭之、毒之、养之、覆之。生而不有，为而不	道生之，德畜之，物形之，势成之。是以万物莫不尊道而贵德。道之尊，德之贵，夫莫之命而常自然。故道生之，德畜之：长之，育之，亭之，毒之，养之，覆之。生而不有，为而不恃，长而不

		而弗宰也，此之谓玄德。(西汉帛甲 401)	宰，是谓玄德。(西汉帛乙 416)	恃，长而不宰，是谓玄德。	宰，是谓玄德。 (魏王弼本)
52	闭其门，塞其兑，终身不丞。启其兑，赛其事，终身不逨。(楚竹简乙 438)	天下有始，以为天下母。既得其母，以知其子，复守其母，没身不殆。塞其闷，闭其门，终身不勤。启其闷，济其事，终身不棘。见小曰明，守柔曰强。用其光，复归其明。毋遗身殃，是谓袭常。(西汉帛甲 401)	天下有始，以为天下母。既得其母，以知其子，既知其子，复守其母，没身不殆。塞其[illegible]，闭其门，终身不勤。启其[illegible]，齐其事，终身不棘。见小曰明，守柔曰强。用其光，复归其明，无遗身殃，是谓袭常。(西汉帛乙 416)	天下有始，以为天下母。既得其母，以知其子；既知其子，复守其母，没身不殆。塞其兑，闭其门，终身不勤。开其兑，济其事，终身不救。见小曰明，守柔曰强。用其光，复归其明，无遗身殃，是为习常。	天下有始，以为天下母。既得其母，以知其子。既知其子，复守其母，没身不殆。塞其兑，闭其门，终身不勤。开其兑，济其事，终身不救。见小曰明，守柔曰强。用其光，复归其明。无遗身殃，是为习常。 (魏王弼本)
53		使我挈(qiè)有知也，行于大道，唯施是畏。大道甚夷，民甚好解。朝甚除，田甚芜，仓甚虚，服文采，带利剑，厌食，货财有余，是谓盗夸。盗夸，非道也。(西汉帛甲 401) 挈 qiè：本义：提起。	使我介有知，行于大道，唯施是畏。大道甚夷，民甚好[illegible]。朝甚除，田甚芜，仓甚虚，服文采，带利剑，厌食而资财有余，是谓盗竽。盗竽，非道也。(西汉帛乙 416)	使我介然有知，行于大道，唯施是畏。大道甚夷，而民好径。朝甚除，田甚芜，仓甚虚。服文彩，带利剑，厌饮食，财货有余，是谓盗夸。非道也哉。	使我介然有知，行于大道，唯施是畏。大道甚夷，而民好径。朝甚除，田甚芜，仓甚虚，服文彩，带利剑，厌饮食，财货有余，是谓盗夸。非道也哉。 (魏王弼本)

续表

54	善建者不拔，善休者不脱，子孙以其祭祀不屯。修之身，其德乃真。修之家，其德有余。修之乡，其德乃长。修之邦，其德乃丰。修之天下，□□□□□□□家，以乡观乡，以邦观邦，以天下观天下。吾何以知天□□□□□。（楚竹简乙439）	善建者不拔，善抱者不脱，子孙以祭祀不绝。修之身，其德乃真。修之家，其德有余。修之乡，其德乃长。修之邦，其德乃丰。修之天下，其德乃溥(pǔ)。以身观身，以家观家，以乡观乡，以邦观邦，以天下观天下。吾何以知天下之然哉？以此。（西汉帛甲401） 溥 pǔ：本义：水之大，泛指广大。	善建者不拔，善抱者不脱，子孙以祭祀不绝。脩(xiū)之身，其德乃真。脩之家，其德有余。脩之乡，其德乃长。脩之国，其德乃丰。脩之天下，其德乃溥。以身观身，以家观家，以国观国，以天下观天下。吾何以知天下之然哉？以此。（西汉帛乙417） 脩 xiū：同“修”。	善建者不拔，善抱者不脱，子孙以祭祀不辍。修之于身，其德乃真；修之于家，其德乃余；修之于乡，其德乃长；修之于国，其德乃丰；修之于天下，其德乃普。故以身观身，以家观家，以乡观乡，以国观国，以天下观天下。吾何以知天下然哉？以此。	善建者不拔，善抱者不脱，子孙以祭祀不辍。修之于身，其德乃真；修之于家，其德乃余；修之于乡，其德乃长；修之于国，其德乃丰；修之于天下，其德乃普。故以身观身，以家观家，以乡观乡，以国观国，以天下观天下。吾何以知天下然哉？以此。 （魏王弼本）
55	含德之厚者，比于赤子，螝(guì)蠆虫蛇弗蠚，攫鸟猛兽弗扣，骨弱筋柔而捉固。未知牝牡之合然怒，精之至也。终日乎而不忧，和之至也。和曰常，知和曰	含德之厚者，比于赤子。蜂𧎫虺(huǐ)蛇弗螫(shì)，攫鸟猛兽弗搏。骨弱筋柔而握固。未知牝牡之会而朘(zuī)怒，精之至也。终日号而不嗄(shà)，和之至也。和	含德之厚者，比于赤子。蜂虿(chài)虫虺弗螫，据鸟猛兽弗搏，骨筋弱柔而握固。未知牝牡之会而朘怒，精之至也。终日号而不嗄，和之至也。知和曰常，知常曰明，	含德之厚，比于赤子。蜂虿虺蛇不螫，猛兽不据，攫鸟不搏。骨弱筋柔而握固，未知牝牡之合而全作，精之至也。终日号而不嗄，和之至也。知和曰	含德之厚，比于赤子。蜂虿虺蛇不螫，猛兽不据，攫鸟不搏。骨弱筋柔而握固。未知牝牡之合而全作，精之至也。终日号而不嗄，和之至也。知和曰常，知常曰明。

	明。益生曰祥，心使气曰强，物壮则老，是谓不道。（楚竹简甲436） 螝 guì：虫蛹。	曰常，知常曰明，益生曰祥，心使气曰强。物壮即老，谓之不道，不道早已。（西汉帛甲401） 虺 huǐ：古书上说的一种毒蛇。 螫 shì：毒虫或毒蛇咬刺。 朘 zuī：男孩的生殖器。 嗄 shà：嘶哑。	益生曰祥，心使气曰强。物壮则老，谓之不道，不道早已。（西汉帛乙417） 虿 chài：古书上说的蝎子一类的毒虫。	常，知常曰明，益生曰祥，心使气曰强。物壮则老，谓之不道，不道早已。	益生曰祥，心使气曰强。物壮则老，谓之不道，不道早已。 （魏王弼本）
56	知之者弗言，言之者弗知。闭其兑，塞其门，和其光，同其尘。副其齎，解其纷，是谓玄同。故不可得而亲，亦不可得而疏；不可得而利，亦不可得而害；不可得而贵，亦不可得而贱。故为天下贵。（楚竹简甲435）	知者弗言，言者弗知。塞其闷，闭其门，和其光，同其尘，挫其锐，解其纷，是谓玄同。故不可得而亲，亦不可得而疏；不可得而利，亦不可得而害；不可得而贵，亦不可得而贱。故为天下贵。（西汉帛甲402）	知者弗言，言者弗知。塞其说，闭其门，和其光，同其尘，挫其锐而解其纷。是谓玄同。故不可得而亲也，亦不可得而疏；不可得而害利，亦不可得而害；不可得而贵，亦不可得而贱。故为天下贵。（西汉帛乙417）	知者不言，言者不知。塞其兑，闭其门，挫其锐，解其分，和其光，同其尘，是谓玄同。故不可得而亲，不可得而疏；不可得而利，不可得而害；不可得而贵，不可得而贱，故为天下贵。	知者不言，言者不知。塞其兑，闭其门，挫其锐，解其纷，和其光，同其尘。是谓玄同。故不可得而亲，不可得而疏；不可得而利，不可得而害；不可得而贵，不可得而贱。故为天下贵。 （以魏王弼本为基础。将魏王弼本中的“解其分”，改为楚竹简甲本、

续表

					西汉帛书甲、乙本中的“解其纷”。)
57	以正治邦，以奇用兵，以亡事取天下。吾何以知其然也？夫天多忌讳，而民弥叛。民多利器，而邦滋昏。人多知而奇物滋起。法物滋彰，盗贼多有。是以圣人之言曰：我无事而民自富，我亡为而民自化，我好静而民自正，我欲不欲而民自朴。(楚竹简甲435)	以正治邦，以奇用兵，以无事取天下。吾何以知其然也哉？夫天下多忌讳，而民弥贫。民多利器，而邦家滋昏。人多智，而奇物滋起。法物滋章，而盗贼多有。是以圣人之言曰：我无为也，而民自化。我好静，而民自正。我无事，民自富。我欲不欲，而民自朴。(西汉帛甲402)	以正治国，以奇用兵，以无事取天下。吾何以知其然也哉？夫天下多忌讳，而民弥贫。民多利器，而国家滋昏。人多智慧，而奇物滋起。法物滋章，而盗贼多有。是以圣人之言曰：我无为而民自化，我好静而民自正。我无事而民自富，我欲不欲而民自朴。(西汉帛乙417)	以正治国，以奇用兵，以无事取天下。吾何以知其然哉？以此。天下多忌讳，而民弥贫。民多利器，国家滋昏。人多伎巧，奇物滋起。法令滋彰，盗贼多有。故圣人云：我无为而民自化，我好静而民自正，我无事而民自富，我无欲而民自朴。	以正治国，以奇用兵，以无事取天下。吾何以知其然哉？以此：天下多忌讳，而民弥贫。民多利器，国家滋昏。人多伎巧，奇物滋起。法令滋彰，盗贼多有。故圣人云：我无为而民自化，我好静而民自正，我无事而民自富，我无欲而民自朴。(魏王弼本)
58		其政闵闵，其民屯屯。其政察察，其邦缺缺。祸，福之所倚；福，祸之所伏。孰知其极？其无正也？正复为奇，善复为妖。人之迷也，其日固久矣。是以方而不割，	其政紊紊，其民屯屯。其政察察，其邦缺缺。福，祸之所伏。孰知其极？其无正也？正复为奇，善复为妖。人之迷也，其日固久矣。是以方而不割，廉而不刺，直	其政闷闷，其民淳淳；其政察察，其民缺缺。祸兮福之所倚。福兮祸之所伏。孰知其极？其无正？正复为奇，善复为妖，人之迷，其日固久。是以圣人	其政闷闷，其民淳淳。其政察察，其民缺缺。祸兮，福之所倚。福兮，祸之所伏。孰知其极，其无正。正复为奇，善复为妖。人之迷，其日固久。是以圣人方而不割，

续表

		廉而不刺，直而不绁（xiè），光而不曜（yào）。（西汉帛甲402） 绁 xiè：绳索。捆绑，拴。	而不绁，光而不耀。（西汉帛乙417）	方而不割，廉而不刿（guì），直而不肆，光而不耀。 刿 guì：本义：刺伤，划伤。	廉而不刿，直而不肆，光而不耀。 （魏王弼本）
59	治人事天，莫若啬（sè）。夫唯啬，是以早，是以早服是谓……不＝克＝则莫知其极。莫知其极，可以有国。有国之母，可以长……，长生久视之道也。（楚竹简乙437） 啬 sè：收获谷物。	治人事天，莫若啬。夫惟啬，是以早服。早服是谓重积德。重积德则无不克，无不克则莫知其极。莫知其极，可以有国。有国之母，可以长久。是谓深根固柢（dǐ），长生久视之道也。（西汉帛甲402） 柢 dǐ：树根，根柢。	治人事天，莫若啬。夫唯啬，是以早服。早服是谓重积德。重积德则无不克，无不克则莫知其极。莫知其极，可以有国。有国之母，可以长久。是谓深根固柢，长生久视之道也。（西汉帛乙418）	治人事天莫若啬。夫唯啬，是谓早服。早服谓之重积德，重积德则无不克，无不克则莫知其极，莫知其极，可以有国。有国之母，可以长久。是谓深根固柢，长生久视之道。	治人事天，莫若啬。夫唯啬，是谓早服。早服谓之重积德。重积德则无不克，无不克则莫知其极。莫知其极，可以有国。有国之母，可以长久。是谓深根固柢，长生久视之道。 （魏王弼本）
60		治大国若烹小鲜。以道莅（lì）天下，其鬼不神。非其鬼不神也，其神不伤人也。非其神不伤人也，圣人亦弗伤也。夫两不相伤，故德交	治大国若烹小鲜。以道莅天下，其鬼不神。非其鬼不神也，其神不伤人也。非其神不伤人也，圣人亦弗伤也。夫两不相伤，故德交归焉。	治大国若烹小鲜。以道莅天下，其鬼不神。非其鬼不神，其神不伤人；非其神不伤人，圣人亦不伤人。夫两不相伤，故德交归焉。	治大国，若烹小鲜。以道莅天下，其鬼不神。非其鬼不神，其神不伤人。非其神不伤人，圣人亦不伤人。夫两不相伤，故德交归焉。

续表

		归焉。(西汉帛甲402) 莅lì:走到近处察看。	(西汉帛乙418)		(魏王弼本)
61		大邦者,下流也,天下之牝。天下之交也,牝恒以静胜牡。为其静也,故宜为下。大邦以下小邦,则取小邦。小邦以下大邦,则取于大邦。故或下以取,或下而取。故大邦者不过欲兼畜人,小邦者不过欲入事人。夫皆得其欲,故大邦者宜为下。(西汉帛甲403)	大国者,下流也,天下也牝也。天下之交也,牝恒以静胜牡。为其静也,故宜为下也。故大国以下小国,则取小国。小国以下大国,则取于大国。故或下以取,或下而取。故大国者不过欲并畜人,小国不过欲入事人。夫各得其欲,则大者宜为下。(西汉帛乙418)	大国者下流。天下之交,天下之牝。牝常以静胜牡,以静为下。故大国以下小国,则取小国。小国以下大国,则取大国。故或下以取,或下而取。大国不过欲兼畜人,小国不过欲入事人。夫两者各得其所欲,大者宜为下。	大国者下流。天下之交,天下之牝。牝常以静胜牡,以静为下。故大国以下小国,则取小国。小国以下大国,则取大国。故或下以取,或下而取。大国不过欲兼畜人,小国不过欲入事人。夫两者各得其所欲,大者宜为下。 (魏王弼本)
62		道者,万物之注也,善人之宝也,不善人之所保也。美言可以市,尊行可以加人。人之不善也,何弃之有?故立天子,置三卿,虽有共之璧以先四马,不若坐而进此。	道者,万物之注也,善人之宝也,不善人之所保也。美言可以市,尊行可以加人。人之不善,何弃之有?故立天子,置三卿,虽有共之璧以先四马,不若坚而进此。古	道者万物之奥,善人之宝,不善人之所保。美言可以市,尊行可以加人。人之不善,何弃之有!故立天子,置三公,虽有拱璧以先驷马,不如坐进此道。	道者,万物之奥,善人之宝,不善人之所保。美言可以市,尊行可以加人。人之不善,何弃之有?故立天子,置三公,虽有拱璧以先驷马,不如坐进此道。古之所以

续表

		古之所以贵此者何也？不谓求以得，有罪以免与？故为天下贵。（西汉帛甲403）	之所以贵此道者何也？不谓求以得，有罪以免与？故为天下贵。（西汉帛乙418）	古之所以贵此道者何？不曰以求得，有罪以免邪？故为天下贵。	贵此道者何？不曰以求得，有罪以免邪？故为天下贵。（魏王弼本）
63	为亡为，事亡事，味亡味。大，小之。多易必多难。是以圣人犹难之，故终亡难。（楚竹简甲433）	为无为，事无事，味无味。大小多少，报怨以德。图难乎其易也，为大乎其细也。天下之难作于易，天下之大作于细。是以圣人终不为大，故能成其大。夫轻诺者必寡信，多易必多难。是以圣人犹难之，故终于无难。（西汉帛甲403）	为无为，事无事，味无味。大小多少。报怨以德。图难乎其易也，为大乎其细也。天下之难作于易，天下之大作于细。是以圣人终不为大，故能成大。夫轻诺必寡信，多易必多难。是以圣人犹难之，故终于无难。（西汉帛乙418）	为无为，事无事，味无味。大小多少，报怨以德。图难于其易，为大于其细。天下难事必作于易，天下大事必作于细，是以圣人终不为大，故能成其大。夫轻诺必寡信，多易必多难，是以圣人犹难之。故终无难矣。	为无为，事无事，味无味。大小多少，报怨以德。图难于其易，为大于其细。天下难事，必作于易。天下大事，必作于细。是以圣人终不为大，故能成其大。夫轻诺必寡信，多易必多难。是以圣人犹难之，故终无难矣。（魏王弼本）
64	其安也，易米也。其未兆也，易谋也。其脆也，易判也。其几也，易散也。为之于其亡有也。治之于其未乱。合□□□□□□□末。九成之台甲□□□□□□□□□□足下。	其安也，易持也。其未兆也，易谋也。其脆也，易判也。其微也，易散也。为之于其未有，治之于其未乱也。合抱之木，生于毫末。九成之台，作于蔂(léi)土。百仞之高，始于足下。	其安也易持，其未兆也易谋，其脆也易判，其微也易散。为之于其未有也。治之于其未乱也。合抱之木，作于毫末；九成之台，作于蔂土；百千之高，始于足下。	其安易持，其未兆易谋，其脆易泮，其微易散。为之于未有，治之于未乱。合抱之木，生于毫末；九层之台，起于累土；千里之行，始于足下。	其安易持，其未兆易谋。其脆易泮，其微易散。为之于未有，治之于未乱。合抱之木，生于毫末。九层之台，起于累土。千里之行，始于足下。

续表

	（楚竹简甲 435）				
	为之者败之，执之者远之。是以圣人亡为故亡败；亡执故亡失。临事之纪，慎终如始，此亡败事矣。圣人欲不欲，不贵难得之货，教不教，复众之所＝过。是故圣人能辅万物之自然，而弗能为。（楚竹简甲 432） 为之者败之，执之者失之。圣人无为，故无败也；无执，故□□□。慎终若始，则无败事矣。人之败也，恒于其且成也败之。是以□人欲不欲，不贵难得之货，学不学，复众人之所过，是以能辅万物之自然，而弗敢为。（楚竹简丙 440）	为之者败之，执之者失之。圣人无为也，故无败也；无执也，故无失也。民之从事也，恒于其成事而败之。故慎终若始，则无败事矣。是以圣人欲不欲，而不贵难得之货；学不学，而复众人之所过；能辅万物之自然，而弗敢为。（西汉帛甲 403） 蔂 léi：土筐。	为之者败之，无败也；无执也，故无失也。民之从事也，恒于其成而败之。故曰："慎终若始，则无败事矣。"是以圣人欲不欲，而不贵难得之货；学不学，复众人之所过；能辅万物之自然，而弗敢为。（西汉帛乙 419）	为者败之，执者失之。是以圣人无为，故无败；无执，故无失。民之从事，常于几成而败之。慎终如始，则无败事。是以圣人欲不欲，不贵难得之货。学不学，复众人之所过。以辅万物之自然，而不敢为。	为者败之，执执者失之。是以圣人无为也，故者失之。是以圣人无为，故无败；无执，故无失。民之从事，常于几成而败之。慎终如始，则无败事。是以圣人欲不欲，不贵难得之货。学不学，复众人之所过。以辅万物之自然，而不敢为。 （魏王弼本）

65		故曰：为道者非以明民也，将以愚之也。民之难治也，以其智也。故以智知邦，邦之贼也；以不智知邦，邦之德也；恒知此两者，亦稽式也。恒知稽式，此谓玄德。玄德深矣，与物反也，乃至大顺。（西汉帛甲404）	古之为道者，非以明民也，将以愚之也。夫民之难治也，以其智也。故以智知国，国之贼也；以不智知国，国之德也；恒知此两者，亦稽式也。恒知稽式，是谓玄德。玄德深矣，远矣，与物反也，乃至大顺。（西汉帛乙419）	古之善为道者，非以明民，将以愚之。民之难治，以其智多。故以智治国，国之贼；不以智治国，国之福。知此两者，亦稽式。常知稽式，是谓玄德。玄德深矣、远矣，与物反矣。然后乃至大顺。	古之善为道者，非以明民，将以愚之。民之难治，以其智多。故以智治国，国之贼；不以智治国，国之福。知此两者，亦稽式。常知稽式，是谓玄德。玄德深矣、远矣，与物反矣，然后乃至大顺。（魏王弼本）
66	江海所以为百谷王，以其能为百谷下，是以能为百谷王。圣人之在民前也，以身后之；其在民上也，以言下之。其在民上也，民弗厚也；其在民前也，民弗害也。天下乐进而弗厌。以其不争也，故天下莫能与之争。（楚竹简甲431）	江海之所以能为百谷王者，以其善下之，是以能为百谷王。是以圣人之欲上民也，必以其言下之；欲先民也，必以其身后之。故居前而民弗害也，居上而民弗重也。天下乐推而弗厌也，非以其无争与？故天下莫能与争。（西汉帛甲404）	江海所以能为百谷王者，以其善下之也，是以能为百谷王。是以圣人之欲上民也，必以其言下之；其欲先民也，必以其身后之。故居上而民弗重也，居前而民弗害。天下皆乐推而弗厌也，不以其无争与？故天下莫能与争。（西汉帛乙419）	江海所以能为百谷王者，以其善下之，故能为百谷王。是以欲上民，必以言下之；欲先民，必以身后之。是以圣人处上而民不重，处前而民不害，是以天下乐推而不厌。以其不争，故天下莫能与之争。	江海所以能为百谷王者，以其善下之，故能为百谷王。是以欲上民，必以言下之；欲先民，必以身后之。是以圣人处上而民不重，处前而民不害，是以天下乐推而不厌。以其不争，故天下莫能与之争。（魏王弼本）

续表

67		天下皆谓我大，不肖。夫唯大，故不肖。若肖，细久矣。我恒有三宝，之。一曰慈，二曰俭，三曰不敢为天下先。夫慈，故能勇；俭，故能广；不敢为天下先，故能为成事长。今舍其慈，且勇；舍其后，且先；则必死矣。夫慈，以战则胜，以守则固。天将建之，如以慈垣之。（西汉帛甲 404）	天下皆谓我大，大而不肖。夫唯不肖，故能大。若肖久矣，其细也夫。我恒有三宝，持而宝之，一曰慈，二曰俭，三曰不敢为天下先。夫慈，故能勇；俭，故能广；不敢为天下先，故能为成器长。今舍其慈，且勇；舍其俭，且广；舍其后，且先；则死矣。夫慈，以战则胜，以守则固。天将建之，如以慈垣之。（西汉帛乙 420）	天下皆谓我道大，似不肖。夫唯大，故似不肖。若肖，久矣其细也夫。我有三宝，持而保之。一曰慈，二曰俭，三曰不敢为天下先。慈，故能勇；俭，故能广；不敢为天下先，故能成器长。今舍慈且勇，舍俭且广，舍后且先，死矣。夫慈，以战则胜，以守则固，天将救之，以慈卫之。	天下皆谓我道大，似不肖。夫唯大，故似不肖。若肖，久矣。其细也夫，我有三宝，持而保之。一曰慈，二曰俭，三曰不敢为天下先。慈，故能勇；俭，故能广；不敢为天下先，故能成器长。今舍慈且勇，舍俭且广，舍后且先，死矣。夫慈，以战则胜，以守则固。天将救之，以慈卫之。（魏王弼本）
68		善为士者不武，善战者不怒，善胜敌者弗与，善用人者为之下。是谓不争之德。是谓用人，是谓天，古之极也。（西汉帛甲 405）	故善为士者不武，善战者不怒，善胜敌者弗与，善用人者为之下。是谓不争之德。是谓用人，是谓配天，古之极也。（西汉帛乙 420）	善为士者不武，善战者不怒，善胜敌者不与。善用人者为之下。是谓不争之德，是谓用人之力，是谓配天古之极。	善为士者不武，善战者不怒，善胜敌者不与，善用人者为之下。是谓不争之德。是谓用人之力，是谓配天，古之极。（魏王弼本）

续表

69		用兵有言曰："吾不敢为主而为客，吾不进寸而退尺。"是谓行无行，攘无臂，执无兵，扔无敌矣。祸莫大于无敌，无敌近亡吾宝矣。故称兵相若，则哀者胜矣。（西汉帛甲 405）	用兵有言曰："吾不敢为主而为客，不敢进寸而退尺。"是谓行无行，攘无臂，执无兵，扔无敌。祸莫大于无敌，无敌近亡吾宝矣。故抗兵相若，而哀者胜矣。（西汉帛乙 420）	用兵有言，吾不敢为主而为客，不敢进寸而退尺。是谓行无行，攘无臂，扔无敌，执无兵。祸莫大于轻敌，轻敌几丧吾宝。故抗兵相加，哀者胜矣。	用兵有言，吾不敢为主而为客，不敢进寸而退尺。是谓行无行，攘无臂，扔无敌，执无兵。祸莫大于轻敌，轻敌几丧吾宝。故抗兵相若，哀者胜矣。 （以魏王弼本为基础。将魏王弼本中的"相加"，改为西汉帛书甲、乙本中的"相若"。）
70		吾言甚易知也，甚易行也；而人莫之能知也，而莫之能行也。言有君。事有宗。其唯无知也，是以不我知。知我者希，则我贵矣。是以圣人被褐而怀玉。（西汉帛甲 405）	吾言易知也，易行也；而天下莫之能知也，莫之能行也。夫言有宗，事有君。夫唯无知也，是以不我知。知者希，则我贵矣。是以圣人被褐而怀玉。（西汉帛乙 420）	吾言甚易知，甚易行，天下莫能知，莫能行。言有宗，事有君。夫唯无知，是以不我知。知我者希，则我者贵。是以圣人被褐怀玉。	吾言甚易知，甚易行。天下莫能知，莫能行。言有宗，事有君。夫唯无知，是以不我知。知我者希，则我者贵。是以圣人被褐怀玉。 （魏王弼本）

续表

71		知不知,尚矣。不知不知,病矣。是以圣人之不病,以其病病,是以不病。(西汉帛甲405)	知不知,尚矣,不知知,病矣。是以圣人之不病也,以其病病也,是以不病。(西汉帛乙420)	知不知,上;不知知,病。夫唯病病,是以不病。圣人不病,以其病病,是以不病。	知不知,尚矣。不知不知,病矣。是以圣人之不病,以其病病,是以不病。 (西汉帛书甲本)
72		民之不畏威,则大威将至矣。毋狎其所居,毋厌其所生。夫唯弗厌,是以不厌。是以圣人自知而不自见也,自爱而不自贵也。故去彼取此。(西汉帛甲405)	民之不畏威,则大威将至矣。毋狎其所居,毋厌其所生。夫唯弗毋厌,是以不毋厌。是以圣人自知而不自见也,自爱而不自贵也。故去彼而取此。(西汉帛乙421)	民不畏威,则大威至。无狎其所居,无厌其所生。夫唯不厌,是以不厌。是以圣人自知,不自见;自爱,不自贵。故去彼取此。	民不畏威,则大威至。无狎其所居,无厌其所生。夫唯不厌,是以不厌。是以圣人自知不自见,自爱不自贵。故去彼取此。 (魏王弼本)
73		勇于敢者则杀,勇于不敢者则活。知此两者,或利或害。天之所恶,孰知其故?天之道,不战而善胜,不言而善应,不召而自来,弹而善谋。天网恢恢,疏而不失。(西汉帛甲405)	勇于敢则杀,勇于不敢于活,此两者或利或害。天之所恶,孰知其故?天之道,不战而善胜,不言而善应,弗召而自来,战而善谋。天网恢恢,疏而不失。(西汉帛乙421)	勇于敢则杀,勇于不敢则活。此两者,或利或害。天之所恶,孰知其故?是以圣人犹难之。天之道,不争而善胜,不言而善应。不召而自来,繟(chǎn)然而善谋。天网恢恢,疏而不失。 繟 chǎn:宽绰,舒缓。	勇于敢者则杀,勇于不敢者则活。知此两者,或利或害。天之所恶,孰知其故?天之道,不战而善胜,不言而善应,不召而自来。弹而善谋。天网恢恢,疏而不失。 (西汉帛书甲本)

续表

74		若民恒且不畏死，奈何以杀惧之也？若民恒畏死，则而为者吾将得而杀之，夫孰敢矣！若民恒且必畏死，则恒有司杀者。夫代司杀者杀，是代大匠斫（zhuó）也，夫代大匠斫者，则希不伤其手矣。（西汉帛甲 405） 斫 zhuó：用刀斧等砍劈。	若民恒且不畏死，若何以杀惧之也？使民恒且畏死，而为奇者吾得而杀之，夫孰敢矣！若民恒且必畏死，则恒有司杀者。夫代司杀者杀，是代大匠斫。夫代大匠斫，则希不伤其手。（西汉帛乙 421）	民不畏死，奈何以死惧之！若使民常畏死，而为奇者吾得执而杀之，孰敢？常有司杀者杀，夫代司杀者杀，是谓代大匠斲。夫代大匠斲者，希有不伤其手矣。 斲 zhuó：古同“斫”。	民不畏死，奈何以死惧之。若使民常畏死，而为奇者，吾得执而杀之，孰敢？常有司杀者杀。夫代司杀者杀，是谓代大匠斫。夫代大匠斫者，希有不伤其手矣。 （以魏王弼本为基础。将魏王弼本中的“斲 zhuó”，改为西汉帛书甲、乙本中的“斫”。）
75		人之饥也，以其取食税之多也，是以饥。百姓之不治也，以其上有以为也，是以不治。民之轻死，以其求生之厚也，是以轻死。夫唯无以生为者，是贤贵生。（西汉帛甲 406）	人之饥也，以其取食税之多，是以饥。百姓之不治也，以其上之有以为也，是以不治。民之轻死也，以其求生之厚也，是以轻死。夫唯无以生为者，是贤贵生。（西汉帛乙 421）	民之饥，以其上食税之多，是以饥。民之难治，以其上之有为，是以难治。民之轻死，以其求生之厚，是以轻死。夫唯无以生为者，是贤于贵生。	民之饥，以其上食税之多，是以饥。民之难治，以其上之有为，是以难治。民之轻死，以其上求生之厚，是以轻死。夫唯无以生为者，是贤于贵生。 （以魏王弼本为基础。将魏王弼本中的“以其求生之厚”，改为“以其上求生之厚”。）

续表

76		人之生也柔弱，其死也㮓仞坚强。万物草木之生也柔脆，其死也枯槁。故曰：坚强者，死之徒也；柔弱细微，生之徒也。兵强则不胜，木强则恒。强大居下，柔弱细微居上。（西汉帛甲 406）	人之生也柔弱，其死也䯒伸坚强。万物草木之生也柔脆，其死也枯槁。故曰：坚强，死之徒也；柔弱，生之徒也。是以兵强则不胜，木强则兢（jīng）。故强大居下，柔弱居上。（西汉帛乙 421） 兢 jīng：象形。金文字形，象二人头顶重物形。头上戴着重物，故常戒惕小心。本义：小心谨慎的样子。	人之生也柔弱，其死也坚强。万物草木之生也柔脆，其死也枯槁。故坚强者死之徒，柔弱者生之徒。是以兵强则不胜，木强则兵。强大处下，柔弱处上。	人之生也柔弱，其死也坚强。万物草木之生也柔脆，其死也枯槁。故坚强者死之徒，柔弱者生之徒。是以兵强则不胜，木强则兵。强大处下，柔弱处上。 （魏王弼本）
77		天下之道，犹张弓者也，高者抑之，下者举之，有余者损之，不足者补之。故天之道，损有余而补不足；人之道则不然，损不足以奉有余。孰能有余而有以取奉于	天之道，犹张弓也，高者抑之，下者举之，有余者损之，不足者补之。故天之道，损有余而益不足；人之道，损不足而奉有余。夫孰能有余而有以奉于天者，唯有道	天之道，其犹张弓与。高者抑之，下者举之；有余者损之，不足者补之。天之道，损有余而补不足。人之道则不然，损不足以奉有余。孰能有余以奉天	天之道，其犹张弓与。高者抑之，下者举之；有余者损之，不足者补之。天之道，损有余，而补不足。人之道则不然，损不足，以奉有余。孰能有余以奉天下？唯有道

续表

		天者乎？惟有道者乎？是以圣人为而弗有，成功而弗居也。若此其不欲见贤也。(西汉帛甲406)	者乎？是以圣人为而弗有，成功而弗居也。若此其不欲见贤也。(西汉帛乙421)	下？唯有道者。是以圣人为而不恃，功成而不处，其不欲见贤。	者。是以圣人为而不恃，功成而不处，其不欲见贤。 (魏王弼本)
78		天下莫柔弱于水，而攻坚强者莫之能先也，以其无以易之也。故柔胜刚，弱胜强，天下莫不知，而莫能行也。故圣人之言云，曰：受邦之诟(gòu)，是谓社稷之主；受邦之不祥，是谓天下之王。正言若反。(西汉帛甲406) 诟gòu：耻辱。	天下莫柔弱于水，而攻坚强者莫之能先，以其无以易之也。水之胜刚也，弱之胜强也，天下莫弗知也，而莫之能行也。是故圣人之言云曰：受国之诟，是谓社稷之主；受国之不祥，是谓天下之王。正言若反。(西汉帛乙422)	天下莫柔弱于水，而攻坚强者莫之能胜，其无以易之。弱之胜强，柔之胜刚，天下莫不知，莫能行。是以圣人云，受国之垢(gòu)，是谓社稷主；受国不祥，是为天下王。正言若反。 垢(gòu)：污秽。	天下莫柔弱于水，而攻坚强者莫之能胜，其无以易之。弱之胜强，柔之胜刚，天下莫不知，莫能行。是以圣人云，受国之垢，是谓社稷主；受国不祥，是为天下王。正言若反。 (魏王弼本)
79		和大怨，必有余怨，焉可以为善？是以圣右契而不以责于人。故有德司契，无德司彻。夫天道无亲，恒与善人。(西汉帛甲406)	和大怨，必有余怨，安可以为善？是以圣人执左契而不以责于人。故有德司契，无德司徹。天道无亲，常与善人。(西汉帛乙422)	和大怨，必有余怨，安可以为善？是以圣人执左契，而不责于人。有德司契，无德司彻。天道无亲，常与善人。	和大怨，必有余怨，安可以为善？是以圣人执左契，而不责于人。有德司契，无德司徹。天道无亲，常与善人。 (魏王弼本)

续表

80		小邦寡民，使十百人之器毋用，使民重死而远徙（xǐ），有车舟无所乘之，有甲兵无所陈之。使民复结绳而用之。甘其食，美其服，乐其俗，安其居。邻邦相望，鸡狗之声相闻，民至老死不相往来。（西汉帛甲 404） 徙 xǐ：迁移。	小国寡民，使有十百人器而勿用，使民重死而远徙。有舟车无所乘之，有甲兵无所陈之。使民复结绳而用之。甘其食，美其服，乐其俗，安其居。邻国相望，鸡犬之声相闻，民至老死不相往来。（西汉帛乙 419）	小国寡民，使有什伯（bǎi）之器而不用，使民重死而不远徙。虽有舟舆，无所乘之；虽有甲兵，无所陈之；使人复结绳而用之。甘其食，美其服，安其居，乐其俗。邻国相望，鸡犬之声相闻，民至老死不相往来。 伯 bǎi：通“百”。	小邦寡民。使十百人之器毋用，使民重死而远徙。有车舟无所乘之，有甲兵无所陈之，使民复结绳而用之：甘其食，美其服，乐其俗，安其居。邻邦相望，鸡狗之声相闻，民至老死，不相往来。 （西汉帛书甲本）
81		信言不美，美言不信。知者不博，博者不知。善者不多，多者不善。圣人无积，既以为人，己愈有；既以予人，己愈多。故天之道，利而不害；人之道，为而弗争。（西汉帛甲 404）	信言不美，美言不信。知者不博，博者不知。善者不多，多者不善。圣人无积，既以为人，己愈有；既以予人矣，己愈多。故天之道，利而不害；人之道，为而弗争。（西汉帛乙 420）	信言不美，美言不信；善者不辩，辩者不善；知者不博，博者不知。圣人不积，既以为人，己愈有；既以与人，己愈多。天之道，利而不害。圣人之道，为而不争。	信言不美，美言不信。善者不辩，辩者不善。知者不博，博者不知。圣人不积，既以为人，己愈有；既以与人，己愈多。天之道，利而不害。圣人之道，为而不争。 （魏王弼本）

附录 2　甲骨文金文章序索引

第二十五章	大
第二十五章	道
第二十五章	首
第二十五章	行
第二十六章	君
第二十六章	尹
第二十七章	弃(棄)
第二十八章	辱
第二十八章	辰
第二十八章	寸
第二十九章	爲(为)
第二十九章	象
第三十章	果
第三十章	年
第三十章	世
第三十章	卅
第三十一章	左
第三十一章	右
第三十二章	臣
第三十二章	令
第三十三章	死
第三十三章	歹
第三十四章	主
第三十五章	執(执)
第三十五章	既
第三十五章	即
第三十六章	利
第三十六章	禾
第三十六章	刀
第三十七章	化
第三十八章	德
第三十八章	直
第三十八章	心
第三十九章	得
第三十九章	輿(與)
第三十九章	車(车)
第四十章	生
第四十一章	勤
第四十一章	堇
第四十一章	力
第四十一章	昧
第四十二章	陽(阳)
第四十三章	教
第四十四章	长(長)
第四十五章	成
第四十六章	粪
第四十六章	戎
第四十六章	戈
第四十七章	出
第四十七章	見(见)
第四十八章	益
第四十八章	皿
第四十九章	聖(圣)
第四十九章	耳
第四十九章	聽(听)
第五十章	兕
第五十章	虎
第五十一章	尊

附录 3　甲骨文金文音序索引